그림으로 배우는

AI
Artificial
Intelligence

미츠무라 나오키 저
양성건 역

SE
SHOEISHA

YoungJin.com **Y.**
영진닷컴

그림으로 배우는
AI

図解まるわかり AI のしくみ
(Zukai Maruwakari AI no Shikumi: 7013−8)
© 2022 Naoki Mitsumura
Original Japanese edition published by SHOEISHA Co.,Ltd.
Korean translation rights arranged with SHOEISHA Co.,Ltd.
in care of JAPAN UNI AGENCY, INC. through Korea Copyright Center Inc.
Korean translation copyright © 2023 by Youngjin.com, Inc.

본서에 게재된 도판 일부에 Freepik 소재를 사용하였습니다.
https://www.freepik.com/

ISBN 978−89−314−6970−7

독자님의 의견을 받습니다
이 책을 구입한 독자님은 영진닷컴의 가장 중요한 비평가이자 조언가입니다. 저희 책의 장점과 문제점이 무엇인지, 어떤 책이 출판되기를 바라는지, 책을 더욱 알차게 꾸밀 수 있는 아이디어가 있으면 이메일, 또는 우편으로 연락주시기 바랍니다. 의견을 주실 때에는 책 제목 및 독자님의 성함과 연락처(전화번호나 이메일)를 꼭 남겨 주시기 바랍니다. 독자님의 의견에 대해 바로 답변을 드리고, 또 독자님의 의견을 다음 책에 충분히 반영하도록 늘 노력하겠습니다.

주 소   (우)08507 서울특별시 금천구 가산디지털1로 128 STX−V 타워 4층 401호
등 록   2007. 4. 27. 제16−4189호
이메일   support@youngjin.com

저자 미츠우라 나오키 | **번역** 양성건 | **총괄** 김태경 | **진행** 최윤정
표지 디자인 김효정 | **내지 디자인·편집** 이경숙 | **영업** 박준용, 임용수, 김도현, 이윤철
마케팅 이승희, 김근주, 조민영, 김도연, 김민지, 김진희, 이현아 | **제작** 황장협 | **인쇄** 제이엠

딥러닝의 등장으로 인공지능(AI)은 세 번째 붐을 맞이하게 되었습니다. 이미지 인식을 중심으로 한 새로운 AI 기술의 붐은 시작된 지 10년에 불과하지만, 스마트폰이나 인터넷을 통해 널리 보급되어 이제는 당연한 것처럼 사용되고 있습니다.

다만, 그 구조를 올바르게 이해한 상태로 사용하는 사람은 많지 않을 것입니다. AI에 대해 제대로 배우려면 정보과학·통계학·수학을 알아야 하기 때문에 보통 사람에게는 상당히 진입장벽이 높습니다. 사용만 잘 한다면 구조 같은 건 몰라도 되지 않나? 라고 생각하기 쉽지만, AI는 그러한 생각들과 약간 다릅니다.

왜냐하면 AI는 기존 소프트웨어에 비해 높은 자율성을 가지고 있기 때문에 소유자가 의도하지 않은 형태로 마음대로 움직이는 것입니다. 게다가 완벽하게 일을 해 주면 좋겠지만, 유감스럽게도 지금의 AI는 그 정도의 영역에는 이르지 못하고 있습니다. 따라서 사람의 지원이 반드시 필요합니다.

이러한 AI와 인간의 관계는 신입사원과 선배사원과의 관계를 닮았습니다. 매년 「신입사원이 무슨 생각을 하는지 모르겠다」고 투덜대는 선배사원이 생기는데, 자신을 대신하여 지적인 작업을 대신해 주는 신입사원이 무엇을 생각하고 어떤 행동을 하는지 지적인 작업의 선배인 우리가 제대로 이해할 수 없다면 능숙하게 팔로우(follow)를 할 수 없습니다. 또한 인간의 심리에 정통한 심리학자는 아니더라도 신입사원의 마음을 이해하는 방법은 있기 마련입니다.

이 책은 그러한 지적 세계에 나타난 신입사원인 AI의 기분(구조)을 이해하기 위한 책입니다. 전문적인 용어나 상세한 설명은 생략하고 AI의 구조에 대한 개요 부분을 개념적으로 이해할 수 있도록 구성하였습니다. 기초 알고리즘부터 데이터 분석, 딥러닝 및 그러한 것들의 적용 방법까지 차례차례 설명하고 있기 때문에 정보과학이나 컴퓨터의 구조에 대해 전혀 모르는 분들도 AI가 어떻게 움직이는지 이해하는데 도움이 될 것입니다. AI의 구조에 대한 개요만이라도 이해할 수 있다면, 가끔씩 이상한 실수를 하지만 근본적으로 우수한 신입사원인 AI의 활용법을 찾을 수 있지 않을까요?

역자의 말

요즘 인터넷, TV 등 뉴스에서는 GPT-3를 이용하여 뉴스 기사를 2~3분 만에 작성했고, 대학교 리포트도 GPT-3를 통해 2~3분이면 AI가 만들어준다고 합니다. 또한, 휴대폰 카카오톡을 통해 제공되는 은행 등 각종 기관들의 정보에 대해 거꾸로 해당 기관에 문의하게 되면 AI가 응대하고 있는 상태입니다.

최근에는 인공지능(AI)을 이용해 인물 사진이나 영상, 오디오를 합성하는 '딥페이크' 기술이 발달하면서 AI로 만든 가짜 영상들이 미국 대선 등 선거에 영향을 주고 있어, 구글은 정치인이 자사 플랫폼에 선거용 광고를 게재할 때 생성형 인공지능(AI)을 사용한 경우 반드시 이를 표기해야 한다는 정책을 발표했습니다. 또한, MRI에서 뇌종양을 찾는 AI에 위성 데이터를 넣었더니 산사태가 발생하기 쉬운 산악 지형 · 빈번한 지진 활동으로 유명한 이탈리아 북부의 롬바르디아 지역의 산사태 발생을 98% 정확하게 예측했다고 합니다.

이렇듯 AI는 이미 우리 사회에 깊이 반영되어 있으며 우리 생활에서 AI를 떼어놓고 생각하기 어려운 상황입니다. 따라서, AI에 대한 사람들의 궁금증과 관심이 폭발적으로 발생하고 있으며, 서점에만 가봐도 AI와 관련된 책들이 수를 헤아릴 수 없을 만큼 많이 진열되어 있습니다.

그러나, 프로그램과 무관한 일반인이 AI에 대한 개념과 종류, 특징을 이해할 수 있도록 쉽게 써진 책들은 극히 찾아보기 어려운 상태입니다.

번역하면서 느낀 것은 글자만으로는 이해할 수 없는 AI의 개념과 종류, 특징이 그림으로 자세히 설명되어 있으며, AI와 관련된 A부터 Z까지 개념을 쉽게 이해할 수 있도록 만들어진 좋은 책임을 확실히 체감했습니다. 다만, 일본과 관련된 AI 내용을 한국의 AI 상황으로 치환하면서 다소 매끄럽지 못한 부분이 있을 수 있겠으나, 독자들이 AI의 개념과 종류, 특징을 이해하는데 지장이 없길 기도합니다. 또한, 원서의 알찬 내용들과 저자의 생각과 의도가 그대로 한국 독자들에게 쉽게 전달되길 바랍니다.

양성건

차례

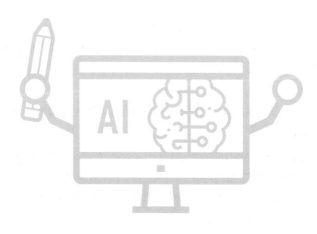

Chapter 1

AI의 기본

AI는 어떻게 진화했는가

» AI란?
너무 애매한 개념 정의

지능이란 무엇인가?

AI는 **인공지능**의 약어입니다. 이를 통해 인공적으로 만들어진 「지능」이란 것을 알 수 있는데, 근본적으로 지능이란 과연 무엇일까요? 사전이나 학자들에 의한 견해를 정리하면 「**논리적·추상적 사고, 예측이나 계획, 복잡한 개념·사상·언어의 이해, 학습·문제 해결 등의 능력**」과 같이 나타납니다. 막연하고 모호한 표현이며, 엄격하게 정의를 내리기는 어렵습니다(그림 1-1).

지능을 「인공적으로 만든다」는 것이 가능하게 되면, 이야기는 한층 더 어려워집니다. 위에서 기술한 지능을 나타내는 태스크(Task)의 일부는 기계에도 간단하게 적용할 수 있기 때문입니다. 예측과 계획, 문제 해결과 학습, 논리적 사고는 통계학과 정보이론을 활용하여 비교적 쉽게 달성할 수 있습니다. 적어도 **기계는 지능이 있는 것처럼 행동할 수 있다**는 것입니다. 다만, 기계의 「사고방식」은 인간과는 크게 다르고, 그중에는 지능이 있다고는 생각되지 않는 사고방식으로 동작하는 기계도 있을 것입니다. 사실, 무엇을 AI라고 부를지에 대해서는 학자들 사이에서도 각자 견해가 나뉘어 있습니다. 그렇기 때문에 AI에 대한 이야기를 하기 전에 뭔가 공통된 견해가 필요합니다.

이 책에서의 AI

이 책에서 AI는 주로 「지능이 있는 것처럼 행동하는 AI」를 가리킵니다. 이것은 일반적으로 「약한 AI」 또는 「특화된 AI」라고 불리며, 특정 작업에서는 지능이 있는 것처럼 행동하는 AI입니다. 현실 세계 대부분의 AI는 지능이 있는 것처럼 보일 뿐인 AI라고 할 수 있습니다(그림 1-2). 인간과 같은 사고와 지능을 갖고 있는 AI도 존재하지만, 「인간과 같이」라고 설명한다면 **「인간이란 무엇인가」라고 하는 철학이나 뇌 과학의 영역에 들어가 버립니다.**

한편, 우리가 평소의 삶에서 접촉하는 「AI라고 불리는 것」은 대부분 **뚜껑을 열어보면 통계 이론이나 정보 이론의 덩어리로** 인간의 사고와는 다르게 느껴질 것입니다. AI의 사고가 인간과 어떻게 다른지를 이해하기 위해서는 이러한 정보 이론의 부분에 대한 이해를 깊이 있게 해 나갈 필요가 있습니다.

그림1-1 지능은 종합적인 능력

지능이란 복수의 능력을 포함한 종합적인 능력
개별적인 능력으로 제한한다면 AI에서도 실현 가능

그림1-2 인간이 바라본 AI의 본연의 자세

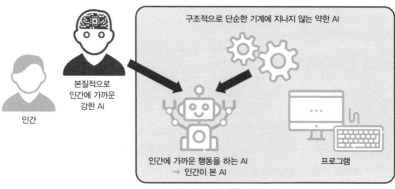

이 책에서 다루는 AI

Point

✔ 지능은 다양한 지적 기능을 합친 종합적인 능력
✔ 지적으로 보이는 기계는 이미 다수 만들어져 있다
✔ 이 책에서는 지능이 있는 것처럼 보이는 AI(약한 AI)를 다룬다

» AI의 급격한 발전과 정체

가속하는 기술과 AI의 발전

AI의 역사를 살펴봅시다(그림 1-3). 계산장치에 의해 지능을 재현하는 인공지능의 개념은 범용 컴퓨터의 등장 시기와 겹치는 1950년에 앨런 튜링에 의해 제창되었지만, 이때는 아직 개념에 지나지 않아 이름조차 없었습니다. 그 후, 신경 세포를 본뜬 신경망(neural network)이라는 학습 능력을 가진 알고리즘이 등장하고, **1956년 다트머스 회의에서 처음으로 「Artificial Intelligence(인공지능)」라는 용어가 사용되었습니다.** AI의 본격적인 연구는 컴퓨터의 등장과 알고리즘의 발전에 의해 시작되었습니다.

그리고 CPU나 HDD의 등장으로 컴퓨터의 처리 능력이 향상하자, **1970년대에는 전문가 시스템(expert system)과 같이 지식과 데이터를 다루는 AI가 등장합니다.** 학습 기능을 가진 AI에 다양한 정보를 가르치는 것으로 가능성을 넓힌다는 아이디어는 획기적이었습니다. 또한 체스에서 인간을 격파한 AI가 1990년대에 등장하면서 머지않아 AI가 인간을 초월할 수 있다고 생각하게 됩니다.

인터넷과 딥러닝이 부순 벽

1980년 이후 AI 연구는 「학습에 이용하는 데이터의 압도적 부족」과 「감각적인 정보 처리의 어려움」이라는 벽에 부딪혀 있었습니다. 그 벽을 깬 것이 인터넷과 딥러닝입니다. 1990년대 인터넷의 보급, 2000년대 SNS의 등장으로 AI가 다룰 수 있는 디지털 데이터가 인터넷에 넘쳐나게 되었습니다. **2010년대에 이르러 감각적인 정보처리와 학습에 뛰어난 딥러닝이 등장**하면서 인간의 시각과 청각에 관련된 정보처리 능력이 비약적으로 발전합니다. 이것은 큰 돌파구(breakthrough)가 되었습니다.

AI의 발전에는 이런 돌파구가 몇 개 존재했고, 그때마다 세상을 떠들썩하게 했습니다. 그러한 **돌파구와 함께 AI 기술이 어떻게 변해갔는지 이해하는 것이 AI 자체에 대한 이해로도 이어집니다.** 먼저 AI 역사에 큰 영향을 준 3가지 AI 붐(boom)에 대해 알아보겠습니다.

그림 1-3	**인공지능의 역사**

1943년	뉴럴 네트워크의 기초가 되는 「형식 뉴런」이 고안되다(이론만)
1946년	세계 최초의 범용 전자식 컴퓨터 「ENIAC」이 발명되다
1950년	앨런 튜링(Alan Mathison Turing)에 의해 「인공지능」이란 개념이 제창되다
1951년	마빈 민스키(Marvin Lee Minsky) 등에 의해 뉴럴 네트워크를 사용한 기계가 개발되다
1956년	다트머스(Dartmouth) 회의가 열리고, 세계적으로 「인공지능」에 대한 본격적인 연구가 시작되다
1956년	인간과 「체커(checkers)」로 대등하게 싸울 수 있는 게임 머신이 개발되다
1959년	나다니엘 로체스터(Nathan Rochester) 등이 수학적인 정리의 증명을 하는 AI를 개발하다
1965년	인간과 자연스럽게 대화할 수 있는 프로그램 「ELIZA」가 개발되다
1969년	인터넷의 기초가 되는 군사 네트워크 「ARPANET」가 가동되다
1971년	자연어로 내리는 명령을 이해하고 실행할 수 있는 프로그램 「SHRDLU」가 발표되다
1974년	실제 수준의 전문가 시스템 「Mycin」이 개발되다
1979년	스탠퍼드 대학이 세계 최초로 「자율주행」을 할 수 있는 차량을 개발하다
1982년	일본에서 「제5세대 컴퓨터」 프로젝트를 개시하다
1984년	상식·지식을 데이터베이스화하는 「Cyc 프로젝트」가 개시되다
1989년	정보 추출 기술인 「데이터 마이닝」이 이용되다
1991년	「WorldWideWeb(WWW)」이 구현되어 인터넷 이용이 가속화되다
1997년	체스 세계 챔피언을 인공지능 「Deep Blue」가 꺾다
2005년	레이 커츠와일(Ray Kurzweil)에 의한 「singularity 가설」이 제창되다
2006년	제프리 힌튼(Geoffrey Everest Hinton)에 의해 딥러닝의 기초가 되는 기술이 고안되다.
2011년	IBM이 개발한 「Watson」이 퀴즈 프로그램에서 챔피언 2명을 꺾다
2011년	스마트폰에 음성 인식 보조 장치가 탑재되다
2012년	구글의 「셀프 드라이빙 카」가 공공도로에서 자율주행 시험을 개시하다
2012년	딥러닝을 이용한 인공지능이 영상인식협의회 「ILSVRC」에서 압도적인 성적을 거두다
2012년	구글의 인공지능이 이미지를 보고 「고양이에 대한 개념」을 학습하는 데 성공하다
2014년	인공지능학회가 「윤리위원회」를 설치. 인간 지능의 윤리에 관한 논의가 시작되다
2016년	구글이 개발한 「AlphaGo」가 세계 정상급 기사를 바둑으로 꺾다
2018년	음성통화 AI가 전화를 통해 인간을 대상으로 서비스 예약 등을 할 수 있게 되다
2019년	포커나 마작 등 불완전 정보 게임에서도 AI가 Top 레벨의 프로와 대등하게 싸울 수 있게 되다
2020년	OpenAI로 개발된 GPT-3가 인간과 비교해 손색이 없는 영어문장 생성 능력을 나타낸다

Point

✔ 1956년 다트머스 회의에서 본격적인 AI 연구 시작

✔ 1970년대에 전문가 시스템이 등장하고 AI의 상용화가 가까워짐

✔ 2010년대에 등장한 딥러닝에 의해 응용 범위가 넓어짐

✔ AI 붐(boom)을 일으킨 3개의 터닝 포인트 이해

» 제1차 인공지능 붐 「AI의 시작과 가능성」

다트머스 회의에서 시작된 인공지능

제1차 AI 붐(Boom)은 1956년 **다트머스 회의**에서 시작되었습니다(그림 1-4). 참가자 10명 정도의 연구발표회였지만 당시로서는 획기적인 연구성과를 선보였고 AI가 언어를 다룰 수 있다는 것, 개념화 및 추상화 능력을 획득할 수 있다는 것, 수학의 정리를 증명할 수 있다는 것 이외에 추후 딥러닝으로 연결되는 신경망의 원안 등도 제시되었습니다. **AI의 개념이나 연구 자체는 그 이전부터 존재하고 있었지만, 이 시대에는 선진적인 연구를 공유하는 자리가 적었고, 이 회의로 인하여 AI의 존재와 가능성이 널리 전파된 영향은 매우 컸습니다.**

이후, 큰 기대를 모았던 AI 연구에 대해 전 세계(특히 미국과 영국)에서 투자가 가속화되어 막대한 예산이 대학이나 연구기관에 내려오게 됩니다. 다만, 기대가 너무 컸던 만큼 실망했을 때의 반동도 커서, 십 수년 후에 「고성능 AI는 금방 등장하지 않는다」는 것을 알게 되자, 일제히 투자가 멈추면서 겨울 시대에 돌입하게 됩니다.

2개로 나누어진 길, 기호주의와 커넥셔니즘

첫 번째 겨울이 시작되면서 AI 연구는 크게 두 가지 방향으로 나뉩니다. 인간의 논리적 사고를 참고하려고 하는 **기호주의**(형식주의)와 인간 뇌의 구조를 참고하려고 하는 **커넥셔니즘**(connectionisms)입니다(그림 1-5).

제1차 AI 붐 이후 주류는 기호주의였습니다. 기호주의는 **인간의 논리적인 사고방식을 알고리즘과 조합으로 생각합니다.** 「A라면 B를 한다」는 것은 기호주의적 사고방식이라고 할 수 있겠습니다. 접근법으로서 매우 알기 쉽고 프로그램이 내포하는 문제점도 알기 쉬운 것이 강점입니다. 반면 커넥셔니즘은 **신경망 등을 이용해 뇌 구조를 모방한 AI를 만들었습니다.** 학습을 통해 다양한 작업을 수행할 수 있는 강점이 있었지만, 네트워크 규모가 작으면 아무것도 할 수 없다는 점과 문제점을 이해하기 어렵다는 것을 해결하지 못해 불우한 시대를 보내게 됩니다.

그림1-4	다트머스 회의 참가자	
마빈 민스키(Marvin Lee Minsky) (1927-2016)	인공지능의 아버지, 신경망의 기초이론을 만들었다
앨런 뉴웰(Allen Newell) (1927-1992)	세계 최초의 인간 지능인 "Logic Theorist"를 개발
존 맥카시(John McCarthy) (1927-2011)	AI 개발을 위한 프로그래밍 언어 LISP를 개발했고 클라우드 컴퓨팅의 기초를 만든 인물이기도 하다
허버트 사이먼(Herbert Alexander Simon) (1916-2001)	AI의 의사결정 연구를 실시하여 세계 최초의 인공 지능을 공동 개발, 노벨 경제학상도 수상했다

그림1-5 기호주의와 커넥셔니즘

인간의 논리적인 사고 모델을 참고한 「기호주의」

인간 뇌의 신경 네트워크를 참고한 「커넥셔니즘」

매뉴얼
- A 다음은 B를 한다
- C가 나타나면 D를 한다
- EFG를 순서대로 실행한다
- H를 하는 시간이 되면 A를 한다

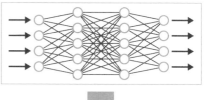

주어진 과제에 최적의 사고 모델을 구축하고 모델에 따라 과제를 완수한다

이치중시!

학습에 의해 태스크에 최적화된 네트워크를 구축하고 주어진 과제를 완수한다

감각·경험중시!

Point
- ✔ 다트머스 회의에는 AI 연구를 견인하는 중요한 인물이 모였다
- ✔ 과도한 기대에 비해 못미치는 성과로 인해 겨울이 시작되었다
- ✔ 인간의 논리적 사고를 모델링하는 접근법이 기호주의
- ✔ 인간의 신경 네트워크를 모델링한 것이 커넥셔니즘

>> 제2차 인공지능 붐 「데이터와 지식을 다루는 방법」

컴퓨터의 비약적 발전과 지식 획득

2차 AI 붐은 1차 AI 붐과는 다르게 뚜렷한 시작점은 없습니다. 다만, **계기가 된 것은 CPU나 HDD의 발전으로 인하여 정보의 고속처리와 대용량 데이터 보유가 가능해진 1970년대 후반**으로 생각됩니다. 이전의 컴퓨터는 정보를 유지하는 것만으로도 매우 힘들었고 해낼 수 있는 작업은 지식이 필요 없는 것뿐이었습니다. 그로 인해, 인간의 지식을 능숙하게 데이터화하고 축적하는 스토리지(storage)와 처리하는 계산 능력이 있으면 프로그램은 충분히 지적으로 행동할 수 있다는 것을 알게 되었습니다(그림 1-6).

대표적인 예가 지식을 사용하여 인간의 질문에 답하는 **전문가 시스템**(expert system)입니다. 실제로 1970년대 개발된 「Mycin」은 필요한 정보를 입력하는 것만으로 환자에게 최적의 약을 알려주었습니다. 이 시스템은 다른 분야로도 확산되어 제조업이나 금융업에서 전문가 대신 조언을 제시해 주는 AI가 등장했습니다. AI에 대한 기대가 높아짐에 따라 「제5세대 컴퓨터」로 불리는 차세대 컴퓨터 개발 등이 시작되고 이에 호응하듯 세계적으로도 IT 관련 기술에 대한 투자가 활발해집니다.

부족한 지식과 인력의 한계

2차 AI 붐은 1990년대에 끝을 고하게 됩니다. **컴퓨터가 보유할 수 있는 데이터 양은 늘어났어도, 그 데이터를 모으는 방법이 한정되어 있었기 때문입니다.** 종이에 기술된 정보라면 누군가 AI에 입력해야만 하며, 전문가의 지식은 그들의 손으로 AI에게 가르쳐야만 합니다. 이 방법으로 구현할 수 있는 AI에는 한계가 있어 결과적으로 취급할 수 있는 데이터가 한정되었습니다(그림 1-7).

또한 기호주의가 주류였던 당시 AI에서는 감각적인 정보나 모호한 수치를 적절히 다루지 못하고 성능을 발휘하기 위해서는 AI에 정통한 엔지니어가 적절하게 조정을 해야만 했습니다. 결국 상용화해서 사용할 수 있는 범용성을 획득하지 못한 채, AI는 「기대에 못미침」이란 낙인이 찍히게 되었습니다.

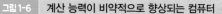

그림1-6 | 계산 능력이 비약적으로 향상되는 컴퓨터

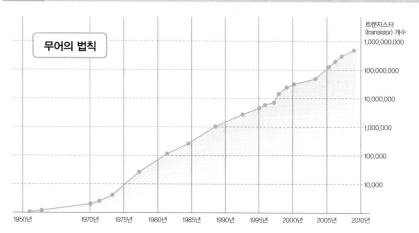

무어의 법칙

트랜지스터
(transistor) 개수
1,000,000,000

100,000,000

10,000,000

1,000,000

100,000

10,000

1950년   1970년 1975년 1980년 1985년 1990년 1995년 2000년 2005년 2010년

컴퓨터의 계산회로를 구성하는 트랜지스터의
CPU(프로세서) 1장당 개수가 1970년대 이후 급속하게 증가했다

그림1-7 | 비효율적인 전문가 시스템

인터넷이 없다

9594

문자인식도 없다

방대한 지면의 데이터에 대한
입력이 발생한다

전문가에게 데이터 입력을 의뢰

가성비가 나쁘다

Point

✔ CPU 및 HDD가 1970년대에 급속하게 발전했다
✔ 전문가 지식을 다루는 전문가 시스템의 등장으로 2차 붐이 시작되었다
✔ 지식을 AI에게 가르치기 어렵다는 것을 알게 되자 다시 겨울로 들어갔다

» 제3차 인공지능 붐 「기계학습의 비약적 발전」

빅데이터와 딥러닝으로 인한 AI의 변화

2010년대가 되면 기존 AI 이미지를 확 바꾸는 변화가 일어납니다. 그것이 방대한 정보의 덩어리인 빅데이터와 뛰어난 **기계학습** 기법인 **딥러닝**의 등장으로 3차 AI 붐으로 이어집니다. 당시 기계학습의 학습 효율은 인간에 비해 월등히 나빠, 한 가지 사물을 배우기 위해 방대한 학습 데이터가 필요했습니다. 그런데 그 데이터를 인터넷을 통해서 모을 수 있게 되면서 기계학습이 진가를 발휘하는 계기가 된 것입니다(그림 1-8).

기계학습을 주축으로 한 커넥셔니즘적인 접근은, 매사에 이치를 따지는 기호주의적인 접근방법으로는 돌파할 수 없었던 **이미지 인식 등의 분야에 있어서 큰 돌파구 (breakthrough)가 되었습니다.** 그것이 기계학습 분야에 대한 투자로 이어지면서 AI 연구에 큰 발전을 가져왔습니다(그림 1-9).

발전된 기계학습이 가져온 AI의 범용성

기계학습 기법 자체는 최초의 AI 붐 때부터 존재하고 있었으며 딥러닝의 기초 이론도 1차 붐 시점부터 논의되고 있었습니다. 그것이 빅데이터에 의해 급성장을 이루고, **동시에 스마트폰이나 IoT 기기가 사회 전체에 퍼지면서 기계학습의 응용 범위는 급격하게 확대됩니다.** AI가 폭넓은 분야에서 응용되면서 학습량도 비약적으로 늘어납니다. AI에는 여전히 장단점이 존재하지만, 특정한 태스크로 좁히면 인간 이상의 성과를 발휘하는 것이 당연하게 되었습니다. 그리고 하나의 AI로는 할 수 없는 일도 여러 AI를 조합함으로써 할 수 있게 된 것입니다.

2020년대에 들어서면 AI 연구는 특정 태스크를 수행하기 위한 알고리즘이나 기계학습 연구에서 **여러 알고리즘이나 기법 혹은 AI를 조합하여 보다 복잡하고 복합적인 태스크를 수행하기 위한 실천적인 연구**로 옮겨가게 됩니다. 제3차 AI 붐에도 슬슬 겨울이 오는 것 아닌가 하는 우려도 있지만, 겨울이 도래한다고 하더라도 AI가 사회로 진출하는 것 자체가 멈추지는 않을 것입니다.

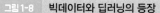

그림 1-8 빅데이터와 딥러닝의 등장

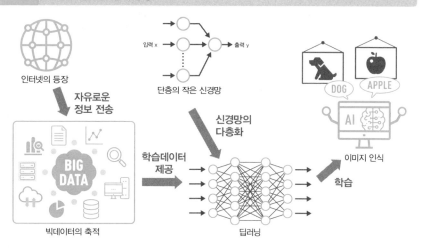

인터넷의 등장

자유로운
정보 전송

입력 x → ○ → ○ → 출력 y

단층의 작은 신경망

DOG   APPLE

AI

이미지 인식

신경망의
다층화

학습데이터
제공

BIG DATA

빅데이터의 축적

학습

딥러닝

그림 1-9 응용이 진행되는 이미지 인식

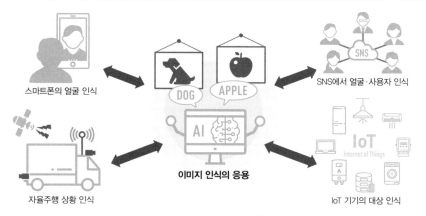

스마트폰의 얼굴 인식

DOG   APPLE

SNS에서 얼굴·사용자 인식

SNS

AI

이미지 인식의 응용

자율주행 상황 인식

IoT
Internet of Things

IoT 기기의 대상 인식

같은 시기에 발전한 기술과 친화성이 높고, 급속하게 AI의 응용이 진행되었다

Point

✔ 인터넷의 보급으로 생겨난 빅데이터가 기계학습의 성능 향상으로 이어졌다

✔ 이미지 인식에서는 딥러닝에 의한 돌파구가 일어났다

✔ 같은 시기에 발전한 기기에 응용되어 AI가 널리 보급되었다

>> 커넥셔니즘은 어떻게 발전했는가?

오랫동안 성과가 없었던 불우한 기술

현재 AI에서 딥러닝은 중요한 역할을 합니다. 그러나 딥러닝의 토대가 되는 신경망은 오랜 세월 주목받으면서도 전혀 성과를 내지 못하는 불우한 기술이기도 했습니다 (그림 1-10). 신경망은 1차 붐의 불씨 역할을 해서 주목받았으며, **학습 능력을 가지고 AI의 가능성을 넓히는 획기적인 기법**입니다. 다만 치명적인 결점이 있어 결점을 극복하기 위해서 **다층화**(Deep)가 필요하다는 것은 그 시점에서도 알고 있었지만, 그것을 실현시키기 위해 필요한 계산 능력이 당시의 컴퓨터에는 없었습니다.

2차 붐이 시작되고 컴퓨터 성능의 향상으로 다층화가 가능해지자 다층화를 시도하였으나 학습 효율이 떨어지는 것으로 판명되었습니다. 게다가 학습에 사용할 수 있는 데이터도 부족해 충분한 성과를 내지 못한 채 2차 붐에 편승하지 못하고 다양한 기초 이론 연구를 계속하게 되었습니다.

오랜 연구가 열매를 맺는 순간

21세기에 인터넷이 보급되고 신경망 이론이 발전하면서 상황이 변합니다. **학습 효율을 높일 수 있는 방법을 찾으면서 학습에 사용할 수 있는 데이터도 쉽게 얻을 수 있게 된 것입니다.** 이미지 인식 콘테스트에서 기존 기법을 압도하는 성적을 거두자 한층 더 학습 기법을 진화시켜 비지도 학습과 강화학습을 조합하여 바둑과 게임에서 AI로서 큰 성과를 거두었습니다. 그리고 그것이 다양한 비즈니스에 응용할 수 있는 것으로 판명되어 제3차 AI 붐을 일으킵니다. 즉, **최초의 AI 붐을 일으킨 기술이 수십 년이라는 연구를 거쳐 현재의 붐으로 이어졌다**는 것입니다(그림 1-11).

이미 딥러닝은 영상을 사용한 모든 정보기술에 도입되어 비즈니스에도 지대한 영향을 미치고 있습니다. 50년 동안 조금씩 쌓아온 연구 성과가 현재에 와서야 결실을 본 것입니다.

그림 1-10 꾸준히 연구된 신경망

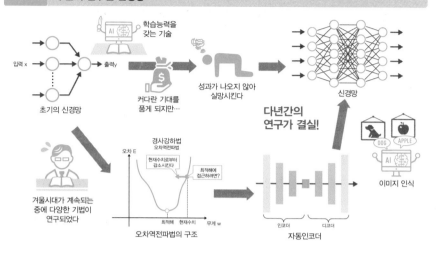

그림 1-11 게임에서 로봇으로 확산되는 기술

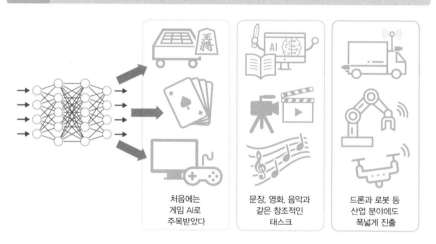

Point

✔ 커넥셔니즘의 중심 기술은 신경망

✔ 신경망은 1차 붐의 불씨를 지폈다

✔ 기대했던 만큼 성과가 오르지 않아 불우한 기간이 계속되었다

✔ 딥러닝으로 연구가 결실을 맺었다

≫ 기호주의는 어떻게 발전했는가?

시대를 견인했던 논리 AI

커넥셔니즘과 달리 기호주의적인 접근법은 항상 주목을 받았습니다. **태스크를 해결하기 위한 논리적 사고의 흐름을 프로그램으로 만들어** 다양하고 난해한 작업을 빠르게 수행할 수 있었습니다.

1차 붐에 등장한 AI는 수학의 정리 증명과 난해한 퍼즐을 해결하고 보드게임에서 인간에게 승리할 수 있었습니다. 2차 AI 붐에서 활약한 전문가 시스템도 주어진 지식과 규칙에 따라 작동하는 기호주의적 접근법에서 나온 것입니다. **신경망이 쇠퇴하는 가운데서도 기호주의적인 접근법은 AI에 있어서 주류였습니다.**

하지만 단점도 있었습니다. 논리적으로 설명하기 어려운 감각적인 태스크에 대해 서투르며, 주도 면밀한 룰(rule)을 근거로 하여 움직이기 때문에 다양한 가능성이 예상되는 상황에서 끝없이 생각하게 되어 버리는 프레임 문제 등이 제기된 것입니다.

신경망의 대두와 새로운 입장

딥러닝의 등장으로 인해 감각적인 작업의 대부분이 커넥셔니즘적인 접근 방식으로 대체되었습니다. 항상 논리적인 기술을 필요로 하는 기호주의는 범용성이 낮고, 특히 이미지 인식이나 음성 인식, 기계학습을 필수로 하는 태스크에 있어서 단번에 대체가 진행되었습니다. 기호주의적 접근법을「시대에 뒤떨어진 것」이라고 평가하는 사람도 나오게 되었지만 기호주의는 새로운 입장을 획득하게 됩니다. 그것은 **설명성과 계산 속도**입니다.

신경망의 사고는 매우 알기 어렵지만 **기호주의에 의한 사고 회로는 단순 명쾌**하고 알기 쉬우며 오류의 원인 규명이나 개량도 간단합니다. 또한 태스크를 해결하기 위한 사고를 논리적으로 최단 경로로 실시하기 때문에, 신경망에 비해 실행이 빠르고 소비 에너지도 적고 대규모화도 용이합니다(그림 1-12). 논리적인 작업에 있어서는 분명히 우위에 있습니다. 이러한 특성의 차이로 현재의 AI는 양쪽의 접근법을 효과적으로 도입하고 있어 AI 전체의 범용성이 높아지고 있습니다(그림 1-13).

그림 1-12 식사 준비를 하는 경우의 절차

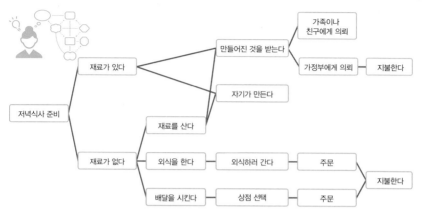

특정 작업에 대해 다양한 선택지를 고려하면서 합리적인 절차로 작업을 진행한다

그림 1-13 기호주의와 커넥셔니즘 기법의 융합

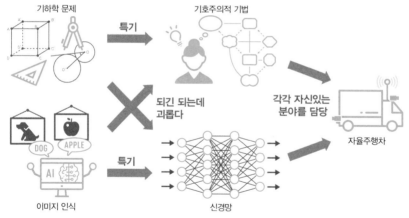

현대의 AI는 양쪽의 기법이 복잡하게 뒤섞이는 형태로 구현되고 있다

Point

✔ 기호주의적 기법은 AI의 등장부터 현재에 이르기까지 AI 발전에 중요한 역할을 했다

✔ 논리적인 작업을 잘하고 판단 기준을 알기 쉽다

✔ 커넥셔니즘의 대두로 입장이나 역할이 바뀌고 있다

» AI 기술과 제품의 관계

이미지 인식에 영향을 받은 제품이나 서비스

딥러닝에 의한 AI 붐으로 인한 가장 큰 변화는 **이미지 인식**에 관련된 영역이었습니다. 카메라와 스마트폰 앱에 이미지 인식 기능이 도입되면서 얼굴 인식은 물론 동물 식별과 상품 검색 등도 할 수 있게 되었습니다.

자율주행차나 감시카메라에도 AI의 도입이 진행되어 **보행자나 간판, 차량이나 자전거, 손님이 손에 든 상품이나 도둑의 식별까지 카메라 하나로 할 수 있게 된 것**입니다(그림 1-14). 계산대를 통과하지 않아도 상품을 가방에 넣고 나갈 때 스마트폰으로 결제하는 형태로 구입할 수 있는 점포도 등장하고 있습니다.

그 외에도 자동차 손상 부위를 촬영하는 것만으로 수리비나 고장 위험을 산정할 수 있다거나, 얼굴 인식을 통해 식별된 고객의 취향이나 취향에 맞는 상품 제안을 하거나, 의료 영상으로부터의 진단 기술도 발전하고 있습니다. 눈으로 본 정보로부터 직감적으로 판단하는 작업은 AI의 특기 분야가 되고 있습니다.

방대한 데이터베이스와 AI에 의해 탄생한 제품

이미지 인식뿐만 아니라 방대한 **데이터베이스**를 이용한 기계학습 자체가 주목받고 연구가 활발해지면서 성장한 영역도 많이 존재합니다. 예를 들어 자연어 처리 분야에서는 「챗봇」이나 「번역 도구」가 발전하면서 음성 인식과 결합해 「어시스턴트 AI」나 「자동응답 시스템」도 크게 변화했습니다. SNS로 기업에 문의하면 챗봇이 응답하고 번역 도구를 이용하여 부담 없이 소통할 수 있습니다. 스마트폰이나 스피커로 어시스턴트 AI의 지원을 받는 것도 일반적인 것이 되었습니다. 이러한 것들은 모두 AI 기술의 혜택을 많이 받고 있습니다.

다만, **장점뿐만 아니라 프라이버시 침해나 AI의 오작동, 차별이나 편견의 조장이라고 하는 새로운 트러블을 가져오는 단점도 존재합니다**(그림 1-15). AI 도입의 구체적인 사례나 문제점, 다양한 논의에 대해서는 별도의 장에서 다루겠지만, 그것을 설명하기 전에 AI가 도대체 어떤 것이며 어떤 구조인지 확실히 이해할 필요가 있을 것입니다.

그림 1-14 상용적으로 이용하기 시작한 이미지 인식 AI

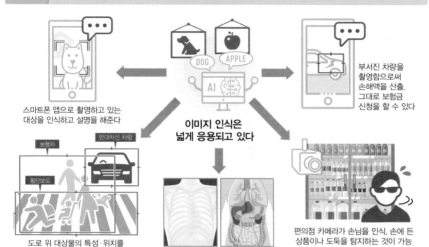

스마트폰 앱으로 촬영하고 있는
대상을 인식하고 설명을 해준다

**이미지 인식은
넓게 응용되고 있다**

부서진 차량을
촬영함으로써
손해액을 산출.
그대로 보험금
신청을 할 수 있다

도로 위 대상물의 특성·위치를
인식하여 차량 조작에 연결한다

의료용 이미지에서 병변 부위를 특정.
인간 의사와 동등한 정밀도가 나온다

편의점 카메라가 손님을 인식. 손에 든
상품이나 도둑을 탐지하는 것이 가능

그림 1-15 AI에 의해 생겨난 새로운 트러블

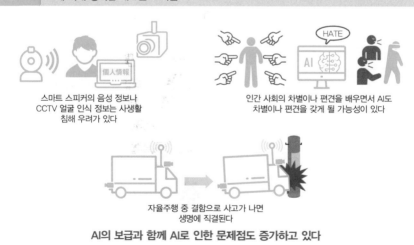

스마트 스피커의 음성 정보나
CCTV 얼굴 인식 정보는 사생활
침해 우려가 있다

인간 사회의 차별이나 편견을 배우면서 AI도
차별이나 편견을 갖게 될 가능성이 있다

자율주행 중 결함으로 사고가 나면
생명에 직결된다

AI의 보급과 함께 AI로 인한 문제점도 증가하고 있다

Point

✔ 이미지 인식 분야에서만도 수많은 응용이 발생하고 있다

✔ 음성과 언어 영역으로도 확산되어 모든 곳에 AI가 나타나게 되었다

✔ AI가 보급됨으로써 AI로 인한 문제점도 염려하게 되었다

주변에서 전문가 시스템을 찾아보세요

전문가 시스템은 본질적으로는 「약간 발전한 검색」과 크게 다르지 않습니다. 원래의 전문가 시스템은 인간이 질문에 차례로 대답해 가면서 「정답」에 가까워지는 것인데, 질문을 체크박스 형식으로 제시하면 똑같이 할 수 있습니다. 이것은 쇼핑 사이트의 카테고리 좁히기와 같습니다. 기술로서 「전문가 시스템」이라고 하는 명칭은 지금은 거의 사용되지 않게 되었지만, 실은 전문가 시스템으로부터 힌트를 얻은 기술이나 서비스는 무수히 존재합니다. 자신이 평소에 사용하는 서비스나 앱 중에 전문가 시스템과 비슷한 것이 있는지 찾아보세요.

거기에다가 어떠한 데이터베이스를 참조하고 있는지, 어디에서 데이터를 수집하고 있는지, 어떤 알고리즘으로 되어 있는지 등 알 수 있는 범위 내에서 간단하게 예상해 봅시다. 의외로 귀찮은 일을 하고 있다는 걸 알게 될 겁니다.

Akinator를 사용한 예

질문에 대답하면서 머릿 속으로 생각하고 있는 인물이나 캐릭터를 맞춘다.
높은 정밀도로 대답이 나와서 화제가 되었지만 알고리즘은 공개되어 있지 않다

중요한 특성	어떤 구조일지 예상하다
1. 별의별 인물과 캐릭터를 맞힐 수 있다 → 데이터베이스는 사용자에 의해 자동 생성되고 있다? → 기계학습에 의한 정확도 향상이 이루어지고 있다? 2. 질문은 고정되어 있는 것이 많다 → 질문에 따라 답변의 파라미터가 좁혀지지 않을까? → 데이터베이스에는 질문에 맞춰진 파라미터가 있을 것 3. 새로 생성되는 질문도 있다 → 매니아적인 질문도 있는데 이쪽도 자동 생성? → 데이터베이스의 파라미터 수도 인물에 따라 증감한다?	데이터베이스 자체가 기계학습을 주체로 만들어졌다. 사용자의 질문에 응답해 해답을 제시하고, 틀리면 정정 정보를 받는 것으로 데이터베이스를 개선해 나간다. 속성을 나타내는 파라미터는 고정이 아니라 사용자의 입력에 따라 증감한다. 질문에 의해서 선택지를 좁혀 갈 뿐이지만, 어쩌면 꽤 복잡한 데이터베이스의 설계가 되어 있을지도 모른다….

Chapter 2

AI와 프로그램의 기본 구조

복잡한 태스크를 수행하는 심플한 프로세스

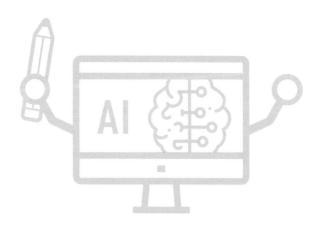

2-1

절차서, 알고리즘

≫ AI에 부여된 과제와 해결 방안

AI와 프로그램의 존재 의의

AI에 대한 깊은 이해를 위해서 가장 먼저 해야 하는 일은 「무엇을 위해 만들어졌는 가」라는 프로그램의 목적이나 의의를 아는 것입니다. 인간이 지적 활동을 실시할 때 에도 반드시 목적이 있으며, 그것을 위해서 생각을 조립합니다. 그 목적에 맞는 생각 의 프로세스가 프로그램일 경우 알고리즘이라는 논리적 절차서로 표현되며 목적 달 성을 위해 코드가 실행됩니다.

이 원칙은 스마트폰 앱이든 AI든 다르지 않습니다. 그리고 AI와 같은 크고 복잡한 프로그램이 되면 **어떤 작은 목적을 가진 프로그램들이 모여 복잡하게 얽혀 큰 목적 을 달성하기 위해 움직입니다.** 이러한 구조는 인간이 만드는 회사나 조직과 비슷합 니다. 개개인이 역할을 부여받고 목적을 가지고 생각하고 행동하며 다른 역할을 가 진 인간과 연계합니다. AI 안에서 하는 일은 변하지 않습니다. 또한, 인간의 뇌 안에 도 역할이 분담된 신경 네트워크가 존재하며 서로 연계되어 목적 달성을 위해 생각을 진행시키고 있기 때문에, 비슷한 부분이 있을지도 모릅니다(그림 2-1).

목적을 달성하기 위한 수단, 알고리즘이란?

프로그램에는 목적을 달성하기 위한 절차서가 존재하는데 이것이 **알고리즘**입니다. 인간의 조직에서도 각 담당자를 위한 매뉴얼이 준비되어, 그 순서에 따라 행동하면 같은 결과를 얻을 수 있는 구조를 만드는 경우가 적지 않습니다. 프로그램이 인간과 비교하면 정확하고 매번 같은 결과를 내는 것은 이 알고리즘 덕분입니다(그림 2-2).

반면에 알고리즘 안에 「랜덤성(random)」이나 「모호성(vagueness)」이 포함되어 있 으면 같은 결과가 나오지 않습니다. 인간의 작업이 불확실한 것도 모호성이 있는 알 고리즘이 뇌 안에 내장되어 있기 때문이라고 해석할 수 있습니다. 모호함을 남기는 것은 불안정해 보이지만, 고도의 프로그램일수록 어느 정도는 모호함을 다룰 수 있 게 되어 있습니다. 순서대로 동작하는 것이 반드시 「이론적 해석에 있어서 융통성이 없다」는 것을 의미하지는 않습니다.

그림2-1 목적에 따라 만들어지는 코드 집합체

Chapter
2

AI와 프로그램의 기본 구조

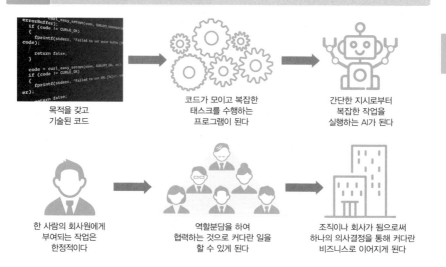

목적을 갖고
기술된 코드

코드가 모이고 복잡한
태스크를 수행하는
프로그램이 된다

간단한 지시로부터
복잡한 작업을
실행하는 AI가 된다

한 사람의 회사원에게
부여되는 작업은
한정적이다

역할분담을 하여
협력하는 것으로 커다란 일을
할 수 있게 된다

조직이나 회사가 됨으로써
하나의 의사결정을 통해 커다란
비즈니스로 이어지게 된다

그림2-2 절차서인 알고리즘

논리적인 순서대로 짜인
알고리즘

항상 동일한 순서로
실행되는 코드

어려운 작업인데도
항상 일정한 퀄리티
(quality)로 작업이
수행된다

해야 할 일이 순서대로
기술되어 있는 매뉴얼

순서가 될 때까지는
매뉴얼대로 작업을 한다

Point

✔ 프로그램은 목적에 맞게 기술된다

✔ 목적에 따라 작성된 프로그램이 모여 소프트웨어나 애플리케이션이 된다

✔ 알고리즘은 프로그램의 절차서

≫ 탐색 알고리즘의 종류와 개요

알고리즘의 기본이 되는 목록 탐색

아무리 복잡한 알고리즘도 자세히 살펴보면 간단한 절차의 조합으로 구성되어 있고, 인간의 사고방식을 응용하거나 퍼즐과 같은 해법도 있습니다. 그중에서도 **탐색 알고리즘**은 모든 프로그램에 사용되는 기본형이기 때문에 알아두면 알고리즘이 친숙하게 느껴질 수도 있습니다.

탐색 방법은 데이터 구조에 따라 최적의 방법이 다릅니다. **명단이나 엑셀 등에서 흔히 볼 수 있는 데이터가 일렬로 늘어서 있는 것 같은 리스트 구조 데이터의 경우 탐색 방법은 의외로 간단합니다.** 위에서부터 순서대로 한쪽 끝에서부터 조사하는 **선형 탐색**이나, 번호순서 등으로 나열되어 있는 경우라면 찾는 내용이 어디쯤에 있는지 주위를 둘러보아 조사하는 **이분탐색**이 자주 이용됩니다(그림 2-3). 그 밖에 다른 방법도 있지만, 단순히 나열되어 있는 리스트 형태의 데이터라면 그다지 효율적인 검색 방법이 없습니다.

데이터 간에 연결된 그래프 구조 탐색

모든 데이터는 리스트 형태로 나타낼 수 있지만, 실제로는 데이터끼리 어떤 연결고리가 있는 경우가 많습니다. 고객·상품·서비스, 노선이나 도로, 언어나 지식, 서로 다양한 관계성을 가지는 정보는 **그래프 구조**나 **트리 구조**라고 하는 정보끼리의 연결을 네트워크화한 형태로 표현할 수 있습니다. 그러한 형식으로 표현되어 있을 경우 사용할 수 있는 탐색이 가로로 한 줄씩 알아보는 「폭 우선 탐색」, 세로로 한 줄씩 알아보는 「깊이 우선 탐색」 등 구조를 중시하는 탐색 방법입니다. 구조를 중시하는 탐색을 발전시키면 정보의 관계성으로부터 탐색 대상이 어디쯤에 있는지 평가하는 「최량 우선 탐색」, 거기에 확률론적인 요소를 더한 「몬테카를로 트리 탐색」 등이 등장합니다(그림 2-4).

그래프 구조는 정보 사이에 있는 관계성을 이용하여 빠르게 탐색 대상을 찾을 수 있습니다. 이를 위한 평가 방법이나 탐색 방법이 많이 존재하기 때문에 심오한 데이터 구조라고 할 수 있습니다. 또한 리스트 구조의 데이터를 그래프나 트리 구조로 변환할 수 있다면 리스트 형태 탐색보다 빠르게 찾을 수도 있습니다.

그림 2-3 리스트 구조 형식의 데이터 탐색

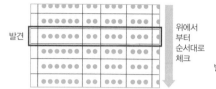

고객 번호가 192번인 고객을 찾는다
(랜덤하게 줄 서 있는 경우)

발견

위에서
부터
순서대로
체크

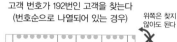

고객 번호가 192번인 고객을 찾는다
(번호순으로 나열되어 있는 경우)

위쪽은 찾지
않아도 된다

중앙값이
100이다

발견

아래쪽만
찾는다

선형 탐색 알고리즘
어쨌든 위에서부터 차례로 해당하는 정보를 찾는다.
지극히 단순한 알고리즘

→ 원하는 정보가 위쪽에 있을 때는 빠르지만,
아래쪽에 있을 때는 느리다

이분 탐색 알고리즘
데이터의 중간을 보고 해당 정보가 위쪽에 있는지
아래쪽에 있는지 추측한다

→ 안정적이고 빠르지만 데이터가 특정 규칙에 따라
나열되어 있어야 사용할 수 있다

그림 2-4 트리 구조 형식의 데이터 탐색

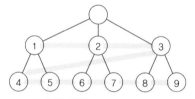

폭 우선 탐색
→ 같은 높이의 물건을 옆으로 찾아간다

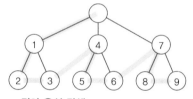

깊이 우선 탐색
→ 깊은 곳까지 찾고 나서 돌아온다

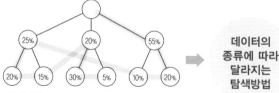

몬테카를로 트리 탐색
→ 정답일 확률이 높은 것부터 차례로 찾기

데이터의
종류에 따라
달라지는
탐색방법

Point

✔ 알고리즘에는 단순한 것도 있다

✔ 기본이 되는 탐색 알고리즘은 이해하기 쉽다

✔ 데이터 구조에 따라 최적의 탐색 방법은 다르다

✔ 알고리즘을 이해하면 프로그램에 대한 이해가 깊어진다

» 소트 알고리즘의 종류와 개요

데이터를 나열하는 「소트」의 중요성

데이터를 다룰 때 중요한 것이 법칙에 따라 데이터를 나열하는 소트(Sort)입니다. 장부나 목록에서 뭔가를 찾기 위해 미리 정보를 이름순이나 번호순으로 나열해 두는 것과 같습니다. 컴퓨터는 위에서부터 차례대로 한쪽 편에서 찾아도 신속하게 대상을 찾아 주지만, 그래도 데이터의 건수가 늘어나면 시간이 걸립니다. 그렇기 때문에, **데이터 그 자체를 다시 소트하거나, 이름 등의 순서대로 세워두는 색인을 작성해 두거나, 데이터를 보기 쉽게 하기 위한 처리가 반드시 행해지고 있습니다. 소트 알고리즘**은 그러한 것들의 일종입니다(그림 2-5).

단지 재배열하는 것뿐이지만, 정보를 차례로 늘어놓는 작업은 꽤 번거로우며, 무수히 많은 소트 알고리즘이 존재합니다. 또한 정보를 특정 법칙이나 우선순위에 따라 소트하는 작업은 검색 결과 및 추천 표시에도 관련되기 때문에, **AI의 생각 속도에도 영향을 미치는 의외로 중요도가 높은 알고리즘**입니다.

여러 가지 연구가 집약된 소트 알고리즘

단순한 알고리즘으로는, 처음부터 순서대로 2개의 정보를 비교해 순서를 바꾸어 가는 「버블 소트(bubble sort)」가 있습니다. 반복해서 수행한다면 소트를 할 수는 있지만 효율이 좋지 않습니다. 원리로는 카드를 정렬하는 것과 같습니다. 최솟값부터 순서대로 나열해 나가는 「선택 소트」, 어느 카드 사이에 들어가는지를 보면서 삽입해 나가는 「삽입 소트」, 기준 포인트를 정해 그보다 위에 있는지 아래에 있는지로 나누는 「퀵 소트(quick sort)」, 정보를 작은 집단으로 나누어 그 안에서 정렬해 마지막으로 맞추는 「병합 소트(merge sort)」 등이 있습니다(그림 2-6). 그 외에도 버블 소트와 삽입 소트를 합친 것과 같은 「셸 소트(shell sort)」나 트리 구조를 만들어 구조의 정점에 최댓값이나 최솟값이 오도록 정렬하는 「힙 소트(hip sort)」 등이 있습니다.

데이터를 정렬하는 것만으로도 **데이터가 흩어져 있는 방식에 따라 속도가 달라지거나, 조금 느리지만 안정적으로 작동하거나, 메모리를 절약하는 등 각각 특성이 다릅니다.** 목적은 단순해도 심오한 것이 소트 알고리즘이라고 할 수 있습니다.

그림 2-5 데이터를 정리할 때 필수적인 소트

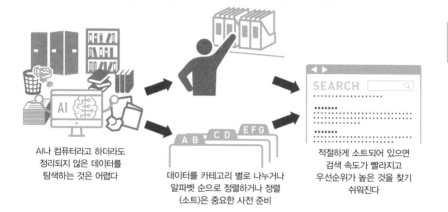

AI나 컴퓨터라고 하더라도
정리되지 않은 데이터를
탐색하는 것은 어렵다

데이터를 카테고리 별로 나누거나
알파벳 순으로 정렬하거나 정렬
(소트)은 중요한 사전 준비

적절하게 소트되어 있으면
검색 속도가 빨라지고
우선순위가 높은 것을 찾기
쉬워진다

그림 2-6 버블 소트와 선택 소트

어려워 보이지만 실제로 하는 일은 단순하다

Point

✔ 고속으로 탐색할 수 있는 컴퓨터라도 정리되지 않으면 시간이 걸린다

✔ 소트 작업은 PC나 서버 등 다양한 데이터를 대상으로 이루어진다

✔ 복잡한 소트 알고리즘도 있고 간단한 소트 알고리즘도 있다

✔ 소트 알고리즘마다 다양한 특성이 있으며, 데이터에 따라 구분하여 사용할
수 있다

» 암호화 알고리즘의 종류와 개요

키를 사용하여 누구도 읽을 수 없는 문서를 만드는 알고리즘 \\\\\\\\\\\\\\\\\\

지극히 중요하면서 원리를 알기 어려운 알고리즘이 **암호**입니다. 탐색이나 소트와는 다르게 **암호 알고리즘**은 우리 주변에서 사용하는 경우가 별로 없습니다. 알고리즘을 제대로 이해하려면 수학적 지식이 필요하지만, **누구나 연결되는 인터넷 세상에서 「왜 안전하게 정보를 주고받을 수 있는지」 이해하기만 한다면 수학적인 지식은 필요하지 않습니다.** 암호에 있어서 중요한 것은 「특정한 사람만 읽을 수 있다」는 것이며, 그것을 실현하는데 중요한 것은 열쇠와 문서의 취급 방법입니다. 기본적으로는 자물쇠가 달린 상자에 문서를 넣어 자물쇠를 잠그고(암호화), 열쇠를 사용해 상자를 열고 안의 문서를 읽는(복호화) 그림입니다.

인터넷상에서 널리 사용되는 공통키 암호와 공개키 암호 \\\\\\\\\\\\\\\\\\

열쇠는 비밀번호 같은 것입니다. 암호의 세계에서도 열쇠를 알아내는 것은 불가능하지는 않지만, 기본적으로는 여러 가지 방법을 사용하여 암호화를 하기 때문에 오랜 시간이 걸립니다. 그렇기 때문에 열쇠를 자주 바꿔 버리면 쉽게 알아낼 수 없습니다. 문제는 새 열쇠를 어떻게 건네느냐입니다.

상자를 닫는 열쇠와 여는 열쇠가 같은 것을 **공통키 암호**라고 부르고(그림 2-7), 상자를 닫는 열쇠와 여는 열쇠가 다른 것을 **공개키 암호**라고 부릅니다(그림 2-8). 공개키 암호에서는 상자를 닫는 열쇠(공개키)를 모두에게 나눠주지만 상자를 여는 열쇠(개인키)는 문서를 읽는 사람만이 가지고 있다는 점이 큰 특징입니다. 이것은 열쇠가 아니라 자물쇠 같은 잠그는 장치를 나눠주고 있다고 생각해도 좋을 것입니다. 공개키 암호는 공개 키를 전달하는 것이 쉬운 대신 암호화와 복호화에 시간이 걸립니다. 그래서 공통키가 나오게 되었습니다. 공통키 암호는 같은 키를 사용하기 때문에 관계자에게만 키를 전달하는 것이 어려운 한편, 처리가 가볍고 고속으로 처리할 수 있습니다.

이러한 특성으로 인해 공개키 암호에서는 공통키 암호 열쇠를 전달하고, 거기서부터는 공통키 암호를 이용하여 교환하는 것입니다. 상자 안에 공통키를 넣고 공개키로 잠그고 상대방은 개인키로 자물쇠를 해제해 공통키를 꺼냅니다. 일단 암호 교환이 시작되면 정기적으로 열쇠를 변경하기 때문에 쉽게 깨지지 않게 됩니다.

그림 2-7 | 같은 키로 암호화와 복호화를 실시하는 공통 키 암호

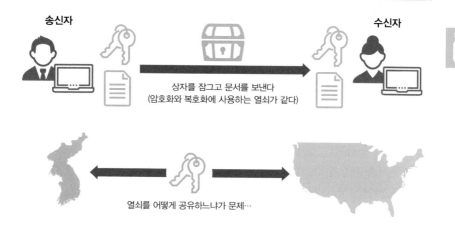

송신자 　　　　　　　　　　　　　　　　　　　　수신자

상자를 잠그고 문서를 보낸다
(암호화와 복호화에 사용하는 열쇠가 같다)

열쇠를 어떻게 공유하느냐가 문제…

그림 2-8 | 암호화와 복호화에서 다른 키를 사용하는 공개 키 암호

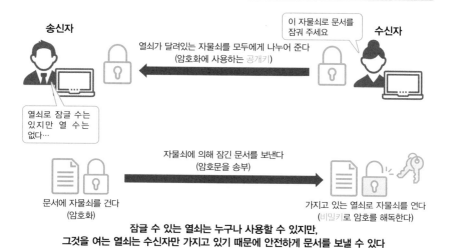

송신자 　　　　　　　　　　　　　　　　　　　　수신자

이 자물쇠로 문서를
잠궈 주세요

열쇠가 달려있는 자물쇠를 모두에게 나누어 준다
(암호화에 사용하는 공개키)

열쇠로 잠글 수는
있지만 열 수는
없다…

자물쇠에 의해 잠긴 문서를 보낸다
(암호문을 송부)

문서에 자물쇠를 건다
(암호화)

가지고 있는 열쇠로 자물쇠를 연다
(비밀키로 암호를 해독한다)

**잠글 수 있는 열쇠는 누구나 사용할 수 있지만,
그것을 여는 열쇠는 수신자만 가지고 있기 때문에 안전하게 문서를 보낼 수 있다**

Point

✔ 암호화 알고리즘은 다양한 통신에 사용된다

✔ 「공통키」와 「공개키」 암호는 안전하게 통신할 수 있게 한다

✔ 데이터의 신뢰성과 안전성은 암호화에 의해 담보된다

Chapter **2**

AI와 프로그램의 기본 구조

≫ AI의 설계도가 되는 아키텍처

여러 알고리즘을 조합하여 만드는 아키텍처 \\

AI를 포함한 대부분의 프로그램이 여러 알고리즘의 조합으로 움직이고 있습니다. 지금까지 소개한 3가지 알고리즘도 구글에서 검색을 할 때 활용되고 있습니다. 우리가 구글 검색창에 입력한 정보는 암호화되어 인터넷을 통과하고, 구글은 미리 정렬된 데이터베이스에서 키워드에 매치되는 사이트를 탐색해 줍니다. 실제로는 더 복잡하지만 기초적인 알고리즘은 모든 프로세스에서 사용됩니다.

이러한 AI나 프로그램을 만들 때는 알고리즘의 사용법이나 어떤 데이터베이스를 조합할 것인지 등을 생각하고, 그것을 대략적인 설계도로 작성하게 됩니다. 이것을 **아키텍처**라고 부릅니다(그림 2-9)

아키텍처를 만드는 단계에서 종별과 역할이 결정된다 \\\\\\\\\\\\\\\\\\\\\\\\\\\\

프로그램의 목적을 달성하기 위해 대략적인 방향을 생각하는 것이 아키텍처입니다. 그것을 구체적으로 기술할 때 알고리즘이 나타납니다. 예를 들어, 화상 인식 시스템을 만든다면 「자사에서 데이터베이스를 준비해 AI를 만들 것인지」 「타사의 AI 서비스를 사용할 것인지」를 처음으로 결정하고 「자사의 서비스에 어떻게 연결할 것인가」 「사용자는 어떻게 이용할 것인가」 「미리 정해 두는 룰(rule)은 무엇인가」 등을 생각하는 것이 아키텍처 설계입니다(그림 2-10).

또한 AI 아키텍처를 생각할 경우, 소프트웨어 자체의 아키텍처를 생각하는 것은 물론이고, **네트워크나 데이터베이스와 연계를 고려한 시스템이나 인프라 주변의 아키텍처도 중요하며, 자동차나 로봇과의 연계를 바탕으로 하드웨어 주변의 컴퓨터 아키텍처에 대해서도 생각할 필요가 있습니다.**

서버 측면에서 정보를 모두 처리하는 것이 아니라 단말기나 IoT 기기 측면에서 부하를 분산하는 「엣지 컴퓨팅」 등은 소프트웨어와 하드웨어 시스템 설계를 횡단적으로 하는 새로운 아키텍처 개념입니다. AI는 이러한 아키텍처의 가치를 높이는 데 중요한 역할을 하고 있습니다.

그림 2-9 아키텍처의 위상

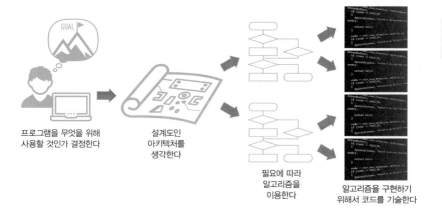

프로그램을 무엇을 위해
사용할 것인가 결정한다

설계도인
아키텍처를
생각한다

필요에 따라
알고리즘을
이용한다

알고리즘을 구현하기
위해서 코드를 기술한다

그림 2-10 아키텍처 개념도

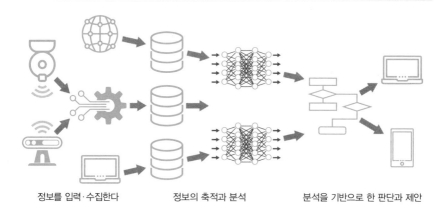

정보를 입력·수집한다

정보의 축적과 분석

분석을 기반으로 한 판단과 제안

**수집한 데이터를 어디에 모으고, 애플리케이션이나 알고리즘을 어떻게
사용하고, 데이터 센터의 요건, 분석이나 판단에 이용하는 방법, 제안이나
관리 방법 등을 생각해 아키텍처에 포함시킨다.**

Point

✔ 복잡한 프로그램에는 설계도인 아키텍처가 만들어진다

✔ 목적을 정하고 설계도를 작성하고 세부적인 절차를 정해 비로소 프로그램이
그려진다

✔ 아키텍처는 소프트웨어·하드웨어·시스템과 폭넓은 영역으로 구성될 수 있다

>> 독립적으로 일하는 AI의 존재

높은 자율성을 가진 소프트웨어 에이전트

올바른 설계도(아키텍처)를 기반으로 만들어진 AI는 독립적인 활동이나 협조하는 활동, 지시를 받지 않고 계속 활동할 수 있게 됩니다. 그러한 일정한 자율성·계속성·협조성을 가지고 있는 프로그램을 **소프트웨어 에이전트**라고 부릅니다(그림 2-11).

에이전트는 대리인이라는 의미이며, 목적 달성을 위해 고용주의 의지에 따라 계속 일하고 보통 독립적으로 행동할 권한을 부여받고 있습니다. 소프트웨어 에이전트도 마찬가지로 **어떤 권한을 부여함으로써 사용자 대신 다양한 작업을 자동으로 수행해 줍니다.** 또한 에이전트는 반드시 단독으로 행동하는 것은 아니며, 여러 에이전트가 조합되는 **멀티 에이전트** 형태로 작동하기도 합니다. 게다가 에이전트의 규모도 다양해서 거대한 시스템의 일부 혹은 시스템 그 자체이거나 스마트폰 같은 단말기 내부에서 정기적으로 메일을 체크하기만 하는 존재 등 정해진 형태는 없습니다.

에이전트로 구성된 AI

AI와 에이전트는 밀접한 관련이 있으며, AI가 에이전트로 실행되기도 하고 AI 안에 무수한 에이전트가 들어있기도 합니다. 로봇도 에이전트의 일종입니다. 고도의 자율성과 협조성을 가진 에이전트의 설계는 쉽지 않기 때문에 **에이전트 아키텍처**라고 불리는 우수한 에이전트를 설계하는 기법에 대한 연구도 진행되고 있습니다.

뛰어난 에이전트의 행동 과정은 인간의 행동과도 비슷합니다. 오감이나 센서로 「지각」한 정보를 「인식」해, 거기에 맞추어 적절한 행동을 「결단」하고, 몸·기계·프로그램을 「실행」합니다. 그것에 의해서 「환경이 변화」하므로, 그것을 다시 지각하는 것에 의하여 연속적인 행동이 계속되는 것입니다(그림 2-12). 이러한 설계는 자율주행 차량이나 드론에도 사용되다 보니 이젠 당연한 것이 되었습니다.

그림 2-11 모든 영역에서 활동하고 있는 소프트웨어 에이전트

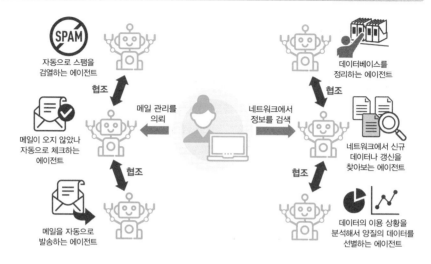

자동으로 스팸을
검열하는 에이전트

협조

메일이 오지 않았나
자동으로 체크하는
에이전트

메일 관리를
의뢰

네트워크에서
정보를 검색

협조

데이터베이스를
정리하는 에이전트

협조

네트워크에서 신규
데이터나 갱신을
찾아보는 에이전트

협조

협조

메일을 자동으로
발송하는 에이전트

데이터의 이용 상황을
분석해서 양질의 데이터를
선별하는 에이전트

그림 2-12 에이전트 아키텍처의 사례

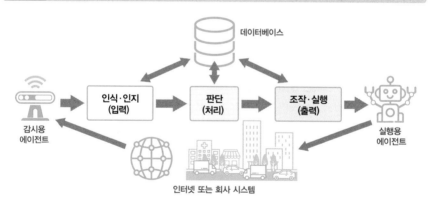

데이터베이스

인식·인지
(입력)

판단
(처리)

조작·실행
(출력)

감시용
에이전트

실행용
에이전트

인터넷 또는 회사 시스템

환경의 변화를 감지하고 적절한 판단과 행동을 통해 환경을
변화시키고 그 변화를 받아 다시 판단을 한다
→ **에이전트는 자율적·지속적으로 활동을 계속한다**

Point
✔ 자율·계속·협조성을 가지고 있는 프로그램이 에이전트
✔ 에이전트는 모든 영역에서 활동하고 있다
✔ 우수한 에이전트를 설계하기 위한 에이전트 아키텍처

» Rule에 따른 AI의 사고방식과 의사결정 기법

Rule을 결정하고 따르는 Rule(지식) 베이스

AI나 에이전트와 같이 자율성이 높은 프로그램은 다양한 방법으로 사고·의사결정이 이루어지고 있습니다. 고도로 복잡해진 현대 AI의 사고를 특정 패턴에 적용하는 것은 어렵지만 베이스가 되는 의사결정의 축은 있습니다. 대부분의 프로그램이나 AI에 이용되고 있는 것은 **Rule 베이스** 혹은 **지식 베이스**의 사고 프로세스입니다. 인간의 논리적 사고를 Rule(지식)화하고 그 Rule에 따라 동작하는 의사결정 방법입니다(그림 2-13).

간단한 사고부터 복잡한 사고까지 쉽게 기술할 수 있는 반면, Rule 이외의 상황에는 대응하기 어렵고 유연성이 없는 것이 단점입니다. 또한 경험에 근거한 애매한 사고나 감각적 판단 등 논리적으로 기술하기 어려운 의사결정 과정을 재현할 수 없습니다. 한편, Rule을 엄밀하게 따르기 때문에 정확성이나 재현성이 높고, **기계나 프로그램에 대한 높은 신뢰성은 이 Rule 베이스의 사고 프로세스에 기인하는 바가 매우 큽니다.**

정해진 상태에 따르는 State 베이스

State 베이스는 몇 가지 「상태(state)」를 정의하고, 그 상태를 Rule에 따라 변경함으로써 태스크를 실행하는 Rule 베이스 형태를 조금 한정적으로 적용한 사고 모델입니다. 이 사고방식으로 동작하는 프로그램이나 기계는 「state 머신」이라고 불리며 가전·로봇·공업 기계 등 현실 세계에서 동작하는 다양한 프로그램에 사용되고 있습니다.

Rule 기반과의 차이는 사고의 속도와 안정성입니다. 프로그램은 미리 정해진 「상태」가 되므로 동작을 파악하기 쉽고 여러 상태가 겹치지 않아 안정적입니다. 예를 들면 「걷기」와 「스마트폰 터치」의 상태를 state 머신으로 깨끗하게 나누어 두면 원칙적으로 「걸으면서 스마트폰을 할 수 없다」가 되므로, 불필요한 일을 하지 않고 안전하게 목적지에 도착할 수 있다는 것입니다(그림 2-14). Rule 베이스에서도 동일한 일을 할 수 있지만, 안정성이 중요시되는 프로그램이나 복잡한 태스크를 간단하게 실행할 때에 자주 사용됩니다.

그림 2-13 Rule 베이스 이미지

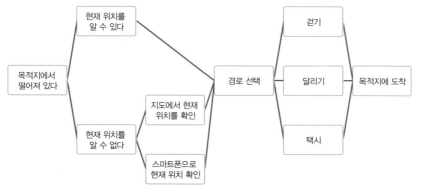

「만약 A라면 B」라는 Rule에 따라 동작
복잡한 프로세스에서도 쉽게 기술할 수 있어 변경이 쉬움
※ 정해진 구성은 없으므로 다양한 방식으로 발전시킬 수 있다

그림 2-14 State 베이스 이미지

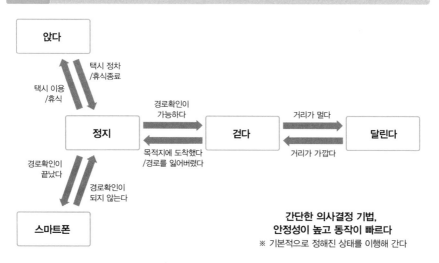

간단한 의사결정 기법,
안정성이 높고 동작이 빠르다
※ 기본적으로 정해진 상태를 이행해 간다

Point

✔ AI의 사고·의사결정 방법에는 몇 가지 패턴이 있다

✔ Rule을 정하고 그에 따라 동작하는 것은 「Rule 베이스」

✔ 상태를 결정하고 상태에 따라 동작하는 것이 「State 베이스」

» 목표에 맞춘 AI의 사고 방법과 의사결정 기법

목표로부터 역산하여 계획하는 Goal 베이스 ////////////////////////

AI나 프로그램은 어떤 목적을 달성하기 위해 동작합니다. 간단한 동작으로 목적을 달성할 수 없는 경우, 그 목적을 달성하기까지 필요한 행동을 하나하나 계획하고 실행해 갑니다. 그것이 Goal 베이스 사고 방법입니다. 예를 들어 「목적지에 도착하기」를 위해서 목적지로부터 역산하여 경로를 산출하고, 이동 수단으로 도보로 역까지 이동하며, 전철로 목표 근처의 역까지 가고, 버스로 이동하는 계획을 세우는 것도 Goal 베이스 방법론입니다(그림 2-15).

또한 **목표를 세밀하게 설정함으로써 복잡한 상황에도 대응할 수 있습니다.** 역까지의 경로 설정이나, 환승을 하거나, 돌아오는 경로를 설정하거나, 각각의 목표에 있어서의 최적의 계획이라고도 생각할 수 있게 될 것입니다.

작업을 분할해서 협력하는 Task 베이스 ////////////////////////

Goal 베이스의 사고 방법에 독립적으로 사고하는 에이전트의 요소를 더해 보다 유연하게 대응할 수 있도록 한 것이 Task 베이스입니다. 처음 세운 계획에 따라 끝까지 움직이는 것이 아니라, **각각의 Task를 수행할 때 유연하게 Task를 변경하거나 분할하거나 조정하거나 어느 정도 자율성이 부여되어 있다**는 점에서 큰 차이가 있습니다. 경우에 따라서는 작업 사이에 계층 구조를 갖게 하고, 상위 계층의 Task를 우선하고 아래의 Task를 덮어쓰는 것도 가능합니다. 즉, 목표로 삼은 Goal을 변경할 권한을 가진 Task가 존재하는 것입니다. 이 방식으로 인해 Goal 베이스에서는 어려웠던 정체나 지연에 맞춘 경로 변경 등이 가능해집니다(그림 2-16).

다만, 지금까지 예로 들었던 의사결정 프로세스는 각각 상반되는 것이 아니라 조합할 수도 있습니다. Rule/State/Goal/Task 베이스가 전혀 다른 사고 방법이라는 것은 아니고, 어디까지나 방향성의 차이에 이름을 붙인 것입니다. 전체적으로 보면 Task 베이스에서 Task를 분할해 가다 보면 Goal 베이스나 State 베이스가 되어 있을 수도 있습니다. AI든 인간이든 사고 패턴이란 깔끔하게 분류할 수 있는 것이 아닙니다.

그림 2-15 치밀한 계획을 세우는 「Goal 베이스」

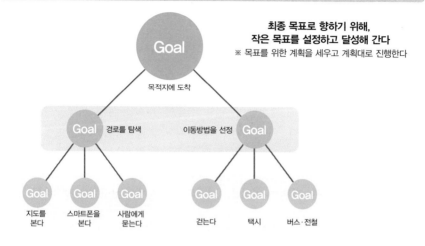

**최종 목표로 향하기 위해,
작은 목표를 설정하고 달성해 간다**
※ 목표를 위한 계획을 세우고 계획대로 진행한다

그림 2-16 협조하여 일을 진행시키는 「Task 베이스」

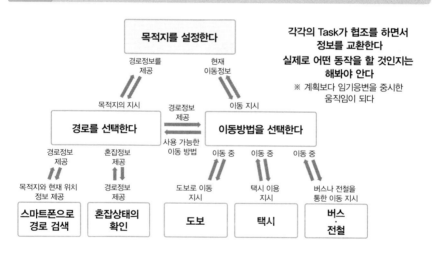

**각각의 Task가 협조를 하면서
정보를 교환한다
실제로 어떤 동작을 할 것인지는
해봐야 안다**
※ 계획보다 임기응변을 중시한
움직임이 되다

Point
✔ 목표에 맞게 단계별로 생각
✔ 계획을 세우고 계획대로 진행하는 「Goal 베이스」
✔ 작업을 분할하고 유연하게 진행하는 「Task 베이스」
✔ 이러한 기법은 사고의 「방향성」을 나타내는 것

≫ 사례에서 배우는 AI의 사고 방법과 의사결정 기법

사례를 참고로 판단하는 Case 베이스

문제를 풀 때, 이치를 통해 해결할 수 없는 경우에 유효한 것이「사례를 참고하는」 Case 베이스 접근법입니다. 이는 과거 사례를 지식화하는 형태로도 실현될 수 있으며, 방대한 과거 사례를 데이터베이스화하고 통계학적 접근으로 해결책을 모색할 수도 있을 것입니다. 기계학습 등도 Case 베이스적인 접근을 이용하고 있다고 생각할 수 있으며, **논리적인 해결이 어려운 감각적인 Task에도 유효한 방법**입니다(그림 2-17 왼쪽).

다만 이 기법은 과거 사례를 참고할 뿐이므로, 과거 사례가 잘못되어 있다면 AI도 마찬가지로 틀리게 됩니다. 판단이나 사고의 근거도「예전에는 이랬기 때문에」라고 할 뿐이기 때문에 완전히 새로운 문제에는 대응할 수 없습니다.

상황을 상상하는 Simulation 베이스

Case 베이스와 비슷한 것이 Simulation 베이스입니다. 실제 사례가 아니라 **AI가 스스로 시뮬레이션을 수행한 세계에서「어떤 판단이 최선인가」를 생각하는 기법**입니다(그림 2-17 오른쪽). 이 시뮬레이션을 무수히 반복해 거기에서 일종의「패턴」을 찾아낼 수 있게 되면 Case 베이스 사고 방법으로 바뀝니다. 시뮬레이션이 과거의 유효한 사례로 바뀌는 것입니다. 엄밀하게 나눌 필요는 없지만, 미래를 상상해「이것이 좋을지도 모른다」라고 생각하는 것이 시뮬레이션 베이스. 반복적인 상상 혹은 경험을 해서「이 경우는 이렇게 하는 것이 최적」이라고 하는 것이 Case 베이스, 사례의 존재를 완전히 무시하고「이것은 이렇게 한다」라고 하는 단계까지 가져가면 Rule 베이스라고 할 수 있습니다(그림 2-18).

이러한 사고 방법이나 의사결정 기법은 프로그램으로서는 전혀 다른 방식으로 만들지만 성질은 비슷한 부분이 많이 있습니다. 인간도 그렇지만, 논리적으로 보이는 사고도 경험에 기반해 있거나 원래는 논리적인 판단이라도 익숙해지면 감각적으로 하기도 합니다. 사고방식이나 판단의 근거가 다르지만 하고 있는 일은 비슷해진다는 것이 AI와 인간의 닮은 점이라고 할 수 있습니다.

그림 2-17 Case 베이스와 Simulation 베이스

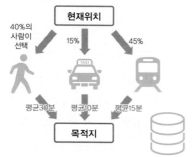

과거의 사례: Case 베이스

현재 위치와 목적지 사이에 어떤
경로가 있는지에 관계없이 과거
사례에 따라 이동한다

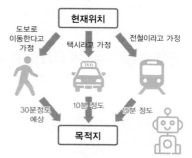

미래를 상상: Simulation 베이스

만약 「이런 선택을 했다면」이라는
가정하에 최선의 선택이 무엇인지
모색하고 이동한다

그림 2-18 AI의 판단 Rule이 가능한 흐름

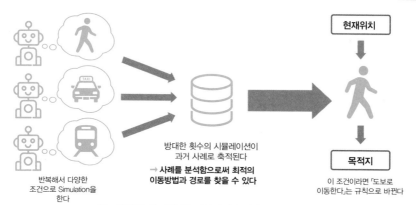

반복해서 다양한
조건으로 Simulation을
한다

방대한 횟수의 시뮬레이션이
과거 사례로 축적된다
→ 사례를 분석함으로써 최적의
이동방법과 경로를 찾을 수 있다

이 조건이라면 「도보로
이동한다」는 규칙으로 바뀐다

AI는 다양한 사고방식을 사용하여 유연하면서도 정확하고
신속하게 결정을 내릴 수 있는 프로세스로 작동하고 있다

Point

✔ Rule화가 어려운 것은 사례를 참고하는 「Case 베이스」

✔ 미래를 상상하고 재현해서 최적의 것을 찾는 「Simulation 베이스」

✔ 여러 가지 사고방식을 결합하는 것으로 Rule화 하는 것도 가능하다

✔ 논리적으로 보이는 부분도 사실 경험으로 결정되는 경우도 있다

≫ 유연하게 생각하기 위한 접근법

통계와 확률이 사고에 미치는 영향

현대 AI의 사고에 통계와 확률은 큰 영향을 미치고 있습니다. 특히 Rule 베이스 사고방식이 주류가 되었던 과거 수십 년의 접근법에 비해 **통계나 확률 이론을 많이 도입한 기계학습은 범용성이 높고, 잘 이용하면 AI의 용도가 크게 확장되기 때문에** 활발히 연구되고 있습니다.

원래 인간의 사회적인 활동뿐만 아니라 동물의 행동이나 자연현상의 대부분은 「계산하면서 수행되고 있는 것」이 아닙니다. 사회활동이나 자연현상을 이해할 때 수식이나 이론을 이용하고 있을 뿐, 그 대부분의 활동이 경험이나 감각, 랜덤에 가까운 사물의 관계로 성립하고 있습니다(그림 2-19).

인간의 지적 활동은 논리적으로 보여도 사실은 모호하고 감각에 의존하는 경우가 많으며, 그것을 프로그램으로 논리적으로 기술을 해도 잘 되지 않습니다. 장기나 바둑 기사도 마무리 부분 이외에는 경험에 근거한 감각적인 판단에 의존합니다. AI 조차도 읽지 못하는 수를 인간의 뇌에서 사고할 수는 없기 때문에 이론이 아닌 경험과 지식을 사용해 **강한 손**(strong hand)을 모색하고 있는 것입니다.

인간의 경험에 의해 변하는 기계학습

인간의 경험에 의해 바뀌는 기술이 AI에서는 기계학습입니다. 논리적으로 해답을 낼 수 없는 문제에 대해 인간이 경험을 바탕으로 판단을 내리듯이, AI는 기계학습으로 쌓은 **경험**으로 사물을 판단합니다. 이 기계에서 배양하는 일종의 경험은 그 대부분이 「통계와 확률」에 의해서 구성되며, 그 통계와 확률은 방대한 「데이터베이스」가 뒷받침해 줌으로써 신뢰성이 확보됩니다(그림 2-20).

통계나 확률은 논리적인 체계를 가진 학문 영역이며, 데이터도 수치 등을 포함하는 지극히 구체적인 정보입니다. **인간이 감각적으로 익히는 스킬을, AI는 데이터를 사용하여 논리적으로 익히려고 하는 것입니다.**

AI는 다양한 사고방식으로 분석·사고하고, 판단하고 있지만 세세하게 연결하면 지극히 논리적입니다. 본질적으로 논리적인 AI가 어떻게 모호한 세계에 대응해 나가는지 이해하는 것이 AI 이해에 중요합니다.

그림 2-19 논리적으로 기술할 수 없는 것은 데이터로 바꾼다

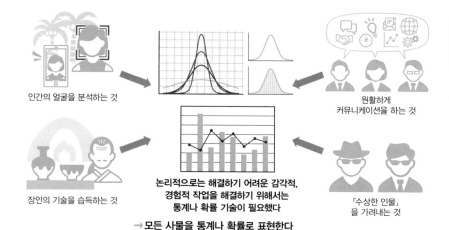

인간의 얼굴을 분석하는 것

원활하게
커뮤니케이션을 하는 것

장인의 기술을 습득하는 것

논리적으로는 해결하기 어려운 감각적,
경험적 작업을 해결하기 위해서는
통계나 확률 기술이 필요했다

「수상한 인물」
을 가려내는 것

→ 모든 사물을 통계나 확률로 표현한다

그림 2-20 데이터를 모아서 분석하고 AI의 「경험」으로 만든다

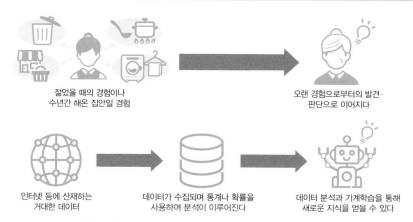

젊었을 때의 경험이나
수년간 해온 집안일 경험

오랜 경험으로부터의 발견·
판단으로 이어지다

인터넷 등에 산재하는
거대한 데이터

데이터가 수집되며 통계나 확률을
사용하여 분석이 이루어진다

데이터 분석과 기계학습을 통해
새로운 지식을 얻을 수 있다

인간이 경험으로부터 배우고 적절한 판단을 할 수 있는 것처럼,
AI도 데이터로부터 기계학습을 하여 적절한 판단을 할 수 있게 된다

Point
- ✔ 논리적으로 해결할 수 없는 애매한 문제를 해결하는 「통계」나 「확률」
- ✔ 인간이 경험으로부터 배우는 것을 AI는 「데이터」를 이용하여 배운다
- ✔ 기계학습은 인공지능의 응용 범위를 크게 넓혔다

검색 엔진의 구조를 생각해 봅시다.

Google과 같은 검색 엔진을 자연스럽게 사용하다 보면, 검색 상자에 키워드를 넣어 결과가 나온다는 것이 당연한 것 같지만 그 이면에서는 다양한 프로그램이 움직이고 있습니다. 좋아하는 검색어를 선택해서 실제로 검색해 보고, 결과가 나올 때까지 어떤 작업이 진행되고 있는지 생각해 보세요.

구체적 사례

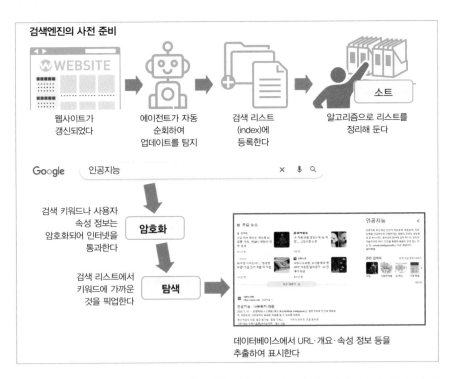

이 밖에도 SNS와 Office 소프트웨어에도 검색 엔진이 준비되어 있습니다. 이 엔진들은 전 세계 웹사이트를 망라하고 있는 Google과는 조금 다르게 작동하고 있기 때문에 따로 조사해 보는 것이 좋습니다.

Chapter 3

AI에서 데이터 취급

AI의 성장에 필수 불가결한 정보란?

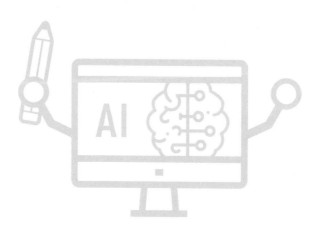

» AI에게 필요한 정보

AI에 있어서 정보(데이터)란?

AI 기술은 다룰 수 있는 정보량이 늘어날수록 유용합니다. 다만, 이러한 경우 **정보**나 **데이터**가 무엇을 가리키는지 이해하는 것은 의외로 어려울 수 있습니다. 왜냐하면 **AI 는 기존의 단순한 프로그램과 비교하여 다룰 수 있는 데이터의 종류가 증가하고 있으 며, 지금까지 컴퓨터에서 다룰 수 없다고 생각되었던 데이터까지 다룰 수 있기 때문** 입니다.

게다가 AI의 종류에 따라 다룰 수 있는 데이터는 다르고, 다룰 수 있다고 해도 그 데 이터가 목적에 맞는 데이터라고는 할 수 없습니다. 암의 화상진단 AI에게 혈액검사 데이터를 보여주는 것은 의미가 없고, 암의 유무 밖에 판별할 수 없는 AI에게 암의 치료법을 제안하라고 해도 정확한 결과를 얻을 수 없습니다(그림 3-1). AI에게 있어 서 데이터란 **항상 상황이나 문맥에 의존하는 모호하고 넓은 의미를 가진 단어**라는 것 을 이해해야 합니다.

데이터를 이야기하기 전에 알아야 하는 것

AI 전문가들끼리도 AI가 무엇을 할 수 있는지 이야기하기 전에 이해해야만 하는 것 이 있습니다. 그것은 다루고 있는 데이터가 어떤 경위로 얻어진 것인지, 어떤 종류의 정보를 포함하고 있으며 어떤 형식으로 취급되는지, 정보의 정확도는 어느 정도인지 등「이 AI에 있어서 데이터란 무엇인가」입니다.

서로 데이터가 무엇을 가리키느냐 하는 부분에서 공통 인식을 만들지 않으면 이야기 가 맞지 않습니다. 비유하자면 이야기 속 세계관 같은 것으로, 제대로 이해하지 않아 도 대화를 진행할 수는 있지만 어딘가에서 치명적인 차이가 생길 것입니다. 특히 **데 이터가「어떤 과정에서 어떻게 수집되고 있는가**」는 매우 중요하며, 그것을 아는 것만 으로도 데이터에 포함된 정보의 종류나 정확도를 예측할 수 있습니다. 동시에 수집 할 수 있는 데이터의 양이나 서로 협력할 수 있는 사항 등도 파악할 수 있게 되므로 이야기가 원활해질 것입니다(그림 3-2). 간단한 일이지만 데이터를 다루는 AI를 이 해하는데 매우 중요한 부분이기 때문에 꼭 알아두어야 하는 정보입니다.

그림 3-1 같은 의료용 AI 그러나 처리할 수 있는 데이터는 다르다

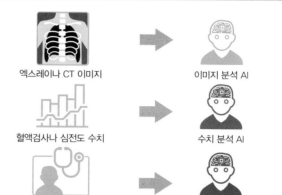

모두 「데이터의 일종」이지만, 취급 방법이나 취급할 수 있는 AI는 다르다

그림 3-2 정보가 생겨나는 프로세스를 이해한다

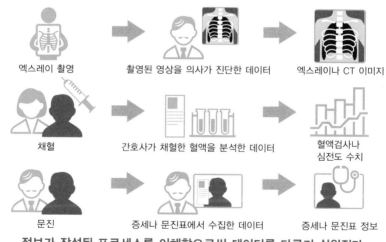

정보가 작성된 프로세스를 이해함으로써 데이터를 다루기 쉬워진다

Point
- ✔ AI에 따라 취급할 수 있는 데이터의 종류는 다르다
- ✔ 데이터가 무엇을 의미하는지 올바르게 이해한다
- ✔ 데이터를 이해하려면 정보가 생겨난 경위를 이해해야 한다

» 데이터를 다룰 때에 다루기 쉬운 것과 다루기 어려운 것

이해하기 쉬운 구조의 데이터

AI가 다루기 쉬운 데이터인지 아닌지 여부를 생각할 때, 알기 쉬운 지표 중 하나는 데이터가 구조화되어 있는지 여부입니다. 구조화라는 것은 **데이터에 포함되어 있는 세세한 수치·문자·이미지에 대해서, 무엇을 의미하는 정보인지 알기 쉬운 구조를 만드는 것**입니다. 예를 들어 음악 파일에서 가장 중요한 정보는 「음성 데이터」인데, 곡의 제목이나 아티스트, 앨범, 곡의 길이에 대한 정보가 부여되어 있는 경우가 많습니다. 경우에 따라서는 가사 정보까지 포함됩니다(그림 3-3). 이 부분이 타이틀로, 음성으로, 가사로…… 등 알기 쉬운 구조로 되어 있는 것이 **구조화 데이터**인 것입니다.

또한, 구조화에도 여러 가지 방법·종류(포맷)가 있고, 그것에 의해서 데이터의 구조는 달라집니다. 많은 경우에서 공통된 것은 메타 데이터라고 불려지는 「태그나 라벨 등 정보를 식별하기 위한 정보」가 부여되고 있다는 점이며, **메타 데이터**가 부여되어 있으면 어떠한 방법으로라도 다루기 쉬운 구조로 변환할 수 있을 것입니다.

구조화되지 않은 데이터

반대로 구조화되지 않은 데이터가 **비구조화 데이터**입니다. **음악 파일이라면 수록한 지 얼마 되지 않은 음성 파일이나 손안의 마이크로 녹음한 지 얼마 되지 않은 데이터**가 비정형 데이터에 해당합니다(그림 3-4). 만일 곡을 수록할 때에 구두로 제목이나 아티스트 명을 알리고, 듣는 사람이 알기 쉽도록 어떠한 포맷으로 데이터 자체를 구조화하지 않으면 의미가 없습니다. 하지만, 보통은 녹음한 시점에 녹음 도구에 의해서 시간이나 재생 시간과 같은 메타데이터가 부여되고 있고, 음성일 경우 AI에 의해서 대화 내용이 자동으로 텍스트화되는 경우도 늘어나고 있습니다. **비구조화 데이터로 여겨졌던 데이터도 AI에 의해 자동으로 구조화되는 경우도 증가하고 있어** 그 경계가 모호해지고 있다고 할 수 있습니다.

그림 3-3   구조화된 음악 데이터

음성

옅은 색······데이터(본체)
짙은 색······메타 데이터
(라벨/태그)

즐겨 찾기

장르

mp3

앨범

아티스트

타이틀

구조화 데이터에는 각각의 요소에 대해 메타 데이터가 부여된다

SNS나 동영상에 대한 태그나 라벨도 데이터의 일종. 어떤 Rule에 따라 정보에 태그를 붙이면 일종의 구조화 데이터가 된다

그림 3-4   구조화되지 않은 음악 데이터

아티스트 명은 「▲▲」 입니다. 곡명은 「○○」 이고 장르는 「□□」 입니다.

♫♫♫♫♫♫

이상, ○○분 길이의 곡이었습니다

방금 녹음한 데이터는 비구조화 데이터

다만, 음성 데이터 안에 곡명이나 아티스트 이름 등의 정보가 부여되어 있어서 인간이 이해할 수 있다고 하더라도 어디서부터 어디까지가 곡이고 어디까지가 곡명이나 아티스트 이름인지 알지 못하면 의미가 없다

Point

✔ 구조화 데이터는 컴퓨터가 보기 쉽게 정리되어 있는 데이터를 말한다

✔ 비구조화 데이터는 정리되지 않은 데이터를 말한다. 단, 인간이 이해할 수 있는 정도로 정리되어 있는 경우도 있다

» 지식과 개념을 전달하는 접근법

데이터와 지식의 미묘한 차이

데이터를 구조화함으로써 AI가 다룰 수 있게 된다고 해도 그것만으로 인간과 동일하게 취급할 수는 없습니다. 인간은 데이터와는 별도로 「지식」이라고 하는 AI가 취급하는 데이터와는 조금 형태가 다른 정보를 다룹니다(그림 3-5). **데이터와 지식은 비슷하지만 모두 순수한 「정보」라고 하는 의미를 갖는 반면, 지식은 「인식」이나 「이해」의 요소를 포함하고 있습니다. 즉, 지식은 데이터를 어떻게 인식하고 이해하는가라는 정보를 다루는 방법까지도 포함하고 있어, 데이터를 다룰 수 있게 된 후에 지식이 있다고 볼 수 있습니다.**

인간은 음악이든 글이든 정보의 존재나 의미에 대해 생각하고 이해하고 활용합니다. 그러나 많은 AI에서는 데이터를 계산 처리에 이용하기 위한 수치로만 인식하고 있습니다. 이것은 인간과 AI를 가르는 커다란 벽 중의 하나로, 데이터의 응용력에 큰 영향을 주고 있습니다.

온톨로지를 이용하여 지식을 다룰 수 있게 한다

AI에게 지식을 배우게 하는 방법을 생각하는 학문 중 하나가 **온톨로지**(Ontology, 존재론)입니다. 원래 철학적인 용어로 이해하기 까다롭지만, 정보 이론에서 온톨로지는 간단합니다. **그 기본은 지식을 어떻게 해석해야 AI도 이해할 수 있을까 하는 점**에 있습니다. 그 결과 생겨난 것이 AI도 알 수 있는 형태로 데이터를 지식화하는 **지식 표현**이라는 기법입니다. 데이터를 구조화할 때에 「AI가 취급할 수 있으면 좋겠다」라고 하는 차원에서 「지식으로서 취급할 수 있도록 하자」라고 하는 단계까지 진행된 것이라고 이해하면 좋을 것입니다(그림 3-6).

지식의 종류에 따라 표현 방법은 다르지만, 자주 사용되는 것이 **의미 네트워크**입니다. 사전처럼 지식은 각각 관련성이 있기 때문에 지식 간의 연결에 어떤 의미를 찾고 연결해 나가면 거대한 네트워크가 되는 것입니다. 위키피디아의 링크를 따라가는 것만으로도 거대한 네트워크의 존재를 깨달을 수 있을 것과 같습니다. 이것을 잘 다룰 수 있으면 AI는 정보를 더 폭넓게 다룰 수 있는 것입니다.

그림 3-5 음악 데이터를 수신한 AI와 인간의 반응

정보를 지식으로 다룰 수 있는 사람은
음악으로부터 다양한 정보를 얻을 수 있다

그림 3-6 미국 국가에 대한 지식 표현

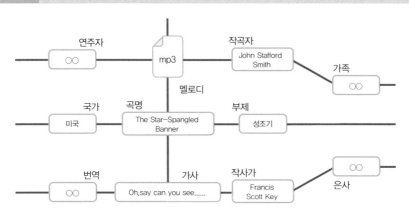

데이터의 구조가 네트워크화되어 있어 무한히 넓혀 갈 수 있다

Point

✔ 인간은 지식의 형태로 정보를 다루고 있는데, 이것은 컴퓨터가 정보를 다루는 방식과는 조금 다르다

✔ 컴퓨터에서도 정보를 지식처럼 취급할 수 있도록 한 기법을 「지식 표현」이라 부르고 있다

» AI에서의 데이터 과학 및 통계

데이터 이해에 필수적인 통계

데이터나 지식을 다룰 수 있게 된다고 해서 그것만으로 AI의 가치가 높아지지는 않습니다. 데이터를 어떻게 사용하고 무엇을 얻을 것인가와 같이 데이터의 효과적인 이용은 컴퓨터나 인터넷의 보급 이래, 정보 사회에 있어서의 큰 테마가 되고 있습니다. 그래서 여러 가지 중에서 특별히 선택된 것이 통계학입니다.

통계는 데이터를 다루는 학문입니다. 단지, **통계학은 어디까지나「데이터를 보는 방법」을 생각하는 학문**입니다. 말하자면「데이터에는 이런 측면이 있다」「이렇게 하면 데이터를 보기 쉬워진다」「정확한 데이터를 모으려면 이렇게 하면 좋다」라는 부분에 대해 수학적인 견지에서 조언을 해 주지만 데이터 사용법까지 생각해 주지는 않습니다.

데이터의 활용까지 생각하는 데이터 과학

반면 데이터 사용법을 생각하기 위해 등장한 것이 **데이터 과학**(Data Science)입니다. 통계학과의 차이점은 데이터를 어떻게 보느냐 하는 부분뿐만 아니라 **통계학에 정보 이론이나 경제 이론과 같은 다양한 이론을 접목시켜 데이터의 해석이나 활용까지 범위를 넓히고 있다는 점**입니다. 즉, 그「데이터를 어떠한 의미를 가지고 무엇에 사용할 수 있는가」,「어떤 가치를 가지고 있고 어떻게 하면 효과적으로 활용할 수 있는가」라고 하는 데이터의 활용법에 이르기까지 깊이 파고들고 있는 것이 데이터 과학입니다(그림 3-7).

AI는 그야말로「유용한 데이터 활용법 그 자체」이며, 데이터 과학과의 궁합은 매우 좋습니다. 비즈니스에 있어서는 매출 예측 등 이익에 직접적으로 관련된 분석에도 관여하고 있어 데이터 사이언티스트(Data Scientist)의 수요가 비약적으로 높아져 항상 인재가 부족한 상황이 되고 있습니다(그림 3-8). 또한 기계학습에 있어서는 데이터 과학이 기계학습의 성능을 좌우하는 중요한 요소이며, AI 기술자와 데이터 사이언티스트의 모호한 경계가 존재합니다. 모든 AI가 데이터 과학을 이용하고 있는 것은 아니지만, 당연히 연관되어 있는 분야라고 할 수 있을 것입니다.

그림 3-7 데이터 과학·통계·기계학습에 관해서

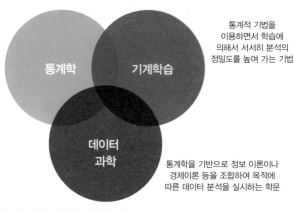

통계적 기법을
이용하여 데이터의
성질이나 특성을
파악하는 학문

통계학

기계학습

통계적 기법을
이용하면서 학습에
의해서 서서히 분석의
정밀도를 높여 가는 기법

데이터
과학

통계학을 기반으로 정보 이론이나
경제이론 등을 조합하여 목적에
따른 데이터 분석을 실시하는 학문

매우 가까운 관계에 있지만, 각각 미묘하게 목적이나 영역이 다르다

그림 3-8 데이터 과학의 적용 범위

인터넷을 통해 계속
증가하는 데이터를
효과적으로 활용한다

인공지능이나 기계학습은
데이터를 다루는 방식에
따라 정확도와 성능이
결정된다

**빅데이터·
데이터마이닝**

인공지능·기계학습

데이터 과학

매출이나 수요를
예측하여 직접적인
이익으로 이어지는
분석을 실시한다

전염병 유행 예측이나
클러스터 파악, 의약품
개발에도 활용된다

금융·마케팅

의료·역학

Point

✔ 통계학은 데이터를 이해하기 위한 학문

✔ 데이터 과학은 데이터를 이용하기 위한 학문

✔ AI와는 밀접한 관계가 있으며, 경계는 모호

» 데이터를 분석하고 가치를 찾아낸다

데이터에서 정보를 캐내다

데이터를 이용하는 기법 중 특히 주목해야 하는 기법이 **데이터 마이닝**입니다. 데이터 마이닝은 데이터에서 가치 있는 정보를 찾아내는(마이닝) 기술을 말합니다. 찾아낼 수 있는 정보는 주로 「데이터의 관계성」으로, 그것을 이용해 「특정 현상의 발생 예측」 이나 「각종 데이터의 분류」라는 태스크도 가능해집니다. 다만 데이터 마이닝이라는 말은 특정 기술을 가리키는 것이 아니기 때문에 분석하는 데이터나 원하는 정보에 따라 사용되는 방법이 다르고, 그 기법은 통계학·데이터 과학·기계학습 등 다양합니다. 또, **크게 미지의 것을 찾아내는 「발견형」과 가설을 검증하는 「검증형」으로 나뉘며 목적에 따라서 구분**됩니다. 예를 들어 잘 팔리는 상품의 지역 특성이나 시기, 매출이 연동되는 상품 등을 발견하고, 가설을 세워서 해석함으로써 요인을 좁혀 가는 사용법이 가능합니다(그림 3-9).

예전부터 있었던 용어이기는 하지만, 인터넷에 의한 데이터량이 증가함에 따라 각종 데이터 마이닝 툴 등이 개발되어 널리 보급되었습니다. AI도 그 도구에 포함되어 있습니다.

문장으로 짜내어 발굴하다

SNS의 보급으로 문장에 타깃을 맞춘 **텍스트 마이닝**도 등장했습니다. 텍스트 마이닝의 대상은 자연어(인간의 말)이므로 수치를 분석하는 일반적인 데이터 마이닝과는 다르게 사용됩니다. 데이터의 관계성을 파악하는 본질은 변하지 않지만 컴퓨터에게 있어서 자연어 이해는 어려우며, **문장을 분석한다기보다는 「단어를 분석하여 가치를 찾는다」는 특성이 강해지고 있습니다.**

구체적으로는, 사용되고 있는 단어의 빈도나 관계성으로부터 상품이나 서비스의 평가를 SNS나 설문조사로부터 정량적으로 파악해 판촉이나 개발, 불량품의 조기 발견으로 연결합니다. 그 밖에도 콜센터나 챗봇의 대화 기록을 분석하는 데에도 사용할 수 있기 때문에 상담 지원 품질 향상에도 활용할 수 있습니다(그림 3-10).

그림 3-9   데이터 마이닝의 사용 구분

발견형 데이터 마이닝

겨울에 팔리는 핫팩이
왠지 여름에도 팔리는
것을 발견

검증형 데이터 마이닝

오피스 지역과 주택가로 좁혀서 검증
➡ 주택가에서는 핫팩이 팔리지 않았다

냉증 대책으로 핫팩이
팔리고 있다고 해서
오피스 지역에서
핫음료를 판매했더니
팔렸다

그림 3-10   텍스트 마이닝으로 무엇을 할 수 있는가

텍스트 마이닝

SNS 및 설문조사, 콜센터 대화
기록에서 데이터 마이닝으로 상품
및 서비스 평가를 추출

상품이나 서비스에 있어서
고평가와 저평가 요소를
키워드로부터 구체적으로
좁힐 수 있다

중대한 오류나 트러블을
재빨리 발견할 수 있다

Point
- ✔ 데이터 마이닝에는 발견형과 검증형이 있다
- ✔ 데이터 마이닝에서는 데이터의 관계성에서 유용한 정보를 도출한다
- ✔ 텍스트 마이닝은 SNS 등의 글에서 상품이나 서비스의 평판을 추출하고 정량적으로 파악할 수 있는 것이 강점이다

» 알아두고 싶은 분석 방법 ①
– 데이터의 관계성을 찾는다

관계성을 수식으로 표시하는 회귀 분석

데이터 분석에는 다양한 기법이 있습니다. AI를 사용한 분석에서도 그러한 기법을 기반으로 기계학습 등을 조합해 정밀도를 올리거나 응용 범위를 넓힘으로써 사용하기 쉽게 하고 있습니다. 그중에서도 **회귀 분석**은 대표적인 것 중 하나로, 감각적으로 가장 이해하기 쉬운 분석기법입니다. 원리는 간단합니다. 중학교나 고등학교 실험에서 하는 것과 같이 **좌표상에 점을 찍고 점에 따라 선을 그어서 데이터 간의 관계성을 수식으로 표현하는 기법**입니다(그림 3-11).

상품의 가격과 매출의 관계성이나 광고비와 청약률의 관계성 등 어느 쪽의 수치가 변화하면 그에 맞추어 다른 수치도 변화한다고 하는 특정한 상관관계가 있는 경우에 유효합니다. 수식이 산출되면 아득한 미래의 수치나 누락된 수치에 대한 보충도 가능한 것이 강점이지만, 올바른 수식을 도출하지 못하면 정확도를 기대할 수 없습니다. 상관관계의 존재가 명백한 경우에 수치적인 기준을 산출하는 용도로 사용됩니다.

관련성을 찾는 연관성 분석

다양한 종류의 데이터가 있는 경우에는 어떤 것과 어떤 것이 서로 관계성이 있는지 찾는 것부터 시작해야 합니다. 그것을 수행하는 것이 **연관성(association) 분석**입니다. 연관성 분석은 상품 A가 팔릴 때에 상품 B가 팔린다고 하는 데이터와 데이터 사이에 있는「연관성을 찾는」것입니다(그림 3-12). 거기에서 한 발 더 나아가「얼마나 관련이 있는가」와 같은 분석을 할 경우에는 회귀 분석 등 다른 방법이 필요합니다.

인터넷 쇼핑몰이나 동영상 사이트에서 추천 상품을 선정할 때에도 사용되고 있는 분석 기법으로, 회귀 분석과 같이 상관관계를 수식화할 수 있을 정도의 명확한 상관관계가 발견되지 않았다고 해도「관계가 있을지도 모른다」라는 가능성을 찾아내는 데 유용합니다. 쇼핑 외에도 불량품이나 에러, 클레임이 나오기 쉬운 리스크 분석에도 폭넓게 사용할 수 있기 때문에「데이터 분석하면 곧 연관성 분석」이라고 할 수 있을 정도로 널리 사용되고 있는 친숙한 분석 기법입니다.

그림 3-11 회귀 분석(선형회귀)

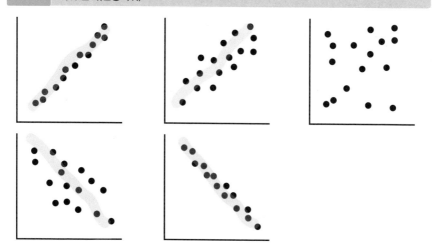

데이터를 좌표 상에 모아서 상관관계(직선이나 곡선의 라인)를 찾는다
단, 관련 수치의 종류(좌표 축)가 증가하면 그림에서 보이는 것과 같은 형태가 되지 않는다
(4차원이나 5차원 그래프를 표현하는 것은 어렵다)

그림 3-12 연관성 분석

구매 데이터

	사과	양파	당근	카레
A 씨	○			
B 씨		○	○	○
C 씨		○		○
D 씨	○	○	○	○
E 씨		○	○	

관련도

	사과	양파	당근	카레
사과	N/A	50%	50%	50%
양파	25%	N/A	75%	75%
당근	33%	100%	N/A	66%
카레	33%	100%	66%	N/A

→ 당근과 양파, 카레와 양파의 관련성이 매우 높은 것으로 밝혀졌다

구매 데이터가 쌓일수록 상품의 관련도가 정확해진다

Point
- ✔ 상관관계를 찾는 회귀 분석
- ✔ 회귀 분석은 수식으로 나타낼 수 있는 것에 강하다
- ✔ 연관성 유무를 찾는 연관성 분석
- ✔ 연관성 분석은 비즈니스에서 널리 이용되고 있다

» 알아두고 싶은 분석 방법 ② – 데이터를 나눈 후 분석한다

데이터를 분류하는 클러스터링 분석

방대한 데이터를 이해하려면 분류나 정리도 필요합니다. 고객 속성과 상품의 성질, 설문 결과부터 이미지 분류까지 **다양한 데이터를 그룹화하고 분류하는 기법**이 **클러스터링(Clustering) 분석**입니다. 클러스터는 집단의 의미로 비슷한 데이터를 모아서 집단을 만들기 때문에 클러스터링이라고 부릅니다. 클러스터링의 특징은 집단의 기준이 정해져 있지 않다는 것으로, 뭐든지 좋으니까 비슷한 무리를 하나로 묶자는 콘셉트(concept)로 집단을 만듭니다.

연령이나 성별에 관계없이 구입·검색 이력으로부터 왠지 모르게 경향이 비슷한 그룹을 묶어 클러스터를 만들거나 SNS 글에서 비슷한 취향의 사람을 묶는 등 「어떤 그룹이 존재하는지 모르겠지만 정리하고 싶은」 잡다한 데이터를 보기 쉽게 하는 용도로 매우 유용한 분석 방법입니다(그림 3-13). 또한 클러스터링에서는 「유사성을 어떤 기준으로 정할 것인가」라는 부분에 다양한 이론이나 기법이 존재하고 있기 때문에 목적에 맞게 최적의 기법을 선택할 필요가 있습니다.

디시전 트리 분석

디시전 트리(Decision Tree) 분석은 **질문에 답하면서 대상을 분류해 나가는 기법**으로 성격 진단이나 심리 테스트 등에서 자주 보는 분석입니다(그림 3-14). 클러스터링과는 달리 명확한 결정 기준이 마련되어 있기 때문에 어떤 이유로 분류가 나뉘었는지 분명하다는 점이 매력입니다. 심플하고 알기 쉬운 구조이면서, 결정 기준을 「YES/NO」「복수 선택」「수치」 등 유연하게 변경할 수 있어 대상을 좁히면서 질문 내용을 변화시켜 가는 것도 가능합니다. 분류를 위한 명확한 이론이 존재하는 경우, 그 분류 이론에 따라 디시전 트리 분석을 실시함으로써 복잡하고 정확도 높은 분류를 실시할 수 있을 것입니다. 단, 하나의 실수로 크게 정확도가 떨어질 수도 있어 심플한 구조로 할지, 복잡한 구조로 할지 신중하게 검토할 필요가 있습니다.

그림 3-13   클러스터링

클러스터링 개념도

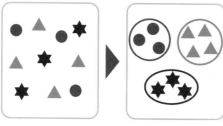

대상 데이터 집합

클러스터링 결과
(3개의 클러스터로 분할)

다양한 데이터가 섞여 있는 집합을
클러스터링으로 구분해 나간다

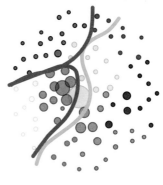

클러스터링 그룹 중에도
보다 복잡한 그룹이 있다

그림 3-14   디시전 트리 분석

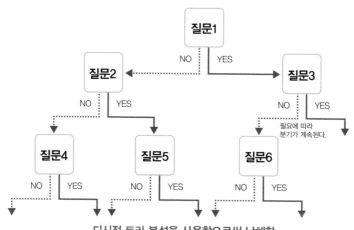

디시전 트리 분석을 사용함으로써 난해한
분류 대상이라도 분석이 가능해진다

Point

✔ 그룹을 나누는 클러스터링

✔ 클러스터링은 분류 기준을 알 수 없는 잡다한 데이터에 사용할 수 있다

✔ 분류 기준을 알기 쉬운 디시전 트리 분석

✔ 디시전 트리 분석은 능숙하게 사용하면 정밀도 높은 분석이 가능하다

3-8 퍼지 이론, 서포트 벡터 머신

≫ 애매한 세계를 이해하기 위해서 사용되는 이론 ① – 정보의 표현

애매함을 이론화하는 퍼지 이론

우리가 다루는 정보에는 덥다, 춥다, 적다, 많다 등 모호함을 포함한 것들이 있습니다. 인간은 감각적으로 알기 쉬워도 컴퓨터가 다루기에는 애매한 표현입니다. 이러한 **애매한 정보에 대해 다룰 수 있도록 한 것이 퍼지(fuzzy, 애매함) 이론**입니다(그림 3-15). 퍼지 이론에서는 다양한 수식이나 기법을 조합해 애매한 정보를 표현하지만, 인간의 감각으로 보면 어려운 이야기는 아닙니다. 0이냐 1이냐가 아니라 그 중간도 다룰 수 있게 하는 것입니다. 덥다와 춥다의 중간을 0.2나 0.6이라고 표현하는 것처럼 애매함을 능숙하게 수치화하여 컴퓨터에도 다루기 쉽게 하고 있습니다.

말로 표현하는 것은 간단하지만 기계로 표현하면 의외로 까다롭습니다. 만일 쾌적함을 수치화한다고 해도 직선으로 할지 곡선으로 할지, 햇빛이나 습도의 요소를 더할지, 아날로그인지 디지털인지에 따라 최적의 표현 방법은 달라집니다. 엄밀한 수식을 사용하여 대략적인 표현을 하면 복잡해지기 때문에 그것을 전문적으로 다루는 퍼지 이론이 등장했습니다.

서포트 벡터 머신

애매한 것을 명확하게 식별하는 기법 중 하나가 **서포트 벡터 머신(Support Vector Machine)**입니다. 데이터를 구별하기 위해 경계선을 긋는 기술로, 기계학습 조합과 경계선 조정으로 분류의 정확도를 높일 수 있습니다. 데이터를 구별하기 위한 기준을 알 수 없는 분류 문제나 경계선을 깔끔하게 그을 수 없는 어려운 문제에 대해 유용하며, 딥러닝의 등장 이전에는 유력한 식별 기술이었습니다.

또한 서포트 벡터 머신은 수학적으로 신경망과 비슷한 부분이 있어 비슷한 인식 작업에 사용할 수 있습니다. 유연한 경계선 만들기를 가능하게 하는 커널 기법(Kernel Method)과 조합함으로써 초기의 신경망보다도 복잡한 현상에 이용할 수 있었습니다(그림 3-16). 딥러닝에 비하면 구조가 심플하고 사용하기 쉽고 이론적으로도 비슷한 부분이 있기 때문에 기계학습 초기 학자들이 배울 것이 많은 기술입니다.

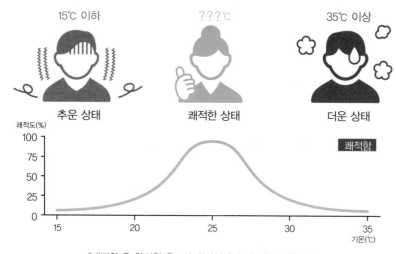

그림 3-15 퍼지 이론

15℃ 이하

추운 상태

???℃

쾌적한 상태

35℃ 이상

더운 상태

쾌적도(%)

쾌적함

「쾌적함」은 확실한 온도나 수치화하기 어려운 애매한 정보
추운 상태와 더운 상태의 중간 값으로 평가하여 쾌적함을 표현할 수 있는 방법을 생각한다

그림 3-16 서포트 벡터 머신

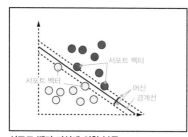

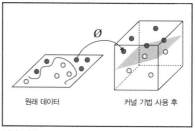

서포트 벡터 머신에 의한 분류

식별하고 싶은 데이터에 대해 서포트 벡터라는
「경계선을 긋기 위한 기준선」을 그음으로써
식별을 위한 경계선을 긋기 쉽게 하고 있다

커널 기법

커널 기법에 따라 직선 외에도 분류할 수 있다. 그림은 2차원을 3차원으로 만든 예

커널 기법은 데이터가 가지는 차원(정보량)을 늘려
경계선을 긋기 쉬운 구조로 변경한다
식별에 있어서 중요한 것은 데이터 간의 거리(차이)
이므로 차원을 늘려도 문제는 없다

Point

✔ 분명하지 않은 애매한 상태를 수치화하는 「퍼지 이론」

✔ 통계적으로 데이터의 경계선을 긋는 「서포트 벡터 머신」

» 애매한 세계를 이해하기 위해서 사용되는 이론 ② – 미래의 예측

불확정 요소가 많은 가운데 추론을 하는 베이즈 추정

애매한 정보밖에 없는 경우에 곤란한 것은 미래 예측입니다. 모든 정보를 확실하게 알고 있으면 정확하게 예측할 수 있지만 쉽게 되지는 않습니다. 그래서 생각할 수 있었던 것이 **사물의 「그럴 듯함」을 다룰 수 있도록 한** 베이즈 추정(Bayesian estimation)입니다. 이것은 감각적으로는 「확률」과 비슷한 생각이지만, 정확한 확률을 내고 싶으나 불확정 요소가 많은 경우에 사용됩니다(그림 3-17). 예를 들면, 스스로 나무를 깎아 만든 주사위를 생각해 보면, 주사위는 깨끗한 입방체가 되어 있지 않기 때문에 확률은 1/6이 되지 않습니다. 다만 실제로 주사위를 몇 번 던져 보면 「대략 이 정도 비율이지 않을까?」라는 수치는 낼 수 있습니다. 베이즈 추정에서는 이것을 「가능성(likelihood, 그럴 듯함)」이라고 부름으로써 불확실한 미래를 생각하기 쉽게 했습니다.

이 사고방식을 사용함으로써 확실한 확률을 알지 못하더라도 인간이 흔히 하는 「이론적으로는 모르겠지만 경험적으로는 이렇게 생각하면 좋을 것 같다」는 일종의 대략적인 추측을 할 수 있게 된 것입니다.

논리적으로 미래를 예측하는 마르코프 과정

베이즈 추정은 정확도를 높이기 위해 충분한 정보가 필요하지만, 정보가 없는 경우라면 어떻게 하면 좋을까요? 만약 모호한 정보밖에 없더라도 지금 상태는 알고 있을 것입니다. 그래서 **과거의 조건이나 외적 요인을 무시하고 현재의 상황에서 다음 현상을 예측할 수 있다고 가정한 프로세스를 마르코프 과정(Markov process)**이라고 부릅니다. 예를 들어 주사위는 6면체이기 때문에 언제 주사위를 던져도 확률은 6분의 1이 될 것이다라고 생각하는 것이 마르코프 과정입니다. 반면 베이즈 추정은 1이 많이 나왔다면 「또 1이 나올 것」이라고 예측합니다(그림 3-18).

주사위가 왜곡된 모양을 하고 있다면 베이즈 추정이 더 정확할 수도 있지만, 그것을 모르는 경우라면 마르코프 과정으로 생각하는 것이 자연스러울 것입니다. 마르코프 과정에서는 다른 요인이 존재하더라도 그것을 무시하기 때문에 모호함이나 편견에 현혹되지 않고 데이터를 솔직하게 포착해서 볼 수 있는 것이 강점입니다.

그림 3-17 　베이스 추정과 마르코프 과정의 사례와 특징

• 베이스 추정

과거의 데이터를 참고로 「경험에
근거해 주관적으로」 분석을 하는
기법. 상황을 파악하기 위해서는
불확정 요소가 많을 경우 유용

불확실한 요소가 많은 「자율주행」,
가능성을 사용하여 위험한 상황을
예측한다

무수한 가능성이 숨어있는 「의료 진단」,
증상에서 질병을 가정하고 진단을 내린다

• 마르코프 과정

과거 데이터나 외적 요인이 무시된
프로세스. 너무 복잡한 현상을
심플하게 생각할 때 유용. 현재의
상황은 분명하다는 것이 전제조건

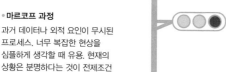

과정이 정해져 있는 신호등의
「기계적인 움직임」

기상을 정확하게 분석하려면 필요한
데이터가 기하급수적으로 늘어나지만
무시하고 생각하면 간단한 기상 예측

그림 3-18 　사고 방식의 차이

다시 한번 던져보면,
다음에 뭐가 나올까……

수작업으로 만든
주사위를 5번 던져
보았더니……

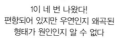

1이 네 번 나왔다!
편향되어 있지만 우연인지 왜곡된
형태가 원인인지 알 수 없다

베이지 추정의 경우 1이 나오기
쉬운 주사위에 편향이 있다고
가정할 수 있으므로 다음에도
1이 나오기 쉬울 것으로 예측한다
**→ 데이터가 모이면 정확도가
높아지지만, 부족하면 불확실**

마르코프 과정의 경우 과거의
사건은 무관. 주사위는 6면이며
확률은 1/6로 치우치지 않다고
생각한다
**→ 데이터가 모여도 정확도는 변
하지 않지만, 데이터가 부족해도
그럭저럭 정확**

Point

✔ 불확실한 정보에서 그럴듯한 미래를 예측하는 「베이즈 추정」

✔ 불충분한 정보는 버리고 확실한 현재의 상태로부터 미래가 결정되는 「마르
코프 과정」

≫ 데이터를 올바르게 취급하는 것의 어려움

데이터의 의미를 안다, 허위상관의 위험

데이터를 효율적으로 다루기 위한 도구가 있더라도 데이터가 갖는 의미나 다루는 방식이 잘못되면 잘못된 답에 도달합니다. 많은 오류는 기술적으로 정정이 가능하지만, 데이터의 의미를 이해하지 못하면 발견할 수 없는 **허위상관**(spurious correlation)에는 주의가 필요합니다. **허위상관은 「서로 관계가 있는 것처럼 보이나 실제로는 없는 것」**으로, 사실은 무관해도 데이터상으로는 관계가 있는 것처럼 행동합니다. 흔히 쓰이는 비유는 맥주와 얼음으로 「맥주가 팔리는 시기에는 얼음도 함께 팔린다」는 것입니다. 이것은 맥주 안주로 얼음을 사는 것이 아니라 둘 다 더운 날에 사고 싶어지는 상품일 뿐입니다.

이러한 허위상관에 의한 착각은 때로 치명적인 실수로 이어집니다. 위험한 질병이기 때문에 우선적으로 치료되고 사망률이 떨어지는 질환을 데이터로만 본 AI가 사망률이 낮으니 위험한 질환이 아니다라며 치료를 미루자고 제안해도 이상하지 않기 때문입니다(그림 3-19).

인과관계를 찾는 것은 인간의 작업

데이터를 다루는데 정말 중요한 것은 **인과관계**입니다. **상관관계에 숨은 인과관계를 찾아 알고리즘이나 예측 프로세스에 접목하는 것이 본래의 목적입니다.** 인과관계를 찾는 것은 데이터 분석 도구나 테크닉으로는 어렵고, 최종적으로는 상관관계를 어떤 수식이나 프로세스의 형태로 만든 후 거기에 인간이 의미를 찾아 가치 있는 정보로 변환합니다. 사물의 「의미」는 「인간에게 있어서 어떤 의미가 있는가」라는 문제이므로, 이 태스크는 인간이 아니라면 불가능합니다(그림 3-20).

AI에 있어서도 마찬가지인데, 데이터 분석이나 기계학습에서 인간이 찾지 못한 데이터나 관계성을 발견해도 그것이 정말 가치가 있는지 여부는 인간이 보기 전까지는 알 수 없습니다. 통계학자나 데이터 과학자의 업무도 본질적으로는 「정보의 의미 부여」에 있습니다. 데이터 속에서 관계성을 찾을 뿐만 아니라 그 배후에 있는 의미에 도달할 때까지 수행하는 것이 데이터 분석입니다.

그림 3-19 허위상관과 그 위험성

얼음과 맥주의 소비에 대한 관계

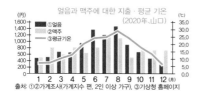

얼음과 맥주에 대한 지출·평균 기온
(2020年, 山口)

출처: ①②가계조사(가계지수 편, 2인 이상 가구), ③기상청 홈페이지

데이터만 놓고 보면 얼음과 맥주 수치에는 상관성이 있어
보이지만, 실제로는 모두 기온과 관련해 비슷한 변동을 했을
뿐이다
한편으로 「맥주」와 「안주」의 소비에도 같은 상관성이 있는데,
이는 「맥주를 마실 때 먹고 싶은 안주」이므로 제대로 된
인과관계가 있다

치료의 「우선순위」와 「사망률」과의 관계

질환 A

•바로 치료하지 않는다
→ **사망률 90%**

•바로 치료한다
→ **사망률 5%**

한시라도 빨리 치료하지 않으면 죽어 버리는 위험한 병
➡ 최우선적인 치료를 통해 「사망률 5%」로 산출됨

질환 B

•바로 치료하지 않는다
→ **사망률 20%**

•바로 치료한다
→ **사망률 10%**

진행이 느리고 효과적인 치료가 없는 병
➡ 우선순위가 낮아 「사망률 15%」로 높게 나왔다

▶ 데이터만 놓고 보면 「질환B」가 위험한 질환인 것처럼 보이게
되어버림
치료의 우선순위 선택은 병원의 자원 관리에 있어 어려운 문제

그림 3-20 인간이 인과관계를 찾음

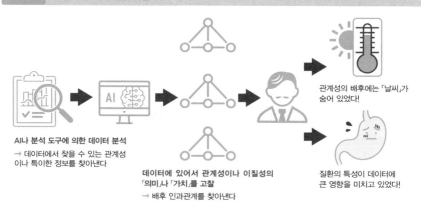

AI나 분석 도구에 의한 데이터 분석
→ 데이터에서 찾을 수 있는 관계성
이나 특이한 정보를 찾아낸다

데이터에 있어서 관계성이나 이질성의
「의미」나 「가치」를 고찰
→ 배후 인과관계를 찾아낸다

관계성의 배후에는 「날씨」가
숨어 있었다!

질환의 특성이 데이터에
큰 영향을 미치고 있었다!

**데이터 분석은 가치있는 정보를 추출하는 작업이며,
효과적으로 활용하기 위해서는 인과관계를 찾아야 한다**

Point

✔ 상관관계란 「서로 관계가 있는 것처럼 보이는」 것
✔ 상관관계에 의한 「착각」은 때로는 치명적인 실수로 이어진다
✔ 데이터 분석에서는 「인과관계」를 찾는 것이 중요
✔ 의미를 찾는 것은 데이터 분석의 목적을 이해하는 인간의 작업이다

3-11 전문가 시스템

≫ 지식과 통계로부터 AI의 개념을 만든다

지식과 통계 데이터를 다룰 수 있다면 AI를 만들 수 있다

데이터를 능숙하게 다룰 수 있게 되면 영리해 보이는 기계를 만들 수 있습니다. 검색 엔진처럼 키워드에 따라 정답 후보를 제시하는 것이 아니라, 전문적인 질문에 대한 답변을 내놓으면 AI라고 부를 수 있을 것 같습니다. 또한, 통계 데이터를 구사하여 미래 예측을 하거나, 데이터를 깔끔하게 분류하거나, 데이터에 숨어있는 미지의 연관성을 제시하는 것도 상당히 똑똑해 보일 것입니다.

이러한 기술은 **능숙하게 지식에 대한 표현을 한 데이터베이스나 통계적인 분석 기술을 이용한 프로그램에 의해서 실현 가능**합니다. 질문에 포함된 키워드로부터 지식에 대한 표현에 의해 만들어진 의미 네트워크를 따라가면 올바른 답변을 도출할 수 있으며, 회귀 분석이나 베이즈 추정을 이용하면 인간에게는 어려운 복잡한 사건의 미래 예측도 가능해집니다.

전문가의 지식을 다루는 전문가 시스템

그것을 실제로 수행한 것이 **전문가 시스템**(Expert system)입니다. 초기의 전문가 시스템은 지식만 다루었지만, **전문가가 지식을 표현하는 포맷에 맞춰 지식을 가르치고 데이터베이스를 만들어 지적인 작업을 수행**할 수 있도록 했습니다(그림 3-19). 또한 통계적인 기법을 조합함으로써 데이터베이스에 직접적으로 나타나지 않는 정보에서도 관련성이 높은 데이터를 추출할 수 있고 모호한 정보도 다룰 수 있게 되었습니다. 그로 인해 전문가 시스템은 인간 전문가처럼 행동합니다. 어려운 문제에 답을 하고 고도의 예측을 하고 초보자도 AI를 따르기만 하면 전문가와 같은 작업을 수행할 수 있는 것입니다. 이러한 **전문가 시스템의 행동은 우리가 상상하는 AI의 모습에 부합됩니다.** 오히려, 전문가 시스템에 의해서 AI 이미지가 만들어진 측면이 있을지도 모릅니다(그림 3-20).

최근에는 기계학습과도 조합되어 인간이 가르치지 않아도 스스로 성장하게 되었습니다. 데이터를 잘 다룰 수 있게 되면 AI가 되는 셈입니다. 이것만으로도 AI에게 있어서 데이터 취급의 중요성을 알 수 있습니다.

그림 3-21 지식과 통계를 다루는 전문가 시스템

인터넷에서 수집된 방대한
데이터베이스

전문가에 의해 입력된 지식
네트워크

통계적 기법과 지식에 대한
표현을 이용하여 어려운 문제에 대응하는
전문가 시스템

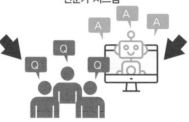

그림 3-22 전문가 시스템의 진화

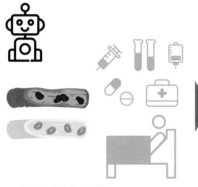

IBM Watson

초기의 전문가 시스템

→ 질문에 대답해 가면서, 몇 가지 전염병을
특정하고 처방약을 제시해 줄 뿐이었다

현대의 전문가 시스템

→ 병이나 암 발견에 그치지 않고 주식과 금융,
영화와 요리 만들기, 퀴즈 프로그램 출연도
가능할 정도의 지식을 갖추게 됐다

Point

✔ 지식을 표현하는 것과 통계 분석을 사용한 프로그램은 AI가 된다

✔ 전문가를 대신하게 되는 전문가 시스템

✔ 기계학습 등 최신 기술에 의해 계속 진화하고 있다

친밀한 지식을 온톨로지로 표현해 보자

온톨로지 개념 자체는 매우 간단하며, 온갖 지식에 응용할 수 있습니다. 친숙한 것과 관련을 지어 온톨로지를 만들어 봅시다. 그러면 지식이라는 것이 무한정 가지치기해서 펼쳐져 있고 하나의 지식이 별의별 사건에 관련되어 있음을 알 수 있을 것입니다.

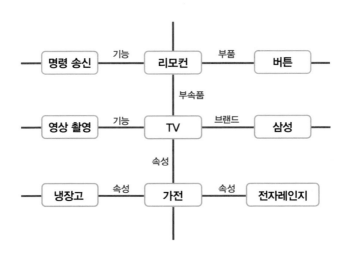

최대한 넓혀가다 보면 종이와 같은 2차원 공간에서 표현할 수 있는 온톨로지에는 한계가 있다는 것을 알게 될 것입니다. 입체적인 공간이라면 좀 더 복잡한 온톨로지를 표현할 수 있겠지만 그래도 부족합니다.

실제 지식을 표현하려면 수십, 수백, 수천 개의 차원에서 지식이 연결되고, 일러스트나 도안으로 이미지화하기 조차 어려운 정보구조가 만들어집니다. 인간의 뇌에도 비슷한 지식 구조가 만들어져 있을 것이라고 생각해 보면 그것을 컴퓨터에게 가르치는 것이 얼마나 어려운 것인지 이해할 수 있지 않을까요?

Chapter 4

기계학습에 관련된 기술

다양한 방법으로 배우고 성장하는 AI

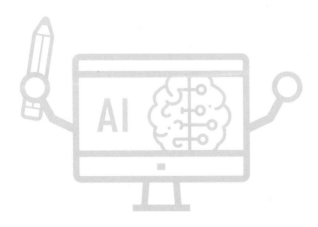

》 통계로부터 판단 기준을 만든다

기계학습의 배후에 있는 통계

기계가 스스로 학습하는 배후에는 **통계**와 **확률**이 숨어 있습니다. 주로, 기계학습은 뚜렷한 대답이나 방법론이 없는 문제에 이용됩니다(그림 4-1). 논리적으로 명확한 답을 도출할 수 있다면 학습을 할 필요는 없지만, 답이 없는 문제나 시간이 너무 많이 걸리는 문제는 「해봐야 아는」 상태이기 때문에 학습 과정이 필요합니다.

결과적으로 **사람들은 경험에서 잘 되는 법을 배우고 답을 객관적으로 제시할 때 통계를 사용하여 성공할 확률이 높은 방법을 찾아냅니다.** 기계학습도 마찬가지로 기계와 관련하여 생각하는 방식이나 사고 방법에 해당하는 수학이론이나 파라미터를 데이터에 맞게 조정하고, 조금이라도 답에 가까운 최적의 해를 찾습니다.

통계 기법과 기계학습의 관계

실제로 통계이론에서 탄생한 분석기법인 「클러스터링」 「서포트 벡터 머신」 「회귀분석」 등은 기계학습 기법의 하나로서 널리 사용되며, 베이즈 추정이나 마르코프 과정 등도 기계학습의 근간과 관련된 중요한 이론으로 등장하고 있습니다(그림 4-2). 신경망도 미시적인 관점에서 보면 통계나 확률이 빈번하게 사용되고 있습니다.

하지만 실제 AI에 사용되는 통계이론은 한두 가지가 아닙니다. 「어시스턴트 AI와 관련된 통계이론은 몇 개입니까?」라고 물어보면 수십 가지가 나올 것입니다. 통계이론을 이용한 학습기법이나 알고리즘은 기계학습의 세계에서는 당연한 것으로, AI를 만들 때 의식적으로 통계이론을 사용할 필요는 없습니다. 하나의 소프트웨어가 무수한 알고리즘으로 이루어져 있듯이 **「이 알고리즘을 사용하자」라고 결정하는 순간에 알고리즘 안에 포함된 통계이론을 사용하고 있는 것입니다.** 퍼즐을 조립하듯 알고리즘을 조합해 다양한 역할을 가진 프로그램을 만들고 학습하는 AI를 만든 시점에서 그 안에 어떤 통계이론이 사용되는지는 개발자조차 파악하지 못했을 수 있습니다.

그림 4-1 기계학습은 어떤 과제에 사용되는가?

인간도 기계와 마찬가지로
계산을 통해 문제를 푼다

인식

답을 찾는 방법을
모르는 과제

인간은 경험을 축적해서
문제를 푼다

예술

답이 이해되지
않는 과제

수학이론을 사용해서 문제를 푼다

단순한 프로그램의 영역

계산

계산, 답이 있는 과제

기계는 통계와 확률을 사용해서
문제를 푼다

기계학습의 영역

Chapter

4

기계학습에 관련된 기술

그림 4-2 통계와 기계학습이 공유하는 것

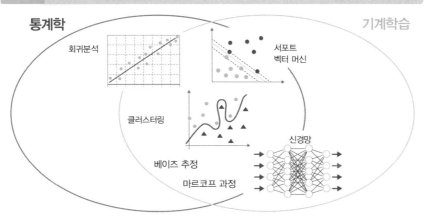

통계학

기계학습

회귀분석

서포트
벡터 머신

클러스터링

신경망

베이즈 추정

마르코프 과정

Point

✔ 기계학습에서 통계와 확률이 중요한 역할을 한다

✔ 수많은 통계 기법이 기계학습으로 이용되고 있다

✔ 알고리즘에는 다양한 통계 이론이 포함된다

» 네트워크를 이용한 기계학습

학습으로 문제를 해결하는 신경망

기계학습이라고 하면 **신경망(Neural Network)**이라고 생각할 수 있습니다. 이것은 딥러닝으로 이어지는 근대적인 기계학습을 생각하기 쉽지만, 신경망은 AI 연구 초기에 등장한 기계학습의 기법 중 하나입니다. 그 구조에 대한 자세한 내용은 5장에서 설명하겠지만, 기본적인 개념은 **입력된 데이터(문제)에 대해서, 그것을 처리하는 네트워크 간의 파라미터를 조정하는 것으로 적절한 출력(해답)을 내는 기법**입니다(그림 4-3).

인간의 신경망을 참고하고 있기 때문에, 네트워크의 구조나 파라미터의 조정법을 생각함으로써 다양한 과제에 대응할 수 있습니다. 또한 네트워크를 다층화된 딥러닝으로 발전시킴으로써 방대한 데이터 속에서 필요한 정보만을 뽑아내는 고도의 특징 추출 능력을 획득할 수 있게 됩니다.

데이터의 관계를 표현하는 베이지안 네트워크

딥러닝 이외에도 신경망 계열의 기계학습 방법은 존재하지만, **베이지안 네트워크(Bayesian network)**는 네트워크라는 이름을 붙이면서도 신경망과는 전혀 다른 방식으로 학습을 수행합니다. 베이지안 네트워크는 데이터 처리에 네트워크를 사용하지 않고, **데이터의 구조 그 자체를 그래프 구조(2-2 절)라고 불리는 네트워크 형태로 만듭니다**(그림 4-4). 게다가 데이터끼리의 연결을 「베이즈 추정(3-9 절)」에 의해서 「그럴듯함(가능성)」이라고 하는 지표로 평가합니다.

이것은 정보 부족으로 정확한 확률을 구할 수 없는 상황에서도 데이터끼리 어느 정도 인과관계가 있는지를 보여줄 수 있는 확률과 비슷한 지표입니다. 말하자면 「데이터 A와 B의 관계성은 대체로 이런 느낌」이라는 것을 숫자로 표현하고, 그 숫자로 연결된 네트워크를 만드는 것이 베이지안 네트워크가 됩니다. 학습을 통해 이 숫자를 조정함으로써 분석의 정확도를 높여갑니다. 데이터 분석 및 예측, 의사결정 등에 효과적이어서 오랫동안 연구되어 왔습니다.

그림 4-3　신경망

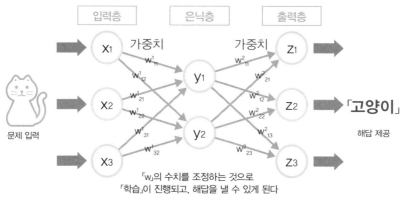

입력층　　은닉층　　출력층

가중치　　　　　가중치

「w_i의 수치를 조정하는 것으로
「학습」이 진행되고, 해답을 낼 수 있게 된다

과제를 처리하거나 혹은 사고하기 위한 네트워크가 「신경망」

그림 4-4　베이지안 네트워크

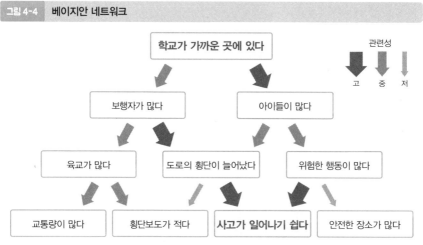

데이터 간의 연관성에 의해 기술된 네트워크를 상황 예측이나 진단에 이용한다

Point
✔ 신경망은 기계학습 초기에 등장
✔ 정보를 네트워크를 사용하여 처리하는 신경망
✔ 베이지안 네트워크는 관계성을 나타내는 정보 그 자체를 만든다

Chapter
4

기계학습에 관련된 기술

>> 가장 일반적인 학습 스타일

정답을 준비하는 지도 학습 //

기계학습의 기법은 크게 해답을 준비하는 **지도 학습(Supervised learning)**, 해답을 준비하지 않는 「비지도 학습」, 해답이 아닌 목표만 마련하는 「강화학습」으로 나눌 수 있습니다. 그중에서도 지도 학습은 가장 널리 사용되고 있는 기법입니다.

기계학습은 대답이나 방법론을 모르는 것에 사용하는 기법이지만, **지도 학습에 있어서 「모르는 대답」은 「올바른 대답을 내는 방법」으로, 해답 그 자체는 이미 알고 있는 것과 같은 케이스에 사용합니다.** 고양이 이미지 인식이 좋은 예로, 이미지가 고양이인 것은 알아도 「그 이미지가 고양이다」를 어떻게 판별하고 있는지를 알 수 없습니다 (그림 4-5). 인간이 감각적으로 하고 있는 이러한 작업이나 경험으로 판단하는 작업에 매우 적합합니다.

지도 학습의 사용법 //

기계학습(데이터 분석 기법) 중에서는 회귀 분석이나 서포트 벡터 머신이 지도 학습입니다. 문제와 답은 알아도 답을 내기 위한 수식이나 분류에 사용하는 경계선 긋는 방법을 모르기 때문에 기계학습을 사용합니다.

회귀분석은 수치끼리의 관계성을 어떤 수식으로 나타내는 것이 목적이었습니다. 예를 들어 100명이 방문하여 10만 원 안팎의 매출을 올리는 가게는 손님 1인당 1,000원을 쇼핑한다는 계산입니다. 하지만 실제로는 그렇게 깔끔한 숫자가 되지 않고 5명이 10,000원, 10명이 7,000원 이렇게 제 각각의 수치가 나오는 가운데 「1인당 850원 정도이지 않을까?」라는 **예측을 세우면서 데이터를 모아 정답에 접근할 수 있습니다**(그림 4-6). 이 경우 손님 수와 매출 수치는 나와 있지만 관계성을 나타내는 올바른 수식을 알 수 없습니다. 이것을 알면 호객 행위에 사용할 수 있는 예산을 산출할 수 있으므로 정확한 수식을 도출하고 싶은 것입니다.

이렇게 문제와 해답 데이터를 모으면서 그 데이터를 정확하게 이해하기 위한 방법론이나 해법을 학습해 나가는 것이 지도 학습의 특징입니다. 답을 「보다 정확하고 간단하게」 낼 수 있도록 하기 위한 기법이기 때문에 사용법이나 학습에 필요한 데이터를 알기 쉬운 것이 강점입니다.

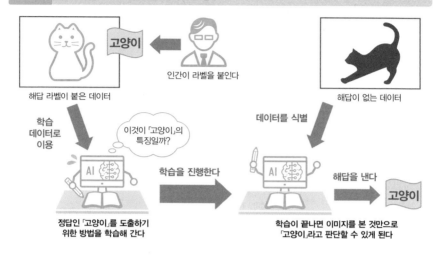

그림 4-5 지도 학습으로 이미지를 인식하는 경우

고양이

인간이 라벨을 붙인다

해답 라벨이 붙은 데이터

해답이 없는 데이터

학습 데이터로 이용

이것이 「고양이」의 특징일까?

데이터를 식별

학습을 진행한다

해답을 낸다

고양이

정답인 「고양이」를 도출하기 위한 방법을 학습해 간다

학습이 끝나면 이미지를 본 것만으로 「고양이」라고 판단할 수 있게 된다

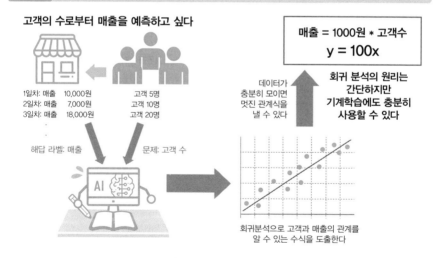

그림 4-6 회귀 분석을 이용한 지도 학습

고객의 수로부터 매출을 예측하고 싶다

매출 = 1000원 * 고객수

$$y = 100x$$

1일차: 매출 10,000원
2일차: 매출 7,000원
3일차: 매출 18,000원
.
.

고객 5명
고객 10명
고객 20명

데이터가 충분히 모이면 멋진 관계식을 낼 수 있다

회귀 분석의 원리는 간단하지만 기계학습에도 충분히 사용할 수 있다

해답 라벨: 매출

문제: 고객 수

회귀분석으로 고객과 매출의 관계를 알 수 있는 수식을 도출한다

Point

✔ 기계학습에는 「지도 학습」「비지도 학습」「강화학습」이 있다

✔ 지도 학습에는 「해답 라벨」이 붙은 데이터를 사용한다

✔ 학습을 함으로써 해답이 없어도 문제에서 답을 얻을 수 있게 된다

Chapter
4

기계학습에 관련된 기술

» 잠재적인 가능성이 큰 학습 스타일

답이 없는 비지도 학습

답을 알고 있으면서도 답을 내는 방법을 모르는 경우에 사용하는 지도 학습에 비해, 원래 답을 모르는 문제에 사용하는 것이 **비지도 학습**입니다. 답을 모르는 문제라는 것은 상상하기 어려울 수 있지만, 최적의 해답이나 방법론이 존재하지 않는 것이 아니라 답을 인간이 모르거나 인간이 모르는 새로운 방법론을 찾을 때 사용한다는 개념입니다.

구체적으로는 데이터 마이닝에서 이루어지는 **많은 데이터 중에서 「특이한 것을 찾는 작업」이나 「공통되는 것을 찾는 작업」을 학습해 간다고 생각하면 좋을 것 같습니다.** 이 경우, 기계는 비지도 학습을 통해서 데이터에 존재하는 「특이한 특징」이나 「비슷한 특징」을 구별하기 위한 훈련을 실시하게 됩니다(그림 4-7).

비지도 학습 사용법

비지도 학습과 관련된 분석 기법이나 이론 중에는 데이터 마이닝 외에 온톨로지나 클러스터링 분석 등이 포함됩니다. 온톨로지나 지식표현 분야에서는 지식을 기계가 이해할 수 있는 구조로 변환해야 하지만, 언어의 의미를 지도 학습으로 가르치는 데는 한계가 있습니다. 그래서 비슷한 단어를 비지도 학습을 사용하여 자동으로 분류하거나 연결함으로써 **단어의 의미를 막연하게나마 파악할 수 있도록 하는 것입니다.** 클러스터링도 마찬가지로 데이터를 비슷한 그룹으로 묶어서, 데이터의 구조나 성질을 보기 쉽게 하기 위해 사용되고 있습니다(그림 4-8).

이렇게 「비슷한 것을 분류한다」라는 비지도 학습의 성질을 발전시키면, 최종적으로 AI는 이미지를 보고 「고양이는 다른 동물과는 다른 존재이다(동물의 종류)」라는 현실 세계의 지식을 얻을 수 있습니다. 인간도 마찬가지로 「비슷한 것」이나 「다른 것」을 조금씩 배움으로써 학문으로 발전시켜 온 바 있습니다. 지도 학습에 비하면 사용법이 어렵지만, 미래지향적인 학습법이라고 할 수 있을 것입니다.

그림 4-7 비지도 학습으로 이미지 인식을 해본다

동물의 이미지를 「그것이 무엇인지」
가르쳐 주지 않고, 단지 많이 보여 준다

동물 속에 보이는 「비슷한 특징」이나
「다른 특징」을 찾아내서 비슷한 그룹이나 닮지
않은 그룹으로 나누어 간다

답이 없어도 「인간이 알지 못하는 분류법의 발견」이나
「인간이 분류하기 전에 계기 만들기」에 도움이 된다

그림 4-8   온톨로지와 클러스터링에 의한 분류

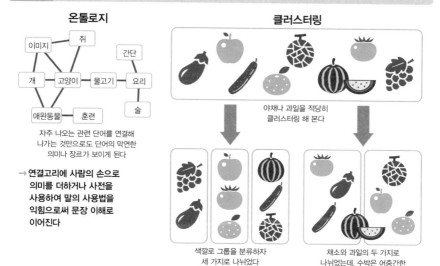

온톨로지

자주 나오는 관련 단어를 연결해
나가는 것만으로도 단어의 막연한
의미나 장르가 보이게 된다

→ 연결고리에 사람의 손으로
의미를 더하거나 사전을
사용하여 말의 사용법을
익힘으로써 문장 이해로
이어진다

클러스터링

야채나 과일을 적당히
클러스터링 해 본다

색깔로 그룹을 분류하자
세 가지로 나뉘었다

채소와 과일의 두 가지로
나뉘었는데, 수박은 어중간한
분류가 되어 버렸다

Point

✔ 비지도 학습은 「특징」을 찾기 위한 기법

✔ 공통점·차이점·관련성을 발견하여 분류에 활용한다

✔ 데이터 마이닝, 클러스터링, 온톨로지 영역에서 사용된다

Chapter 4

기계학습에 관련된 기술

4-5

강화학습, Q 러닝

≫ 현실 세계에 적응해 가는 학습 스타일

동물에 대한 교육으로 평가되는 학습법

답이라고 하는 확실한 것이 아니라, 방향성이나 목표를 제시하는 형태로 기계에게 학습을 시키는 방법이 **강화학습(Reinforcement learning)**입니다. 이 기법은 「**목표에 가까워지면 보상을 준다**」라는 동물에 대한 교육과 비슷한 특징을 가지고 있습니다(그림 4-9). 이것은 지도 학습이 사용되는 「정답에 접근하기 위한 방법을 모른다」라는 경우나 비지도 학습과 같이 「정답은 없다」라는 경우에도 널리 사용할 수 있는 범용성이 높은 방법입니다. 다만 다른 방법과 비교하면 조금 우회를 하게 됩니다.

강화학습은 시행착오를 거쳐 전보다는 나은 결과를 지향하는 기법이므로 우선 잠정적인 목표나 방향을 정합니다. 그리고 어떤 액션을 반복하면서 「전보다 나아졌다」, 「전혀 나아지지 않는다」라는 결과를 보면서 필요에 따라 접근 방식을 바꿔갑니다. 목표를 어디로 설정하느냐에 따라 강화학습의 효율은 달라지지만, 최종적으로 목표를 달성하지 못했더라도 인간이 의도한 형태로 성장해 준다면 상관없는 것이 강화학습입니다.

간단한 원리로 널리 사용되는 Q 러닝

강화학습에는 다양한 접근방법이 있는데, 그중에서도 보상에 「Q값」이라고 불리는 파라미터를 설정하는 **Q 러닝**은 **무한 횟수의 시행착오를 거치면 반드시 성공하는 알고리즘**입니다. 인간으로 말하자면 「시간이 무한히 있으면 뭐든지 할 수 있다」는 이치입니다. 이 방법에서는 기계의 선택지나 행동에 대해 설정한 Q값의 보상을 행동 때마다 변경하고, 그때그때의 상황에서 우수한 행동의 Q값을 올리는 것으로 최적의 행동을 찾습니다(그림 4-10).

이 방법은 선택할 수 있는 행동이나 놓인 상황이 늘어날수록 Q의 종류가 늘어나기 때문에 무수한 선택지가 있는 현실 세계에서는 「무한한 선택지를 무한 회 시도하면 최적의 행동을 찾을 수 있다」는 억지스러운 접근이 됩니다. 알고리즘대로 학습한다면 엄청난 성능의 컴퓨터가 필요할 것입니다. 반복적으로 도전하여 최적의 행동에 대한 파라미터를 올려가는 방법은 어떻게 보면 강화학습의 이론과 강점을 알기 쉽게 구현한 기법이라고 할 수 있습니다.

그림 4-9 강화학습의 개념도

동물에 대한 교육

❶동물에게 지시를 한다

❷지시를 들으면 사료를 준다

보상

행동기준의 변경　　　환경변화에 좋고 나쁨을 「평가」

행동	환경

기준에 맞는 행동을 결정　　　행동에 의한 환경변화

선택

강화학습의 프로세스

→어떤 목표를 설정하느냐에 따라 「행동의 평가」가 달라지고 보상이 달라지며 행동기준의 변경방법도 달라진다

그림 4-10 Q 러닝

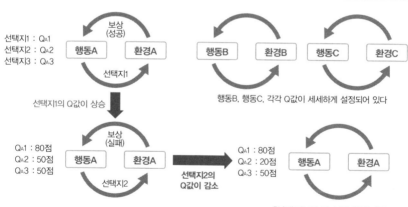

선택지1 : Q_A1
선택지2 : Q_A2
선택지3 : Q_A3

보상 (성공)

행동A ── 환경A

선택지1

선택지1의 Q값이 상승

행동B, 행동C, 각각 Q값이 세세하게 설정되어 있다

Q_{A1} : 80점
Q_{A2} : 50점
Q_{A3} : 50점

보상 (실패)

행동A ── 환경A

선택지2

선택지2의 Q값이 감소

Q_{A1} : 80점
Q_{A2} : 20점
Q_{A3} : 50점

행동A ── 환경A

「선택지1」이 우수한 선택지로 선택되기 쉽게 되고, 우수한 행동이 강화되어 간다

Point

✔ 강화학습은 시행착오를 거쳐 보다 나은 결과를 목표로 하는 기법

✔ 뛰어난 행동을 강화하고 잘못된 행동을 약화시킨다

✔ Q 러닝은 행동에 Q값을 설정하고 Q값을 조정하여 행동을 선택한다

4-6 심층 강화학습, 역 강화학습

>> 발전을 이루는 강화학습

감각을 단련하는 심층 강화학습 \\\\\\\\\\\\\\\\\\\\\\\\\\\\\\\\\\\\

강화학습은 다른 기계학습과 친밀도가 높고 딥러닝을 결합한 **심층 강화학습(Deep reinforcement learning)**이라는 기법도 존재합니다. 이것은 신경망이 가진 감각적인 작업에 대한 높은 학습 능력을 이용하여, 일반적인 논리적 알고리즘으로 좋고 나쁨을 판단할 수 없는 경우에 사용됩니다.

테스트 점수처럼 목표에 근접했는지 여부를 수치로 알 수 있다면 좋겠지만, 단순한 승패와 같이 0과 1로 밖에는 표시되지 않아 세세한 수치 지표를 얻을 수 없는 경우도 있습니다. 그때 유효한 것이 신경망의 특징 추출입니다. **기계학습을 통해 경험을 쌓음으로써 신경망은 「유리한 국면」 등 목표에 접근하기 위한 특징을 발견할 수 있게 됩니다**(그림 4-11). 게다가 승리에 가까워지는 행동을 학습하고 시행착오를 통해 개선해 나감으로써 최적의 행동을 학습할 수 있게 되는 것입니다.

목표를 학습하는 역 강화학습 \\

강화학습은 목표에 접근하는 방법을 학습하는 방법이지만, 목표를 어떻게 설정해야 할지 모르는 경우도 있습니다. 예를 들어, 숙련된 장인이 만드는 공예품을 사람들이 훌륭하다고 느끼더라도 무엇 때문에 「좋다」라고 판단하는지 확실하지 않으면, 동일한 것을 기계에게 강화학습으로 배우게 하려고 해도 목표를 설정할 수 없습니다. 이 경우 어떤 분야의 장인과 동일한 행동을 취하기 위한 보상(목표)을 학습하면 된다는 것이 **역 강화학습(Inverse reinforcement learning)**의 아이디어입니다. 숙련된 직장인의 행동 패턴을 학습하고, **어떤 목표라면 그 행동에 가까워지는지 배우는 것입니다** (그림 4-12). 마치 장인의 눈을 훔치는 것과 같을 수도 있습니다. 행동학습이 아니라 목표학습으로 바뀌기 때문에 역 강화학습인 것입니다.

그리고 어떤 목표 설정이 최적인지 배울 수 있다면, 이번에는 그 목표 설정을 이용해서 일반적인 강화학습을 사용할 수 있게 됩니다. 최종적으로 숙련된 장인과 같은 행동이 될 수도 있고, 숙련된 장인을 넘어서는 방법을 생각해 낼지도 모릅니다. 그것이 역 강화학습의 강점입니다.

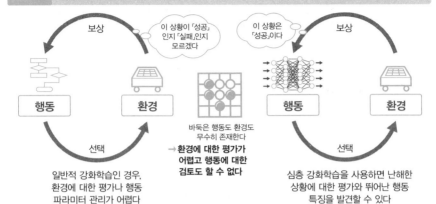

그림 4-11 심층 강화학습의 이점

일반적 강화학습인 경우,
환경에 대한 평가나 행동
파라미터 관리가 어렵다

바둑은 행동도 환경도
무수히 존재한다
→ **환경에 대한 평가가
어렵고 행동에 대한
검토도 할 수 없다**

심층 강화학습을 사용하면 난해한
상황에 대한 평가와 뛰어난 행동
특징을 발견할 수 있다

그림 4-12 역 강화학습과 강화학습의 차이

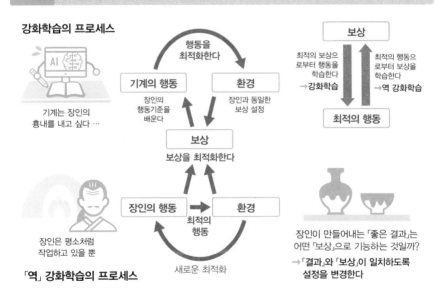

강화학습의 프로세스

기계는 장인의
흉내를 내고 싶다 …

행동을
최적화한다

기계의 행동

환경

장인의
행동기준을
배운다

장인과 동일한
보상 설정

보상

보상을 최적화한다

보상

최적의 보상으
로부터 행동을
학습한다
→ **강화학습**

최적의 행동으
로부터 보상을
학습한다
→ **역 강화학습**

최적의 행동

장인은 평소처럼
작업하고 있을 뿐

장인의 행동

환경

최적의
행동

「역」 강화학습의 프로세스

새로운 최적화

장인이 만들어내는 「좋은 결과」는
어떤 「보상」으로 기능하는 것일까?
→ **「결과」와 「보상」이 일치하도록
설정을 변경한다**

Point

✔ 딥러닝을 활용함으로써 강화학습의 응용 범위가 넓어졌다

✔ 역 강화학습을 사용함으로써 「최적의 행동으로부터 최적의 보상」을 배울 수
있다

✔ 최적의 보상이 있다면 「기계도 최적의 행동」을 할 수 있게 된다

≫ 기계학습의 과제를 보여주는 2개의 정리

만병통치약은 없다

기계학습을 통한 문제해결 접근법은 범용성이 높아 다양한 문제에 응용할 수 있지만, 기계학습 알고리즘은 만능이 아닙니다. 이것은 **노 프리 런치**(No Free Lunch) **정리**라고도 불리며, **문제를 해결하기 위해서는 그때마다「문제에 맞는 최적의 알고리즘」을 선택해야 함**을 의미합니다(그림 4-13).「탐색(2-2 절)」이나「소트(2-3 절)」등이 전형적이지만, 데이터의 구조에 따라서 최적인 알고리즘이 다릅니다. 기계학습에 있어서도 마찬가지로 만능의 기법이라고 하는 것은 없습니다.

딥러닝이 주목받는 가장 큰 이유는「지금까지의 알고리즘으로는 어려웠던 태스크에 사용할 수 있다」는 점 때문입니다. 반대로 지금까지의 알고리즘이 일반적으로 효과가 있었던 작업에 대해서는 그다지 효과가 발휘되지 않습니다. 각각의 알고리즘을 최적의 분야에 사용해 나가는 것이 중요합니다.

모든 차이는 평등하지 않다.

비슷한 과제에 대해 다루고 있는 것이 미운 오리 새끼란 정리로, **이것은 사물에 있어서 유사점과 차이점을 나타내는 것은 반드시 봐야 하는 특징이나 포인트(point)를 좁혀가야 한다**는 정리입니다.

미운 오리 새끼는 오리 새끼라는 개체들 간에 존재하는 차이라고 할 수 있으며, 백조 새끼 역시, 관점에 따라서는 오리 새끼라는 개체들 간에 존재하는 차이의 일종이라고 생각합니다. 백조 새끼는 단지 특이한 개성이며, 미운 오리 새끼라고는 할 수 없습니다. 만약 그것을 개체 간의 단순한 차이라고 부를 수 없다면, 그것은「털 색깔」등 어떤 특이한 특징에 주목하게 됨으로 인해 생겨난 특별한 차이라고 할 수 있습니다(그림 4-14).

인간에게도 동물에게도 구분하기 위해 중요한 포인트가 있습니다. 반대로 말하면 포인트를 좁히지 않으면 구별할 수 없습니다. 포인트를 좁히는 것은 차이점을 찾기 위해 중요한 프로세스입니다. 이것은 노 프리 런치 정리와 같은 원리의 정리입니다. 유사점과 차이점을 찾을 때는 포인트에 맞춘 알고리즘이나 해석 기법을 사용해야 합니다.

그림 4-13　노 프리 런치 정리

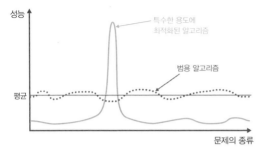

특수한 알고리즘과 범용 알고리즘을 비교해 보면,
사실 전체적으로 평균적인 성능은 크게 다르지 않다

→ 용도에 맞게 구분하여 사용하는 것이 중요. 또한, 진정한 의미에서
모든 문제에서 평균적으로 동작하는 「범용 알고리즘」도 존재하지
않는다(실제로는 어느 정도의 적용 범위가 반드시 존재한다)

〈명칭의 유래〉
「점심 무료」라고 쓰여 있어도 사실은
어디에선가 돈을 지불하고 있다
전체를 보면, 유료 점심과 무료
점심에 대한 지출은 별로 다르지 않다

그림 4-14　미운 오리 새끼 정리

	새끼A	새끼B	새끼C(白鳥)	새끼D
눈	같다	다르다	같다	같다
부리	같다	같다	같다	다르다
색깔	같다	같다	다르다	같다
눈썹	다르다	같다	같다	같다

「색깔이 중요」 → 부리와 눈은 무관함

자세히 보면, 각각의 새끼들마다 차이가 있다
백조 새끼만 특별히 다른 것과 차이가 있는 것은 아니다

→ 안경과 머리모양은 무관함

눈, 코, 입의
위치가 중요

→ 색깔과 크기는 무관함

모양, 눈,
귀가 중요

이미지 인식의 세계에서도 「차이점」과 「유사점」이라고 하는
것은 무수히 존재하고 있다. 단순히 「어느 정도 다른가」라고
하는 부분만 분석한다고 문제가 풀리지 않는다

→ 사물을 인식하는 데 있어 「중요한 차이」나
「중요 유사점」을 찾아내는 것이 필요하다

Point

✔ 어디에나 사용할 수 있는 기법은 없다는 「노 프리 런치 정리」

✔ 분류·인식 태스크에서는 보아야 할 특징을 좁히지 않으면 안 된다는 「미운
오리 새끼 정리」

✔ 범용성이 높은 기계학습도 결코 만능이 아니며, 태스크를 이해한 후 최적의
기법이나 포인트를 좁히는 것이 중요하다

≫ 강화학습과 유사한 학습 방법

생물의 진화와 유사한 알고리즘

강화학습과 유사한 기계학습 기법으로 유전 알고리즘(Genetic Algorithm)이라는 것도 있습니다. 생물의 유전자가 환경에 적응하고 진화하는 과정을 참고한 알고리즘입니다. 이 기법은 자연계에 있어서 「자연도태(선택)」「돌연변이」「교배(교차)」를 알고리즘으로 재현하고 있는 것이 특징입니다(그림 4-15). 행동이나 선택에 관련된 파라미터를 조정하면서 성장한다는 점에서는 다른 기계학습과 다르지 않습니다. 또한, 시행착오를 거쳐 뛰어난 선택을 한 유전자(파라미터)를 남기고 간다는 점은 강화학습과 비슷합니다.

다만 뛰어난 유전자와 열등한 유전자의 교배를 통해 부분적으로 섞거나 돌연변이로 인해 유전자를 기존에 없던 것으로 바꿀 수 있다는 점이 강화학습과는 크게 다릅니다. 사실 이 「뛰어난 것만을 남기는 것은 아니다」라는 점이 중요하고 강화학습에도 이 요소가 도입될 수 있게 되었습니다.

강화학습의 단점

강화학습은 목표에 접근하기 위해 시행착오를 겪으면서 성장하지만, **가끔 잘 진행되고 있는 행동을 바꾸지 않는다는 큰 단점이 있습니다.** 이것은 최적의 행동을 찾는 최적화 문제에서 「국소 최적해(Local minimum)에 빠졌다」고 합니다. 좀 더 과감하게 행동을 바꾸면 효율이 올라가는데 실패할까 봐 좀처럼 바꾸지 않는 상태입니다(그림 4-16).

인간도 역사가 긴 조직은 보수적으로 변해서 대담한 개혁을 하기 힘든 경우가 있습니다. 그것과 비슷한 일이 기계학습에서도 일어나는 것입니다. 그러한 경우, 유전자에 있어서 「돌연변이」나 조직에 있어서 「젊은 사원」과 같은 「지금까지와는 전혀 다른 행동(수치)」을 선택하는 요인을 남겨 두는 것이 중요하게 됩니다. 그렇기 때문에 실용적인 강화학습에는 랜덤 요소나 애매함이 반드시 어딘가에 남아 있어, 국소 최적해에 빠져 성장이 멈추지 않도록 고안되어 있는 것입니다.

그림 4-15 유전 알고리즘

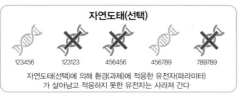

자연도태(선택)

123456 123123 456456 456789 789789

자연도태(선택)에 의해 환경(과제)에 적응한 유전자(파라미터)
가 살아남고 적응하지 못한 유전자는 사라져 간다

교배(교차)

123456   345 ⬅➡ 678   456789

특정한 값이 교체된다

126786   453459

교배(교차)에 의해 유전자의 일부(파라미터의 일부)가
교환된다. 기계학습의 경우 유성생식과 달리, 유전자가
하나가 되지 않고 두 개로 남는다

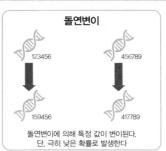

돌연변이

123456   456789

159456   417789

돌연변이에 의해 특정 값이 변이된다.
단, 극히 낮은 확률로 발생한다

**다양한 환경에 적응하고,
진화를 계속하는 기계학습이 된다**

Chapter **4**

기계학습에 관련된 기술

그림 4-16 국소 최적해에 빠진다는 것은?

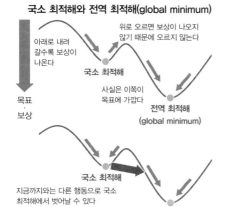

국소 최적해와 전역 최적해(global minimum)

아래로 내려
갈수록 보상이
나온다

위로 오르면 보상이 나오지
않기 때문에 오르지 않는다

국소 최적해

사실은 이쪽이
목표에 가깝다

목표
·
보상

전역 최적해
(global minimum)

지금까지와는 다른 행동으로 국소
최적해에서 벗어날 수 있다

국소 최적해

전역 최적해

후리비차를 그만둘 수 없는 AI

행동 ➡ 환경

보상
(성공)

후리비차

일본 장기에서 비차를 움직이지 않는 것이 「거비차」
일본 장기에서 비차를 크게 가운데로 움직이는 것이
「후리비차」

후리비차로 연승!

가끔 지더라도 후리비차를 연구하면 이길 수 있다

국소 최적해에 빠지다
거비차 전법을 사용하지 않게 되어 상대의 전략에 맞는
대책을 취하지 않게 되었다.

전역 최적해를 찾다
상대의 전략에 맞춰 과감히 거비차를 사용해 승리했다.
중요한 것은 상대편의 전략에 맞게 본인의 전략을 바꾸는
것이다

Point

✔ 유전 알고리즘은 「선택」, 「교차」, 「돌연변이」를 수행한다

✔ 환경에 따라 변화하고 때로는 크게 진화한다

✔ 잘 진행되고 있으면 가끔 「국소 최적해」에 빠진다

✔ 돌연변이와 같은 대담한 변화로 국소 최적해를 탈출할 수 있다

》 기계학습의 효율화 ①
– 학습 데이터를 보충하는 방안

학습 데이터는 더미로 증가 \\

기계학습의 가장 큰 과제는 학습 데이터 수집의 어려움에 있습니다. 인터넷 덕분에 데이터를 모으기 쉬워졌지만 그 데이터를 그대로 기계학습에 사용할 수 있는 것은 아닙니다.

지도 학습에서 이용 가능한 정답 라벨이 붙은 정보는 한정되어 있습니다. 예를 들어 SNS에는 무수한 얼굴 사진이 올라와 있지만, 그 데이터에 「이 얼굴은 A씨」라는 라벨이 처음에는 붙어 있지 않습니다. 인간이 정답 라벨을 하나하나 붙임으로써 비로소 학습에 사용할 수 있는 데이터가 되는 것입니다. 게다가 개인정보 보호를 위해 다루기 어려운 정보도 많이 있어 학습 데이터를 모으기가 쉽지 않습니다.

그런 경우에 유용한 것이 **더미 데이터(Dummy data)**입니다. 가능한 한도에서 진짜 (Real) 데이터에 접근할 수 있다면, 진짜 데이터에 더미 데이터를 혼합함으로써 기계학습에 필요한 수량 만큼의 학습 데이터를 빠르게 모을 수 있습니다(그림 4-17).

좋은 점수를 받은 반지도 학습 \\\

정답 데이터가 적은 경우에 효과적인 것이 **반지도 학습(Semi-Supervised Learning)**입니다. 이는 **지도 학습과 비지도 학습을 결합한 기법으로 딥러닝에도 유용하기 때문에** 주목받고 있습니다. 비지도 학습에서는 답은 알 수 없지만 데이터에서 공통되는 특징이나 이질적인 특징을 추출할 수 있습니다. 거기에서, 지도 학습으로 다양한 특징 중에서 미리 답과 관계가 있는 중요한 특징을 좁힙니다. **답을 몰라도 중요한 특징만 알면 비지도 학습을 사용하여 특징 추출 능력을 향상할 수 있습니다.** 이렇게 함으로써, 수집된 데이터에 정답 라벨이 붙어 있지 않아도, 그 일부에 라벨을 붙이는 것만으로 학습에 사용할 수 있게 되는 것입니다(그림 4-18)

이 기법이 익숙해지게 되면 **원샷 학습(One-shot learning)**이라고 불리는 「정답 라벨을 붙이는 것은 1장이면 된다」라는 수준의 기계학습 기법이 완성됩니다. 정밀도를 높이려면 라벨을 늘리면 되기 때문에 매우 사용하기 편리한 방법입니다.

그림 4-17   더미 데이터의 유효성

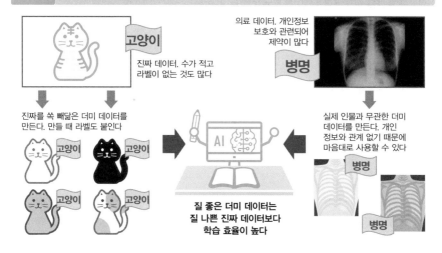

진짜 데이터. 수가 적고 라벨이 없는 것도 많다

진짜를 쏙 빼닮은 더미 데이터를 만든다. 만들 때 라벨도 붙인다

질 좋은 더미 데이터는 질 나쁜 진짜 데이터보다 학습 효율이 높다

의료 데이터. 개인정보 보호와 관련되어 제약이 많다

병명

실제 인물과 무관한 더미 데이터를 만든다. 개인 정보와 관계 없기 때문에 마음대로 사용할 수 있다

병명

병명

그림 4-18   반지도 학습의 개념도

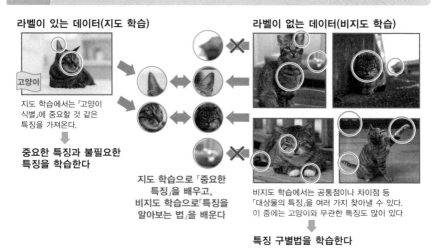

라벨이 있는 데이터(지도 학습)

고양이

지도 학습에서는 「고양이 식별」에 중요할 것 같은 특징을 가져온다.

중요한 특징과 불필요한 특징을 학습한다

지도 학습으로 「중요한 특징」을 배우고, 비지도 학습으로 「특징을 알아보는 법」을 배운다

라벨이 없는 데이터(비지도 학습)

비지도 학습에서는 공통점이나 차이점 등 「대상물의 특징」을 여러 가지 찾아낼 수 있다. 이 중에는 고양이와 무관한 특징도 많이 있다

특징 구별법을 학습한다

Point

- ✔ 기계학습에서 중요한 것은 학습 데이터의 양과 질
- ✔ 데이터가 부족한 경우에는 더미 데이터도 사용된다
- ✔ 지도 학습과 비지도 학습을 혼합한 반지도 학습
- ✔ 반지도 학습으로 해답 데이터를 절약할 수 있다

>> 기계학습의 효율화 ②
– 학습 모델의 전용

기초와 기본을 배우는 사전학습 //

초등학생에게 아무리 미적분을 가르쳐도 이해할 수 없듯이, 기계학습에도 미리 배워 두어야 하는 기술이 존재합니다. 인간이나 동물의 이미지를 구분하기 위해 먼저 직선이나 곡선의 차이를 배워두어야 하며, 색의 차이나 그림자의 특징도 배워두면 이미지를 인식할 때 음영에 속을 가능성이 낮아집니다.

이렇게 학습을 하고 싶은 과제와는 별개로 먼저 기본적인 학습을 진행해 두는 방법을 **사전학습(Pre-training)**이라고 합니다. **기계학습을 할 때 조정하는 다양한 파라미터에 대해「대략 이 정도일 것이다」는 수치를 미리 넣어둠으로써 실전학습을 쉽게 하는 것**입니다(그림 4-19). 복잡한 기계학습일수록 학습 시 틀린 이유를 알지 못하게 되지만, 사전학습을 하다 보면 수정할 부분을 좁힐 수 있습니다. 딥러닝이 주목받게 된 계기도 획기적인 사전학습 기법이 있기 때문이며, 사전학습은 기계학습 효율화에 중요한 역할을 한다는 것을 알 수 있습니다.

배운 것을 다른 분야에 적용하는 전이학습 //////////////////////////////

미리 학습을 마친 프로그램(학습 모델)이 다른 목적으로 사용되는 것은 사전학습뿐만이 아닙니다. 사전학습과 비슷한 기법으로 **전이학습(Transfer Learning)**이 있습니다. 이것은 **다른 분야나 작업에 사용된 학습 모델을 차용해서 새롭게 학습을 하는 것으로, 잘 사용하면 학습 기간을 대폭 단축**할 수 있습니다(그림 4-20).

인간의 경우, 새로운 언어를 배울 때 비슷한 다른 언어를 알고 있으면 학습 효율이 올라가는 경우와 비슷합니다. 이미지 인식을 언어 해석에는 사용할 수 없지만, 고양이를 학습한 모델을 개나 사자에게 사용하는 것은 가능할 것입니다. 고양이를 인식할 수 있다면 동물에 대한 특징을 배운 상태이므로 새로운 동물도 효율적으로 배울 수 있습니다. 실제로 이미지 인식에 사용할 수 있는 다양한 특징을 배우게 한 모델도 공개되어 있으며, 이러한 학습 모델을 스스로의 작업으로 전이학습시킴으로써 기계학습의 수고가 크게 줄어들게 되었습니다.

그림 4-19 사전학습의 개념

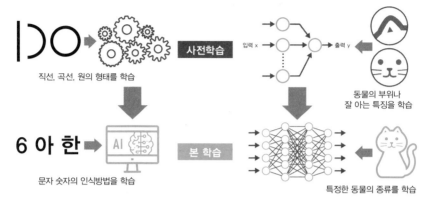

직선, 곡선, 원의 형태를 학습

입력 x   출력 y

동물의 부위나
잘 아는 특징을 학습

6 아 한 → AI

문자 숫자의 인식방법을 학습

본 학습

특정한 동물의 종류를 학습

한번에 모든 것을 배우려고 하기보다, 조금씩 학습해 감으로써 메인(main) 학습의 효율을 높인다

그림 4-20 전이학습의 개념

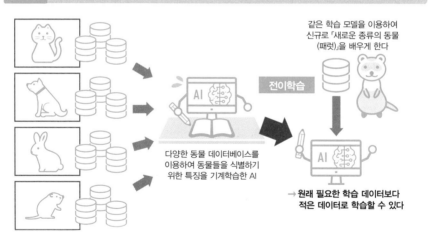

같은 학습 모델을 이용하여
신규로 「새로운 종류의 동물
(패럿)」을 배우게 한다

전이학습

다양한 동물 데이터베이스를
이용하여 동물들을 식별하기
위한 특징을 기계학습한 AI

→ 원래 필요한 학습 데이터보다
적은 데이터로 학습할 수 있다

Point

✔ 메인 학습 전에 기본사항을 배우는 「사전학습」

✔ 사전학습을 실시함으로써 실전 학습의 효율이 높아진다

✔ 미리 다른 태스크를 학습한 모델을 전용하는 「전이학습」

✔ 거대한 데이터베이스에서 학습한 공개 모델을 사용하면 새로 배우게 하는
노력이 크게 줄어든다

» 기계학습의 효율화 ③ - 과학습 대책

과학습과 그것의 회피

기계학습의 고질적인 문제로 **과학습(over-fit)**이 있습니다. 과학습은 같은 것을 너무 많이 배운 결과, 아주 조금이라도 학습한 특징이 보이거나 반대로 그 특징과 다르면 「정답이다!」 「틀렸다!」라고 생각하게 되는 현상입니다.

이것은 **인간으로 말하자면 과도한 편견에 가까운 것으로, 비슷한 데이터를 너무 많이 학습해 버린 것이 원인입니다.** 정밀도가 높아진 것처럼 보이지만, 조금이라도 데이터의 경향이 바뀌면 정밀도가 크게 떨어지기 때문에, 결과적으로 AI는 미지의 데이터나 노이즈가 많은 데이터에 대응할 수 없게 됩니다(그림 4-21). 이것은 AI를 실용화할 때 치명적인 결함이 될 수 있습니다. 대책으로는 학습 데이터를 다양화하거나 굳이 조잡하게 학습을 하도록 하는 등 여러 가지 방법이 사용되는데, 어느 것도 과학습을 완벽하게 막을 수 있는 방법은 아닙니다.

다양한 의견을 존중하는 앙상블 학습

인간이 편견을 줄이기 위해 사용하는 방법 중 하나가 「다른 사람의 의견을 듣는 것」인데, 기계학습에도 비슷한 방법을 쓸 수 있습니다. 그것이 **앙상블 학습(Ensemble learning)**으로, 여러 학습 모델들의 다수결로 판단을 내립니다. 로봇 안에 들어 있는 복수의 AI가 서로 대화하면서 판단하는 개념입니다(그림 4-22). **실제로 여러 개의 AI를 넣어 대화를 나누는 것도 좋고, 하나의 AI가 하나의 데이터를 여러 측면에서 관찰하고 사고하는 식으로도 괜찮습니다.** 중요한 것은 하나의 문제에 대해 여러 가지 생각이나 견해를 도입하는 것입니다.

앙상블 학습은 모델의 다양성과 합의 방법론을 확장함으로써 기계학습이 안고 있는 다양한 문제에 대응할 수 있게 됩니다. 다만 일반 학습에 비해 정확도를 높이는 데 시간이 걸리고 알고리즘이 복잡해지기 쉽습니다. **게다가 여러 AI가 판단한다고 과학습이나 편견이 없어지는 것도 아닙니다. 중요한 데이터가 애초에 편중되어 있거나** 하면 과학습이나 편견과 같은 오류는 발생합니다.

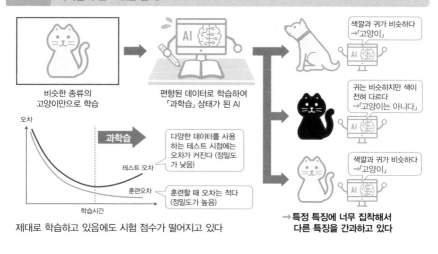

그림 4-21 과학습이 안고 있는 문제

비슷한 종류의
고양이만으로 학습

편향된 데이터로 학습하여
「과학습」 상태가 된 AI

색깔과 귀가 비슷하다
→「고양이」

귀는 비슷하지만 색이
전혀 다르다
→「고양이는 아니다」

색깔과 귀가 비슷하다
→「고양이」

오차

과학습

테스트 오차

훈련오차

학습시간

다양한 데이터를 사용
하는 테스트 시점에는
오차가 커진다 (정밀도
가 낮음)

훈련할 때 오차는 적다
(정밀도가 높음)

제대로 학습하고 있음에도 시험 점수가 떨어지고 있다

→ 특정 특징에 너무 집착해서
다른 특징을 간과하고 있다

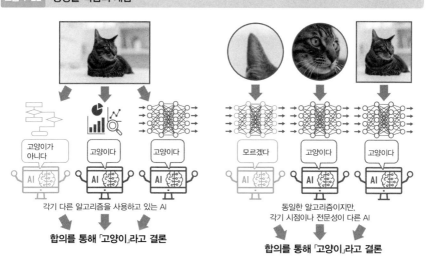

그림 4-22 앙상블 학습의 개념

고양이가
아니다

고양이다

고양이다

각기 다른 알고리즘을 사용하고 있는 AI

합의를 통해 「고양이」라고 결론

모르겠다

고양이다

고양이다

동일한 알고리즘이지만,
각기 시점이나 전문성이 다른 AI

합의를 통해 「고양이」라고 결론

Point

✔ 편향된 데이터나 학습법으로 인하여 발생하는 「과학습」

✔ 과학습을 하게 되면 훈련 데이터에서는 성적이 좋으나 실전에서는 오류가
많아진다

✔ 복수의 AI들의 합의로 결정하는 「앙상블 학습」

✔ 과학습의 회피에는 다양한 데이터와 사고방식이 필요하다

강화학습의 구조를 생각해 봅시다

기계학습에서 강화학습은 매우 중요한 역할을 담당하고 있습니다. 반면 강화학습의 기본 개념은 인간이 항상 하고 있는 시행착오와 비슷하기 때문에 실제 메커니즘을 이미지화하기 쉬운 것이 특징입니다.

친숙한 게임이나 스포츠를 예로 들어, 적절한 보상의 설정이나 파라미터 설정을 생각해 강화학습의 기본 설계를 만들어 봅시다. 중요한 것은 보상 설정과 변동 요소입니다. 무엇을 보상으로 설정하고 무엇을 변경함으로써 시행착오를 겪으면서 강화학습이 잘 될 것인가를 생각합니다.

구체적인 예시: 핀볼의 강화학습

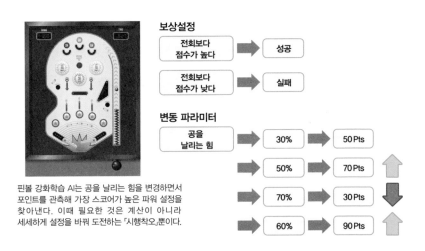

핀볼 강화학습 AI는 공을 날리는 힘을 변경하면서
포인트를 관측해 가장 스코어가 높은 파워 설정을
찾아낸다. 이때 필요한 것은 계산이 아니라
세세하게 설정을 바꿔 도전하는 「시행착오」뿐이다.

핀볼과 같은 심플한 게임은 변동 요소가 하나뿐이기 때문에 쉬웠지만, 보다 조작이 많은 비디오 게임이나 스포츠를 생각하면 강화학습이 어려워진다는 것을 알 수 있습니다.

또한 자율주행에도 강화학습이 사용되고 있는데, 이는 게임과 달리 조작은 단순한 반면, 보상 설정이 어려워집니다. 어떤 운전이 최적의 운전이라고 할 수 있는지를 생각하면 보상이 한두 가지로는 부족하다는 것을 알 수 있을 것입니다.

Chapter 5

딥러닝

새로운 시대로 이어지는 범용성 높은 기계학습

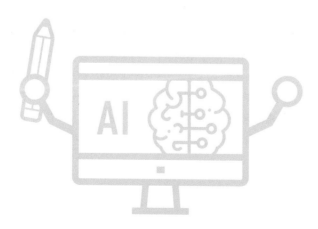

≫ 신경망이란?

신경망의 기본

딥러닝(DL:Deep Learning)은 신경망 학습법의 일종입니다. 신경망은 인간의 신경 세포 구조를 참고해 만들어진 알고리즘으로 「**커넥셔니즘(connectionism)**」이라고 **하는 지능을 인간의 신경 세포 기반으로 구현하려는 흐름을 만들어낸 기술**입니다. 특징은 신경 세포가 가진 **시냅스(Synapse)**라는 기관의 학습능력을 알고리즘으로 재현한 점으로, 시냅스는 정보 전달을 반복하면 전달능력이 강화됩니다.

신경망에서는 신경 세포를 단순화한 인공 뉴런끼리의 연결을 시냅스로 찾아내 연결 부분의 정보 전달 능력을 **가중치**라는 수치로 나타내어 그 수치를 변화시키면서 태스크에 최적인 정보 전달 네트워크를 구축함으로써 학습능력을 획득합니다(그림 5-1). 그 네트워크의 연결방법이나 구조, 학습할 때의 알고리즘 등으로 다양한 종류로 나누어집니다. 딥러닝도 가지치기를 하면서 생겨난 기술 중 하나입니다.

가중치와 학습 능력

신경망의 학습 능력은 전적으로 가중치 수치를 변경해 나가는 **가중치 부여**라고 하는 작업의 정확성에 달려 있습니다. 이 가중치는 랜덤이라도 상관없습니다. 우연성에 맡겨져는 있지만 무한 랜덤으로 수치를 대체하다 보면 언젠가는 이상적인 가중치가 되기 때문입니다. 초기 신경망은 실제로 무작위로 가중치를 부여했습니다.

다만 인공 뉴런의 수가 증가하고 가중치를 부여하는 연결의 수가 증가하면 최적의 가중치를 찾기까지 시간이 너무 많이 걸려 랜덤 가중치는 실용적이지 않게 되었습니다. 그렇기 때문에, 효율적으로 가중치를 부여하기 위한 알고리즘이나 수식이 개발되게 됩니다(그림 5-2). 결과적으로 **작업에 맞춰 최적의 가중치를 부여하는 기법을 선택하는 것이 중요하게 되었습니다.** 이 가중치를 부여하는 기법 개발이 무척이나 어렵고, 신경망이 오랫동안 풀리지 않는 원인이 되기도 합니다.

그림 5-1 신경 세포와 인공 뉴런

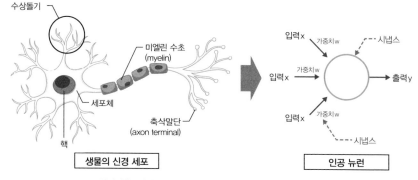

신경망은 신경 세포를 단순화하고 알고리즘으로 이용했다

그림 5-2 가중치 부여

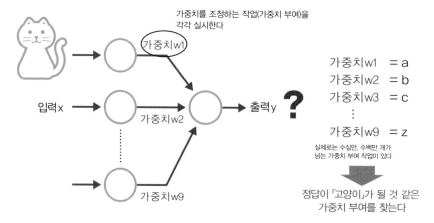

가중치 부여 작업을 효과적으로 수행하기 위한 기법의 연구가 계속되고 있다

Point

✔ 신경망은 신경 세포를 참고로 했다

✔ 신경 세포를 기반으로 한 접근법을 커넥션(connection)이라고 부른다

✔ 네트워크 연결의 강도를 「가중치」라고 부른다

✔ 가중치를 변경하는 작업을 「가중치 부여」라고 부른다

≫ 딥러닝으로 가는 길

네트워크의 다층화

생물의 뇌와 마찬가지로 **신경 네트워크는 복잡하고 거대한 다양한 정보를 처리**할 수 있게 됩니다. 신경망도 마찬가지입니다. 신경망은 데이터를 넣는 인공 뉴런이 나열된 **입력층**과 답을 내는 인공 뉴런이 나열된 **출력층**으로 나뉘어 있습니다. 이것만으로도 어느 정도의 정보를 처리할 수 있지만, 그 사이에 **중간층**(은닉층)이라고 하는 층을 추가함으로써 보다 복잡한 정보 처리를 할 수 있게 됩니다.

중간층은 얼마든지 추가할 수 있으며, 신경망의 층을 쌓아 가는 것을 **다층화** 혹은 **심층화**라고 부릅니다(그림 5-3). 딥러닝이 심층학습이라고 불리는 것은 이 때문으로, 다층화된 신경망(DNN:Deep Neural Network)에서 학습을 하는 것에서 유래가 되었습니다. 이 다층화는 매우 중요한 의미를 가집니다. 다층화로 인해「1개의 선」밖에 이해할 수 없었던 네트워크가 층을 쌓음으로써 평면을 인식할 수 있게 되고, 더 거듭함으로써 입체의 세계도 이해할 수 있게 됩니다. 그렇게 다룰 수 있는 차원이 늘어남으로써 해결할 수 있는 문제가 크게 늘어나는 것입니다.

오차 역전파법(Backpropagation)

연결이 복잡해지면 가중치도 복잡해집니다. 그래서 개발된 것이 **오차 역전파법**(Backpropagation)입니다. 이는 신경망이 내놓은 기계적인 답과 이상적인 답의 차이를 수정하도록 가중치를 부여하는 알고리즘으로 지도 학습의 한 종류입니다. 이 기법은 답에 가까운 출력층에서 문제 부분에 해당하는 입력층으로 차례로 가중치 부여를 수정해 나갑니다. 문제를 풀 때와는 반대 방향으로 정보가 흘러가기 때문에「역전파」라고 불립니다(그림 5-4).

층이 3개 정도인 경우에는 유효하지만, 층이 늘어나면 입력층에 가까운 부분에 대한 오류 수정 효과가 없어지게 되었습니다. 이 문제는 딥러닝이나 가중치 알고리즘의 개선으로 해결되는데, 신경망이 오랫동안 성과를 내지 못한 원인 중 하나가 되었습니다.

| 그림 5-3 | 신경망의 다층화 |

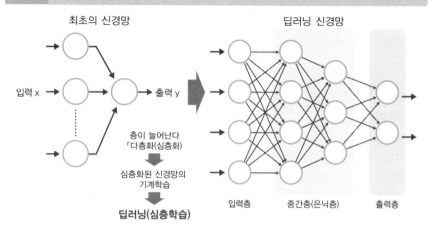

| 그림 5-4 | 오차 역전파법의 개념 |

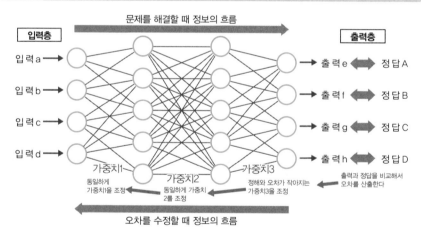

출력층에 가까운 가중치는 올바르게 조정할 수 있지만, 출력층에서 멀어지면 조정이 어려워진다

Point

✔ 신경망은 다층화함으로써 성능이 향상된다

✔ 다층화하면 조정하는 「가중치」가 늘어나 가중치 부여가 어려워진다

✔ 오차 역전파법은 출력층에서 입력층으로 오차를 수정한다

✔ 어느 정도의 층이라면 오차 역전파법이 통용된다

» 딥러닝의 특징 추출 능력

오토 인코더 //

다층 신경망의 기계학습 기법으로 주목받는 딥러닝이지만 다층 신경망은 보통 가중치를 부여하기도 어렵고 오차 역전파법으로 오차를 수정하기도 어렵다는 단점이 있었습니다. 그러한 문제를 해결한 기법 중 하나가 **오토 인코더(Auto encoder)**입니다. 오토 인코더는 사전학습(4-10 절)의 일종입니다. 다층 신경망의 일부를 꺼내 특수한 학습을 실시한 후 신경망에 통합합니다. 사전학습 자체는 자주 사용되는 기법이지만 오토 인코더는 조금 달라졌습니다. **추출한 신경망에 대해, 입력과 출력이 동일한 것이 되도록 교육한 것입니다**(그림 5-5).

이 사전학습에서 가르치고 싶었던 것은 정보의 특징이었습니다. 오토 인코더에서는 입력과 출력 뉴런에 대해 중간층 뉴런이 적어 정보를 압축해야 했습니다. 이 압축은 정보의 특징을 알아야 하는 것이었습니다(그림 5-6).

특징 추출 능력 //

신경망에서 정보의 특징을 발견하는 특징 추출 능력이 특히 주목받고 있습니다. 오토 인코더를 통해 미리 간단한 특징을 알려두면 다층 신경망이 복잡한 정보를 다룰 때 기초적인 문제로 실패하는 일이 없어집니다. 그리고 **오차 역전파법에 의해 오차를 수정할 때에도 기초적인 특징은 이해하고 있다는 전제하에 가중치 수정을 실시합니다.** 그로 인해 원래대로라면 어려웠을 다층 신경망에서도 오차 역전파법에 의한 학습이 잘 이루어지게 된 것입니다.

딥러닝이라는 기법 자체가 다른 알고리즘에 비해 특별히 효율이 좋은 것은 아닙니다. 그러나 학습을 통해 특징을 추출하고 특징을 분석함으로써 문제를 해결하는 접근법은 응용 범위가 넓어 지금까지 해결하지 못했던 다양한 문제를 해결하는 데 도움이 되었습니다.

그림 5-5 오토 인코더

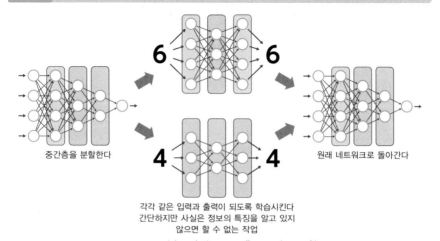

중간층을 분할한다

6 6

4 4

각각 같은 입력과 출력이 되도록 학습시킨다
간단하지만 사실은 정보의 특징을 알고 있지
않으면 할 수 없는 작업

원래 네트워크로 돌아간다

그림 5-6 「특징을 이해하고 있다」란?

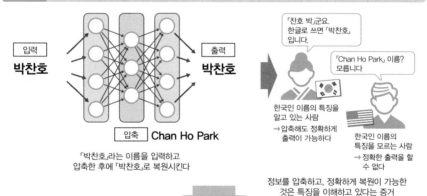

입력

박찬호

출력

박찬호

압축 Chan Ho Park

「박찬호」라는 이름을 입력하고
압축한 후에 「박찬호」로 복원시킨다

「찬호 박」군요.
한글로 쓰면 「박찬호」
입니다.

「Chan Ho Park」 이름?
모릅니다

한국인 이름의 특징을
알고 있는 사람
→압축해도 정확하게
출력이 가능하다

한국인 이름의
특징을 모르는 사람
→정확한 출력을 할
수 없다

정보를 압축하고, 정확하게 복원이 가능한
것은 특징을 이해하고 있다는 증거

「정보의 특징을 이해한다」는 것은
특징 정보만으로도 정보의 본질을 이해할 수 있다는 것

Point

✔ 오토 인코더는 진정한 의미에서 딥러닝을 완성했다

✔ 오토 인코더는 입력과 출력에 동일한 수치를 사용하는 사전학습

✔ 특징을 알고 있으면 정보를 압축할 수 있다

✔ 특징 추출 능력이 신경망의 강점

» 이미지 인식, 음성 인식에 강한 딥 신경망

컨볼루션 신경망(CNN)

딥러닝에 이용되는 다층 신경망의 학습법 중에서도 주목도가 높은 신경망이 **컨볼루션 신경망**(CNN: Convolutional Neural Network)입니다. 컨볼루션 신경망에서는 특징의 분리와 합성을 실시하는 **컨볼루션**(Convolution)과 취급하는 정보를 심플하게 하는 **풀링**(Pooling)이라고 하는 프로세스에 의해서 이미지에 관한 특징 추출을 용이하게 하고 있습니다(그림 5-7).

컨볼루션 신경망은 이미지 인식 이외에 음성 인식에도 유용하고, 사용법에 따라서는 언어 처리에도 사용할 수 있는 범용성이 높은 기법입니다. 따라서 연구개발이 활발히 진행되고 있으며 다양한 발전형이 만들어지고 있습니다.

특징을 강조하는 연구

컨볼루션이라는 처리는 「초상화에서 특징을 강조한다」는 개념에 가까울 수도 있습니다. 인식하는 대상의 윤곽이나 색감이나 질감이나 대상을 잘 나타내고 있는 특징만 잘 꺼내서 그 부분에서만 분석을 합니다. **대상을 인식하는데 필요한 것은 사실적인 정보가 아니라 「특징만으로 충분하다」라는 개념**입니다. 단, 특징을 도출하는 방법에 따라서는 세세한 정보가 다수 포함되어 있는 경우가 있습니다. 아무리 대상을 구별하기 위해 필요한 특징이라고는 하지만, 지나치게 세세한 정보가 너무 많으면 그 자체로도 분석하기 어렵게 됩니다.

그래서 풀링에 의해 **어느 정도 취급하는 정보를 거칠게 하여, 세세한 특징의 차이에 휘둘리지 않도록 연구가 진행되었습니다.** 이 2개의 처리로 이미지 등의 정보는 분석이나 인식에 필요한 중요한 특징만이 추출되어 간단하게 작업을 완수할 수 있게 됩니다(그림 5-8). 특징을 강조하는 분석 기법은 이미지 이외에도 유용한데, 컨볼루션 신경망을 응용해서 그래프 구조의 데이터베이스를 분석하는 GraphCNN도 등장하여 응용 범위가 계속 확대되고 있습니다.

그림 5-7   컨볼루션 처리 개념

컨볼루션

윤곽만을 추출하여 윤곽의 특징을 올바르게 식별할 수 있도록 한다

색상만을 추출하여 색상의 특징을 올바르게 식별할 수 있도록 한다

콘트라스트만을 추출하여 콘트라스트의 특징을 올바르게 식별할 수 있도록 한다

컨볼루션이란 이미지를 특징별로 나누어 그 특징을 강조하는 것

특징을 추출한 데포르메(deformer, stylized art style) 이미지

특징적인 머리와 수염을 통해 데포르메가 된 그림에서도 「링컨」 이라는 것을 알 수 있다.
→사진과 같은 모든 정보는 불필요

컨볼루션 처리는 각각의 특징에 대해 이루어지며, 어떤 특징을 도출할 것인지는 신경망 학습에 달려 있다

그림 5-8   풀링 개념

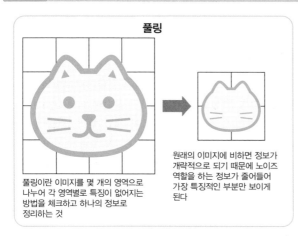

풀링

풀링이란 이미지를 몇 개의 영역으로 나누어 각 영역별로 특징이 없어지는 방법을 체크하고 하나의 정보로 정리하는 것

원래의 이미지에 비하면 정보가 개략적으로 되기 때문에 노이즈 역할을 하는 정보가 줄어들어 가장 특징적인 부분만 보이게 된다

해상도가 어두워지면 영상이 선명하지 않지만 고양이의 특징인 「귀」나 「모양」에 주목하기 쉬워진다
→세세한 정보는 무시할 수 있다

Point

✔ 이미지 인식에 강한 컨볼루션 신경망
✔ 특징을 각각 잡아내는 「컨볼루션」 처리
✔ 세세한 정보를 잡아내어 정보를 거칠게 하는 「풀링」 처리
✔ 특징을 강조하는 데 특화되어 있다

» 언어 처리 및 시계열 처리에 강한 딥 신경망

순환 신경망(RNN)

컨볼루션 신경망과 나란히 사용되는 경우가 많은 것이 **순환 신경망**(RNN: Recurrent Neural Network)입니다. 순환이란 순환·루프(loop)에 가까운 의미를 가지며, 사물의 결과가 그 원인이 되어 연쇄적으로 같은 현상이 일어나는 상태를 말합니다(그림 5-9).

예를 들어 「닭이 알을 낳고, 알이 닭이 되어 알을 낳는다」는 것도 순환이라고 할 수 있습니다. 단, 계란이나 닭은 이전과 완전히 같은 것이 태어나는 것은 아닙니다. 영양 상태나 유전자 변이로 조금 다른 개체가 생겨났고, 과거 닭이나 알의 변화를 토대로 한 별개의 개체가 태어납니다. 순환 현상에는 많든 적든 **이전의 정보를 바탕으로 다음 정보가 변화하는 요소가 포함되어 있으며, 이 부분이 프로그램에서 특징적인 움직임을 보이고 있습니다.**

기억력을 가지고 있는 네트워크

출력된 정보가 루프(loop)할 때마다 정보는 조금씩 변화하고 있습니다. **이 변화가 과거 정보의 잔재이자 일종의 기억처럼 작용하는 것**입니다. 이 작용은 인간이 다루는 자연어 처리에 도움이 됩니다. 인간의 말은 애매한 부분이 많고 주어, 서술어, 수식어 등의 관계성에 의해서 사용되는 단어의 의미가 변화하고, 문맥에 따라서도 문장의 의미가 달라집니다. 따라서 문법에 따라 단순히 단어를 번역하는 것만으로는 자연스러운 번역이 되지 않습니다. 기계번역에는 문맥이나 의미의 변화를 감안한 처리가 필요합니다.

그래서 유효한 것이 순환 신경망입니다. 말을 앞에서 읽어나가고 다음 문장이나 단어로 진행해도 앞의 단어나 문장의 정보가 네트워크 안에서 루프하면서 남아 그것을 토대로 처리할 수 있습니다(그림 5-10). 그렇기 때문에 전후 관계에서 단어나 말의 의미가 바뀌어도 어느 정도는 대응할 수 있게 되는 것입니다. 이 방법은 동영상이나 음성과 같이 시계열을 수반하는 데이터에 유효하고, 다른 기법과 조합하는 형태로 널리 이용되고 있습니다.

그림 5-9   순환 신경망의 개념

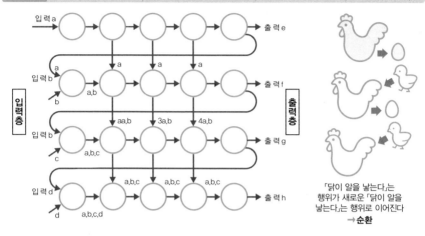

처음 입력된 정보가 반복적으로 나타나 각각 미묘하게 상태가 다르다
그것을 가중치를 부여함으로써 더욱 조정해 간다

그림 5-10   시계열 정보에 강하다

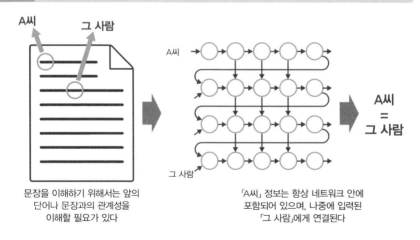

문장을 이해하기 위해서는 앞의
단어나 문장과의 관계성을
이해할 필요가 있다

「A씨」 정보는 항상 네트워크 안에
포함되어 있으며, 나중에 입력된
「그 사람」에게 연결된다

Point

✔ 정보가 내부에서 순환하는 순환 신경망
✔ 내부에서 순환하는 정보가 기억처럼 작용한다
✔ 언어 처리나 시계열을 가진 정보 처리에 강하다

≫ 순환 신경망의 응용

기억 유지 능력이 높은 알고리즘

순환 신경망의 응용에는 **LSTM**(Long Short Term Memory)이라고 불리는 알고리 즘이 있습니다. 의미는 「장·단기 기억」이라는 뜻으로 **일반적인 순환 신경망보다 높은 기억 보유 능력이 있는 점**이 특징입니다. 보통의 순환 신경망의 기억 유지 능력은 한정적이고, 중요한 정보를 잊어버리는 등 중대한 결점이 있습니다. 이에 반해, LSTM에서는 기억의 취급에 특화된 유연한 모듈을 만듦으로써 그러한 결점을 극복했습니다(그림 5-11).

LSTM은 언어 처리에 널리 사용되고 있고, 언어 처리에 있어서 「순환 신경망」이라고 하는 경우 실제로는 LSTM을 가리키는 경우도 있을 정도로 일반적인 것이 되었습니다.

정보의 일부에 주목하는 Attention

LSTM과 함께 자연어 처리에 많이 쓰이는 기법이 Attention입니다. Attention은 문장 전체가 아닌 「어느 부분에 주목할 것인지」 생각하고 있다는 점이 독특한 기법입니다(그림 5-12). 이는 컨볼루션 신경망의 특징을 강조하는 처리와 비슷합니다. 글에서도 **의미를 이해하는 데 중요한 부분은 한정되어 있다**는 생각입니다. 단어마다 중요도를 판정하고 중요한 단어를 중심으로 언어 처리를 합니다.

Attention을 사용한 기계번역에서는 중요한 부분에 주목하여 번역을 하고 「중요도가 낮은 것은 번역하지 않는다」라는 정도로 처리가 이루어집니다. 빠진 부분이 있는 대신 의미 파악은 되어 있어서 전체적으로는 자연스러운 번역이 됩니다. 인간이 설렁설렁 읽는 것과 같을 수도 있습니다. 확실하게 70점을 받는 방법이므로 최고 득점을 하기에는 다른 기법에 미치지 못하지만, 평균 점수가 매우 높고 LSTM 등 다른 기법을 효율화하여 평균 점수를 올릴 수 있습니다. 이것 자체는 순환 신경망은 아니지만, 순환 신경망의 평균점을 올리기 위해서 자주 사용되는 기법이라고 할 수 있습니다.

그림 5-11 LSTM의 개념

큰 틀에서 순환 신경망 구조이지만,
모듈 내부에 다양한 구조를 갖게 함으로써
성능을 향상했다

중요한 정보를 기억하고 불필요한 정보를
망각함으로써 중요한 정보에만 초점을 맞추어
분석하는 것을 추천할 수 있다

그림 5-12 Attention 사용법

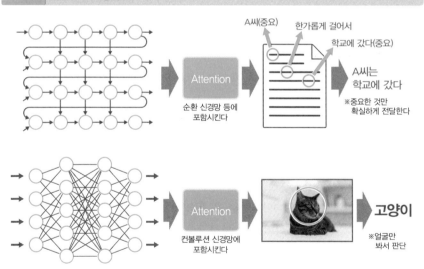

**Attention은 신경망의 특징 추출을 효율화하기 위한 기법
다양한 신경망에 조합하여 사용할 수 있다**

Point
- ✔ LSTM은 기억 유지 능력이 강화된 순환 신경망
- ✔ Attention은 주목하는 영역을 좁히는 기계학습 기법
- ✔ Attention은 보통 다른 기법과 조합함으로써 진가를 발휘한다

5-7 더미 데이터, 적대적 생성 네트워크

≫ 딥러닝의 단점을 보완하는 GAN

더미 데이터를 만드는 과제 ////////////////////////////////////

딥러닝에는 기본적으로 방대한 학습 데이터가 필요합니다. 그것을 위해서 **더미 데이터**(Dummy Data, 4-9 절)가 사용됩니다. 다만 그 더미 데이터를 어떻게 만들 것이냐가 또 다른 과제로 남습니다. 만약, 더미 데이터가 랜덤(Random)한 수치를 사용하기만 하거나, 진짜(Real) 데이터를 조금 가공하는 것만으로 만들 수 있다면 좋겠지만, 그것만으로 불충분한 경우라면 곤란해집니다(그림 5-13).

기계학습에서 학습에 사용하는 더미 데이터의 생성은 기계학습 자체만큼이나 중요한 과제입니다. 대부분은 **더미 데이터를 만들기 위한 프로그램이 따로 만들어지고 거기에도 상당한 노력이 들어가게 됩니다.**

적대적 생성 네트워크 ////////////////////////////////////

더미 데이터를 만드는 기법이 **적대적 생성 네트워크**(GAN: Generative Adversarial Networks)입니다. 데이터를 만드는 AI와 데이터의 진위를 간파하는 AI 두 가지로 구성되어 서로 「데이터 만드는 법을 학습」하고 「가짜를 간파하는 법을 학습」하는 목적을 가지고 경쟁하면서 성장해 나가는 점이 특징입니다.

얼굴 인식으로 말하자면, 가짜 얼굴을 만드는 위조 AI와 가짜를 간파하는 판정 AI로 나뉘었을 경우에 위조 AI는 오로지 가짜 얼굴 이미지를 만듭니다. 반면 판정 AI는 가짜와 진짜 이미지를 부여받아 식별을 계속합니다. 그중 위조 AI는 가짜라고 간파되지 않은 이미지를 참고하여 진짜에 가까운 이미지를 만들고자 합니다. 반면 판정 AI는 가짜라고 간파하지 않았던 이미지와 진짜 이미지를 비교하여 판정의 정밀도를 올립니다(그림 5-14). 결국 위조 AI와 판정 AI의 악순환이 되는 셈인데, 그로 인해 **위조 성능이 올라간 위조 AI는 우수한 「더미 데이터 생성 AI」로 바뀌게 됩니다.** 판정 AI도 가짜를 간파하는 AI로서 인터넷상의 이미지 판정에 사용하게 될 것입니다.

이 적대적 생성 네트워크를 사용한 더미 데이터 생성은 응용 범위가 넓고, 개인 정보를 취급하는 얼굴 인식이나 의료 분야, 데이터가 적은 특수한 공업 분야 등에서 널리 이용되었습니다.

그림 5-13   얼굴 인식 AI의 학습 데이터를 만들려면

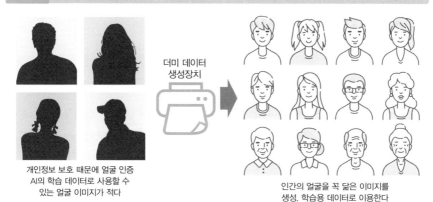

개인정보 보호 때문에 얼굴 인증
AI의 학습 데이터로 사용할 수
있는 얼굴 이미지가 적다

더미 데이터
생성장치

인간의 얼굴을 꼭 닮은 이미지를
생성. 학습용 데이터로 이용한다

그림 5-14   GAN의 구조

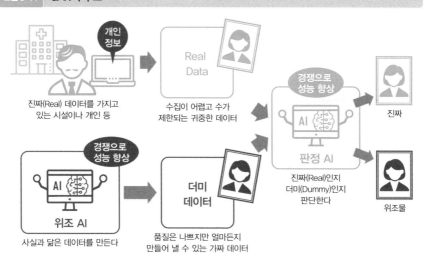

개인
정보

진짜(Real) 데이터를 가지고
있는 시설이나 개인 등

Real
Data

수집이 어렵고 수가
제한되는 귀중한 데이터

경쟁으로
성능 향상

AI

판정 AI

진짜(Real)인지
더미(Dummy)인지
판단한다

진짜

위조물

경쟁으로
성능 향상

AI

위조 AI

사실과 닮은 데이터를 만든다

더미
데이터

품질은 나쁘지만 얼마든지
만들어 낼 수 있는 가짜 데이터

위조 AI와 판정 AI가 경쟁하는 형태로 성능을 향상해 나간다
→가짜 데이터는 진짜에 가까워지고 판정 AI는 정교한 가짜를 간파하게 된다

Point

✔ 학습용 더미 데이터를 만들기 위한 전용 프로그램이 개발되었다

✔ 더미를 만드는 AI와 더미를 간파하는 AI가 경쟁하는 적대적 생성 네트워크

✔ 적대적 생성 네트워크는 범용성이 높고 용도가 다양하다

≫ 신경망이 취급하는 정보

복수의 값을 취급하는 텐서

신경망에서는 네트워크 내부에서 엄청난 수치의 덩어리가 질주하고 있습니다. 그 수치 덩어리를 나타내는 방법 중 하나가 **텐서**(Tensor)입니다. 이것은 수학적인 용어이기 때문에 자세히 설명하자면 매우 난해하지만, 단적으로 말하자면 **하나의 정보를 복수의 숫자로 나타낸 것**입니다(그림 5-15).

감각적으로는 게임 캐릭터의 상태와 크게 다르지 않습니다. 「힘과 체력이 높으면 전사」「지능과 마력이 높기 때문에 마술사」와 같이, 여러 파라미터의 균형에 따라 하나의 정보를 전달할 수 있다는 것이 텐서의 특징입니다. 텐서의 간단한 표현 방법인 **벡터**(Vector)나 **행렬**을 들어본 적이 있을 것입니다. 텐서는 파라미터의 양(차원)에 대한 특별한 지정이 없지만 벡터는 1차원, 행렬은 2차원으로 지정되어 있다는 점에서 조금 의미가 다릅니다.

텐서 처리의 어려움

텐서의 포맷은 세계 공통이기 때문에 이미지나 통계 데이터와 같은 방대한 수치를 포함하는 복잡한 정보라도, **텐서의 파라미터 양(차원수)을 정해 「이런 형식의 텐서를 취급한다」라고 결정하면 신경망을 사용하는 계산이나 관련된 프로그램을 만들기 쉬워집니다.** 그러나 텐서 자체가 계산이나 다루기가 매우 까다로운 개념이고 수학적 교양이 없으면 내부 처리의 이해도 어려울 것입니다. 컴퓨터에도 텐서 처리에는 다루기 어려운 병렬 처리가 필요할 수 있어 부담이 큽니다. 따라서 딥러닝 처리에는 CPU가 아닌, 병렬 처리에 특화된 이미지 처리용 GPU가 사용되는 경우가 많아집니다(그림 5-16).

딥러닝의 유행과 복잡화에 따라 텐서 처리에 특화된 컴퓨터와 프레임워크 등도 개발되면서 텐서 자체가 주목받는 일도 늘어났습니다. 텐서에 대해서 큰 틀만이라도 알아 두면 전체 이야기를 이해하기 쉬워질 것입니다.

그림 5-15   텐서란

텐서(Tensor)

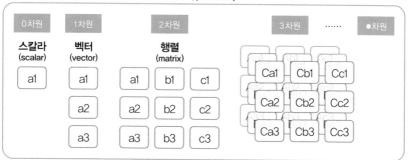

| 0차원 | 1차원 | | 2차원 | | | 3차원 | ...... | ●차원 |

텐서라는 개념 속에 '벡터'나 '행렬' 등의 개념이 포함되어 있다
「Aa1...Cc3」까지의 복수의 수치를 묶어 1개의 정보로서 표현된다

그림 5-16   텐서 처리에 특화된 시스템

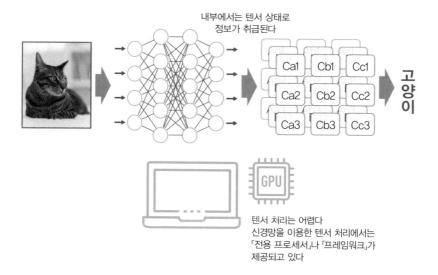

내부에서는 텐서 상태로
정보가 취급된다

고양이

텐서 처리는 어렵다
신경망을 이용한 텐서 처리에서는
「전용 프로세서」나 「프레임워크」가
제공되고 있다

Point
  ✔ 딥러닝에서는 텐서라는 정보가 사용된다
  ✔ 텐서는 여러 차원을 가진 정보의 개념
  ✔ 텐서 계산은 어렵기 때문에 전용 시스템이 만들어져 있다

» 단어의 의미를 수치로 나타내는 방법

Word to Vector의 개념

텐서와 같이 하나의 정보를 복수의 수치로 나타내는 것은 신경망 내부에만 국한된 것이 아닙니다. 더 많은 데이터 처리를 하는 표층 부분에서도 사용할 수 있는 사고방식입니다. 그중 하나가 Word to Vector라는 접근법으로 언어를 벡터로 표현하는 방법입니다. 벡터는 텐서의 일종인데, 그중에서도 1차원의 심플한 표현 방법이 됩니다. 이것을 단어나 문장의 파라미터로 사용하는 것입니다.

이 방법 또한 일종의 특징 강조라고 할 수 있습니다. 신경망 안에서는 더 복잡한 차원을 가진 텐서로 정보가 다뤄지고 있습니다. 그러나, 그렇게 되면 무엇이 중요한 수치인지 알기 어렵기 때문에, **언어에도 좀 더 간단한 벡터를 이용한 파라미터를 주어서 언어가 가지는 특징을 알기 쉽게 하고 있습니다**(그림 5-17).

수치와 의미를 일치시킨다

언어의 파라미터화로 인해 기계에 의한 문장 이해의 폭이 넓어집니다. 예를 들어 왕을 (권력1·남성1), 여왕을 (권력1·여성1)이라고 하면, 「왕인 조지의 후계자로 딸 엘리자베스가 선정되었다」라는 문장에 의해 (여성1)로 표현되던 엘리자베스의 파라미터가 (권력1·여성1)로 바뀝니다. 사전에 「후계자」나 「딸」에게 (속성 1·계승 1)이나 (자녀 1·여성 1)과 같은 파라미터를 부여하고, 문장에 의해서 파라미터가 잘 처리되도록 준비해 두면, 명시되어 있지 않아도 「엘리자베스는 여왕이 되었다」라고 기계도 이해할 수 있는 것입니다(그림 5-18).

이 기법에 의해 자연어 처리는 크게 발전했습니다. 특히 기계번역 작업은 실질적으로 「문장의 파라미터를 가까이 한다」라는 간단한 작업으로 바뀝니다. Word to Vector에 의해 미묘한 뉘앙스를 갖는 말이라도 「파라미터가 가까우면 의미도 가깝다」라는 것이 되기 때문에 사전을 그대로 변환한 것 같은 이상한 말을 하지 않게 된 것입니다.

그림 5-17 언어를 수치화하는 「Word to Vector」

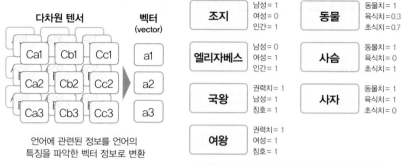

다차원 텐서

Ca1	Cb1	Cc1
Ca2	Cb2	Cc2
Ca3	Cb3	Cc3

벡터 (vector)

| a1 |
| a2 |
| a3 |

언어에 관련된 정보를 언어의
특징을 파악한 벡터 정보로 변환

조지	남성 = 1 여성 = 0 인간 = 1
엘리자베스	남성 = 0 여성 = 1 인간 = 1
국왕	권력치 = 1 남성 = 1 칭호 = 1
여왕	권력치 = 1 여성 = 1 칭호 = 1

동물	동물치 = 1 육식치 = 0.3 초식치 = 0.7
사슴	동물치 = 1 육식치 = 0 초식치 = 1
사자	동물치 = 1 육식치 = 1 초식치 = 0

다양한 언어에 벡터의 파라미터 값을 주어 표현한다
(수천 가지가 넘는 파라미터가 할당됨)

그림 5-18 Word to Vector의 의미 이해와 기계번역

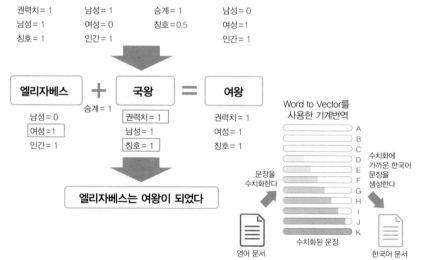

국왕인 조지는 후계자로 엘리자베스를 선택했다

| 권력치 = 1
남성 = 1
칭호 = 1 | 남성 = 1
여성 = 0
인간 = 1 | 승계 = 1
칭호 = 0.5 | 남성 = 0
여성 = 1
인간 = 1 |

| 엘리자베스 | + | 국왕 | = | 여왕 |

남성 = 0
여성 = 1
인간 = 1

승계 = 1

권력치 = 1
남성 = 1
칭호 = 1

권력치 = 1
여성 = 1
칭호 = 1

엘리자베스는 여왕이 되었다

Word to Vector를
사용한 기계번역

A
B
C
D
E
F
G
H
I
J
K

수치화에
가까운 한국어
문장을
생성한다

문장을
수치화한다

영어 문서   수치화된 문장   한국어 문서

Point

✔ 언어를 벡터 수치로 표현하는 「Word to Vector」

✔ 문장에 따른 수치 변화에 따라 문장의 의미를 알 수 있다

✔ 문장의 수치를 비슷하게 하면 다른 언어에도 이론적으로 같은 의미가 된다

≫ 신경망의 사고방식을 이해하다

신경망의 설명 가능성

신경망에서 다루는 정보는 매우 복잡하고 게다가 기계학습에 의해 자동으로 가중치를 부여하는 파라미터가 정해지기 때문에, 개발자도 각각의 수치나 연결의 의미를 잘 모릅니다. 경우에 따라서는 수치가 랜덤으로 변경되고 우연히 그 수치가 잘 작동했을 뿐일 수도 있을 것입니다. 경험과 감에 따라 일을 해내는 사람과 다르지 않기 때문에 「이유를 설명하라」고 해도 잘 설명할 수 없는 것입니다.

이러한 「AI의 사고방식이 알기 쉬운 것」을 **설명 가능성**이라고 부릅니다. **설명 가능성이 낮은 AI는 판단 근거를 모르기 때문에 신뢰성이나 오류의 원인 규명이 어렵고, 위험이 극히 높은 용도로는 사용하기 어려워집니다.** 그렇기 때문에, 신경망의 연구에 있어서 설명 가능성이 높은 AI를 만드는 것이 새로운 과제로서 주목받고 있습니다 (그림 5-19).

AI의 사고방식을 이해하다

룰(Rule) 베이스 AI인 경우, AI의 사고방식을 이해하는 것은 간단합니다. 인간이 다양한 조건 설정을 알고리즘 안에 넣고 있기 때문에 그 조건을 보면 「AI는 이런 조건에 반응했겠구나」라고 이유를 바로 알 수 있습니다. 신경망의 경우 네트워크가 반응한 조건이 하나하나 적혀 있는 것이 아니기 때문에 그게 어려운 것입니다. 그러나, 거기서 「네트워크의 반응에 대해 설명을 해 주는 해석용 AI」를 사용함으로써, 사고를 이해하기 쉽게 하는 접근방법 연구가 진행되고 있습니다.

이 해석용 AI는 신경망의 반응을 보면서 「이 판단을 했을 때에 어떻게 정보가 흐르고 있는지」를 체크해서 네트워크 내의 역할이나 구조를 찾아내고 그것을 바탕으로 네트워크의 판단 근거를 제시합니다(그림 5-10). 이것은 말하자면 「AI의 사고방식을 분석하는 AI」입니다. 인간으로 말하면 객관적으로 자기 분석을 하는 것과 같습니다. 더욱더 AI가 복잡해지면 해석용 AI에 대한 해석용 AI가 등장할 가능성도 있습니다.

그림 5-19　AI의 설명 가능성

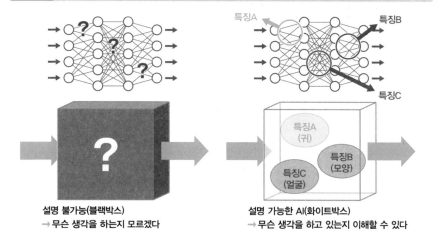

설명 불가능(블랙박스)
→ 무슨 생각을 하는지 모르겠다

설명 가능한 AI(화이트박스)
→ 무슨 생각을 하고 있는지 이해할 수 있다

그림 5-20　신경망의 사고방식을 해석하는 AI

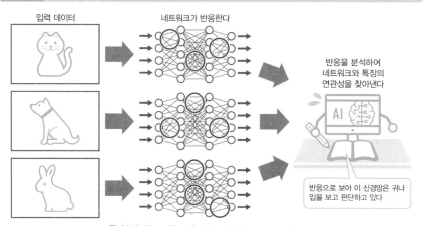

AI를 분석하는 AI를 사용하여 신경망의 근거를 찾아낸다

Point　✔ 신경망의 사고방식은 이해하기 어렵다

✔ AI 사고방식을 이해하기 쉬운 것을 「AI의 설명 가능성」이라고 부른다

✔ 신경망의 사고방식을 이해하기 위해 「AI를 분석하는 AI」가 연구되고 있다

》 확립되어 가는 딥러닝 환경

플랫폼의 보급

딥러닝은 엔지니어라고 해도 처음부터 배워서 사용하기가 무척 어렵습니다. 그러나 **신경망에서는 전이학습이나 사전학습도 활발히 이루어지고 있어 비슷한 기계학습 프로세스가 다른 작업에 사용될 수 있는 경우도 드물지 않습니다.** 결과적으로 다양한 기계학습 플랫폼이 탄생하고 클라우드 기반으로 제공됨으로써 매우 사용하기 쉬운 기술이 되고 있습니다.

대기업에서는 Google Cloud · Microsoft Azure · Amazon ML · IBM Watson 등이 기계학습 플랫폼으로 제공되고 있으며, 가져온 학습 데이터를 사용하여 간단하게 기계학습을 할 수 있습니다. 또한 학습시키는 것뿐만 아니라 딥러닝 AI를 만드는 경우 「텐서플로(TensorFlow)」「파이토치(PyTorch)」와 같은 프레임워크가 제공되고 있어, 처음부터 만드는 것도 그다지 어렵지 않게 되어 있습니다(그림 5-21). 학습에 사용하는 데이터도 국가 · 대학 · 기업 등에서 유/무료로 모두 제공되고 있어 개인이 AI를 개발하는 환경도 조성되어 있습니다.

학습 환경의 보급

플랫폼이나 프레임워크뿐만 아니라 아예 딥러닝이나 기계학습을 배우는 사람들을 위한 학습 환경도 조성되고 있습니다. 서적이나 개인 사이트 외에 「Udemy」나 「AI Academy」 등 **온라인 학습 서비스나 딥러닝 협회의 자격 검정이 등장**하고 있어, 학습 방법이나 목표도 알기 쉽게 되어 있습니다(그림 5-22). 그러나, 딥러닝이나 기계학습 기술 자체가 급속히 발전하고 있기 때문에, 학교나 자격증 취득으로 얻은 지식을 그대로 사용하기에는 제한적입니다. 최전선에서 계속 활동하기 위해서는 혼자서 꾸준히 공부하는 자세나 스킬이 필요할 것입니다.

그래도 이러한 학습 환경을 사용함으로써 기본적인 지식을 얻을 수 있는 것은 확실합니다. 엔지니어를 관리하는 사람이나 구체적인 서비스와 관련된 사람이 딥러닝을 배우기에는 좋은 환경이 조성되고 있습니다.

그림 5-21 플랫폼 및 프레임워크

클라우드를 통해서 간편하게
AI를 사용할 수 있는 플랫폼

· Google Cloud
  Platform
· Azure Machine
  Learning
· Amazon Machine
  Learning
· IBM Watson

플랫폼을 사용하면 이미 있는 AI를
사용할 수 있고, AI를 직접
만들거나 개량할 수 있다

딥러닝으로 손쉽게 AI를 개발할
수 있는 프레임워크

· TensorFlow
· PyTorch

프레임워크를 사용하면
AI를 직접 만들 수 있다

그림 5-22 딥러닝 학습

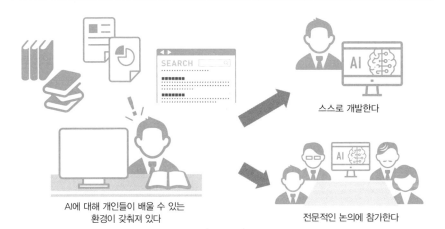

SEARCH

스스로 개발한다

AI에 대해 개인들이 배울 수 있는
환경이 갖춰져 있다

전문적인 논의에 참가한다

Point

✔ 뛰어난 AI를 바로 사용할 수 있고 개발도 가능한 「AI 클라우드 플랫폼」

✔ 딥러닝을 사용한 AI를 개발할 수 있는 「AI 프레임워크」

✔ 기본적인 AI 기술은 학습 서비스나 자격시험을 통해 습득할 수 있게 되어 있다

>> 딥러닝이 바꾼 기계학습 방법

딥러닝의 범용성과 발전성

지금까지 소개했던 신경망이나 딥러닝의 특성은 어디까지나 기본적인 구조에 지나지 않습니다. 중요한 것은 그로 인해 생기는 높은 범용성입니다. 인간이 얻는 정보의 대부분이 시각이나 청각에 의존하고 있으며, 정보 교환에는 언어를 사용하고 있습니다. 딥러닝으로 인해 **기계가 영상·음성·언어를 다룰 수 있게 되었다는 것은 인간이 다루는 정보의 대부분을 다룰 수 있게 되었다는** 의미라고 해도 좋을 것입니다.

딥러닝이 주목받는 이유는 거기에 있습니다. 이미지 인식·음성 인식·언어 처리와 인간의 정보 활동의 대부분이 이 3가지로 집약되어 있기 때문에, 때로는「인간을 대신한다」고 떠들썩하게 전해집니다. 그리고 현재 딥러닝은「**이미지**」,「**음성**」,「**언어**」를 단독으로 다루고 있는 상태일 뿐이며, 이제야 겨우 복합적으로 다룰 수 있게 된 단계입니다. 이것을 멀티 모달(Multi Modal) AI라고 부릅니다. **최소 세 가지를 합쳐서 다룰 수 있어야 인간과 동등한 위치**에 설 수 있습니다(그림 5-23).

남아 있는 과제

다만, 그것만으로 인간을 대신할 수 있는 것은 아닙니다. 눈과 귀와 말을 다룰 수 있어도「인간의 사고」는 전혀 다른 세계입니다. 이미지가 보이고, 목소리가 들리고, 말에 반응할 수 있다고 해도, 인간과 마찬가지로 사물의 의미를 이해하고 있는 것도 아니고, 인간과 같은 구조로 반응하고 있는 것도 아닙니다.

AI에도 일종의 사고는 존재하지만 그것은 인간과는 전혀 다른 방법으로 행해지고 있으며, 인간과 같은 일을 할 수 있다고 해도 인간과 같은 방법으로 생각하고 있거나 행하고 있다는 것은 아닙니다. 단순히 작업을 수행하는 것이라면 인간과 같은 방식으로 할 필요는 없지만, **본질적인 의미에서「인간을 대체하는」AI를 만들기에는 딥러닝만으로는 부족합니다.** 딥러닝은 AI에게 있어서는 확실한 돌파구(break through)이긴 하지만, 마지막 돌파구는 아닙니다(그림 5-24).

그림 5-23 멀티 모달 AI

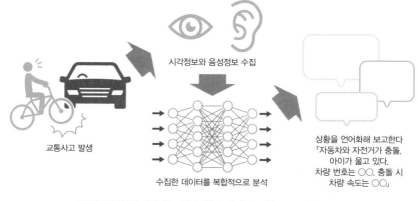

딥러닝을 통해 미래에는 시각·청각·언어를 종합적으로 활용하여
인간에 가까운 상황 판단을 할 수 있게 된다

그림 5-24 인간을 대신하는 AI가 되려면?

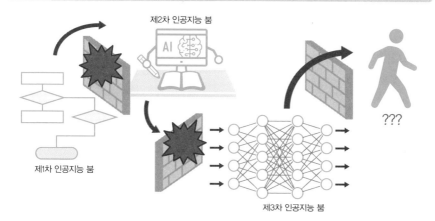

종합적으로 볼 때 「인간과 동등한 지능」에
도달하려면 딥러닝 이외의 돌파구가 필요하다

Point
- ✔ 딥러닝의 강점은 「시각」, 「청각」, 「언어」
- ✔ 복수의 정보를 조합해 취급할 수 있는 「멀티 모달 AI」
- ✔ 「인간을 대신하는 AI」는 딥러닝만으로는 부족하다

문장생성 AI를 실제로 사용해 보자

딥러닝을 이용한 문장생성 AI는 매년 새로운 것들이 속속 등장하고 있습니다. 특히 Attention을 사용한 「Transformer」나 대규모 데이터베이스를 활용한 「GPT-3」의 등장으로 언어를 다루는 AI의 수준이 크게 뛰어올랐습니다.

최근에는 「AI 베리스토*(https://ai-novel.com/index.php)」와 같은 언어 대응 모델이 등장하고 있어 누구나 쉽게 문장 생성 툴을 사용할 수 있게 되었습니다. 문장생성 AI의 기술 수준을 한눈에 알 수 있기 때문에 실제로 사용해 보면 좋습니다.

입력한 문장	생성된 문장
「본서 첫 번째 줄」	「AI 베리스토가 생성한 계속 이어지는 문장」
딥러닝의 등장으로 인해 인공지능(AI)은 세 번째 붐을 맞게 되었습니다. 그리고,	AI의 학습 능력은 비약적으로 향상되어 이제 인간과 다를 바 없을 정도로 진화하고 있습니다. 즉, 「싱귤래러티」를 맞이한 것입니다. 이 「싱귤래러티」에 대해 이해하려면 먼저 「양자컴퓨터」에 대해 알아야 합니다.

이 책의 '시작하면서'의 첫 번째 줄을 입력해 봤더니, AI는 「싱귤래러티(Singularity)를 맞이한 후의 세계」의 문장을 생성해 주었습니다. 양자 컴퓨터가 어떤 영향을 주어서 싱귤래러티가 찾아온 것 같습니다. 소설용 설정이기 때문에 이런 흐름이 된 것이라고 생각합니다. 바로 비즈니스에 활용할 수 있는 것은 아니지만, AI 사용법에 대한 개념은 파악할 수 있다고 생각합니다.

---

* Bit192 Labs가 다루는 소설 생성 AI

Chapter 6

다양한 AI와 실용화

응용 기술로 인해 확산되는 AI와 인간의 가능성

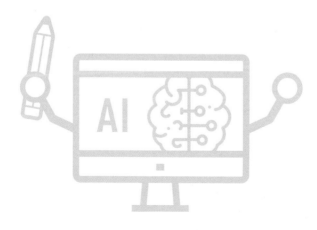

» 이미지에서 「동영상」으로 발전하는 영상 인식

이미지 인식과 동영상 인식의 차이

현실 세계는 시간이 멈춘 정지화면이 아니라 시간에 따라 화면이 달라지는 동영상으로 이루어져 있습니다. 그렇기 때문에, **영상 인식 기술은 「이미지」에서 「동영상」으로 발전하는 것이 이상적입니다.** 거기서 이미지 인식에 강한 「심층 네트워크(CNN)」와 시계열 정보의 인식에 강한 「순환 네트워크(RNN)」를 조합해 영상 정보를 인식하는 접근법이 등장합니다. 한 컷마다 영상을 만드는 과정을 거꾸로 진행한다는 개념입니다. 영상을 프레임(Frame) 별로 분할해 시계열 순서에 관한 정보를 조합해 시간 경과에 따라 무엇이 어떻게 변화했는지를 인식할 수 있도록 합니다(그림 6-1). 그다음에 영상에서의 「변화」가 무엇을 의미하고 있는지 판별하는 것이 **동영상 인식** 기술입니다.

동영상 인식으로 무엇을 할 수 있는가

예를 들어 스포츠에서는 손발의 기울기나 위치가 특정 패턴으로 변화하고 교통사고에서는 자동차 프레임이나 외관이 접촉·변형됩니다. 이것이 동영상 인식에 의해서 포착되는 「변화」라고 하는 것입니다.

인간에게는 쉽지만 **시간의 개념에 맞춰 「상태가 변화한다」는 현상을 인식할 수 있다는 것의 의의는 큽니다.** 행동이나 동작의 예측뿐만 아니라 「요약(digest) 자동 생성」, 「감시 카메라에서 자동 통보」, 「고장의 발견과 원인 특정」, 「불량품이나 사고의 사전 검출」, 「자율주행의 상황 인식」 등으로 연결할 수 있습니다(그림 6-2). 영상을 보기만 해도 판단할 수 있는 것이나 알려진 현상, 충분한 영상이 있는 것에 한정되지만 인간이 스스로 눈으로 보고 판단하는 많은 작업이 자동화될 수 있다는 것입니다. 다만, 동영상은 이미지와는 다르게 일련의 동작이 「하나의 데이터」이기 때문에, 이미지를 찍을 때 사용된 하나의 동영상으로부터 복수의 이미지를 오려내는 것 같은 데이터의 부피 증가는 발생하지 않습니다. 따라서 정점에서 장시간 촬영되는 CCTV나 스포츠 영상 등이 동영상 인식의 주를 이루는 학습 대상이 될 것입니다. 미래에는 자율주행차나 드론 등의 정보를 사용하여 보다 폭넓은 영상 인식이 이루어질 것입니다.

그림6-1 딥러닝에 의한 동영상 인식의 개념

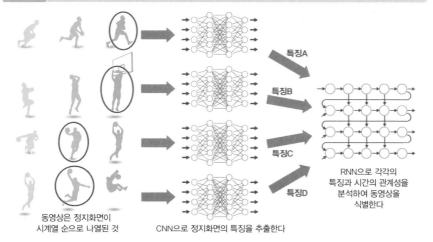

동영상은 정지화면이
시계열 순으로 나열된 것

CNN으로 정지화면의 특징을 추출한다

특징A

특징B

특징C

특징D

RNN으로 각각의
특징과 시간의 관계성을
분석하여 동영상을
식별한다

그림6-2 동영상 인식에 의한 응용 범위의 확산

도둑 특유의 몸짓에서
고위험 고객을 감지

진동이나 연기 등으로부터
불량품을 탐지

불량품이 발생한 프로세스를
분석함으로써 원인의 특정으로 연결

위험하게 운전하는 차량을
탐지하여 위험을 산출

사고 발생을 탐지하고 자동으로 통보.
사고 상황에 대해서도 연락

**영상 인식에 따라 동작이나 사건뿐만 아니라
사건의 인과관계나 상관관계도 찾을 수 있다**

Point

✔ 영상 인식은 「심층 네트워크(CNN)」와 「순환 네트워크(RNN)」를 조합함으로써
정밀도가 향상된다

✔ 시간의 변화를 인식할 수 있다면 물체뿐만 아니라 현상을 이해할 수 있게 된다

✔ 학습용 「동영상 수집」은 「이미지 수집」에 비해 어렵다

≫ AI의 커뮤니케이션 방법

룰 베이스 커뮤니케이션

AI는 **자연어**(Natural Language)를 다양한 형태로 취급하며 인간과 소통할 수 있게 되었습니다. 그중에서도 예전부터 사용되어 지금도 최전선에서 활약하는 커뮤니케이션 방법은「A라고 하면 B를 돌려준다」는 단순한 **룰 베이스** 방식입니다(그림 6-3).

룰(Rule)에 따라 폭넓게 응용할 수 있고 개발도 용이하기 때문에 최첨단 어시스턴트 AI도 룰 베이스를 기본으로 하고 있습니다. 단지, **딥러닝을 사용한 음성 인식의 정확도나 거대한 데이터베이스를 이용한 룰의 규모나 복잡함이 기존 룰 베이스 형태의 AI와 비할 바가 아니기 때문**에, 방식은 간단하지만 고도의 커뮤니케이션 기능을 실현할 수 있게 되었습니다.

통계 베이스 커뮤니케이션

룰 베이스에 더해 새롭게 시작된 접근 방식이 기계학습을 축으로 발전해 온 **통계 베이스** 커뮤니케이션입니다. 이 방식에서 인간의 질문에 대해 AI는「인간은 어떤 대답을 하는 경향이 있는가」를 생각합니다. 「컨디션이 나쁩니다」라고 말하면, 「괜찮습니까?」라고 대답하는 흐름을 학습해 인간과 똑같이 대답하게 됩니다(그림 6-4). 원숭이처럼 인간을 흉내 내고 있을 뿐 말의 의미는 알지 못하지만, 인간과의 대화를 통해 대화 패턴을 늘릴 수 있는 것이 강점입니다. 다만 무엇이든 학습하기 때문에 **차별적인 발언을 배우면 AI도 차별적인 발언을 하게 되므로 일종의 NG 룰***이 필요합니다.

반대로 뛰어난 대화 패턴을 룰로 만들어 통계 기반에서 룰 베이스의 대화 AI를 만드는 것이 가능합니다. 통계적으로 자주 사용되는 대화 패턴을 추출하고 문제가 없을 것 같으면 대화 패턴에 통합하여 룰로 만듦으로써 쉽게 대화 패턴을 늘릴 수 있습니다. 현대적인 어시스턴트 AI는 룰과 통계를 모두 활용하여 보다 인간적이고 자연스러운 커뮤니케이션을 취할 수 있게 되었습니다.

---

* NG 룰: ng/nk 규칙은 특정 모음 뒤에 ng 또는 nk가 올 때 소리를 바꾸는 것을 다룬다
 (출처: https://www.icelandicmadeeasier.com/posts/the-ng-nk-rule)

그림 6-3 룰 베이스의 개념

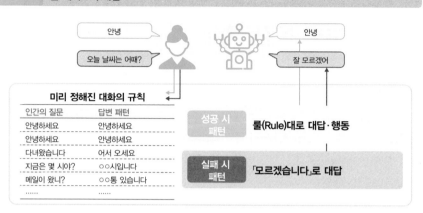

대화 패턴이 정해져 있다. 규칙 설정에 따라서는 인간다운 대답이나
전문적인 답변도 가능하지만 패턴을 늘리는 것이 어려워 용도가 한정되어 버린다

그림 6-4 통계 베이스의 개념

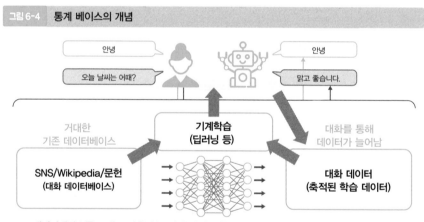

데이터베이스를 그대로 사용하는 것이 아니라 학습을 통해 스스로 「대화 패턴」을 배운다.
또한 대화 기록을 새로운 경험으로 받아들여 패턴을 늘려간다

Point

✔ 대화 AI의 종류에는 룰 베이스와 통계 베이스가 있다

✔ 룰 베이스는 대화 패턴이 정해져 있다

✔ 통계 베이스는 인간의 대화 데이터에서 패턴을 학습한다

✔ 대화 데이터에 좋은 것과 나쁜 것을 주어 룰을 만듦으로써 양쪽의 장점을 살
린 AI를 만들 수 있다

» Transformer와 거대한 데이터베이스 에서 바뀐 문장 작성

Attention을 적극 활용한 Transformer의 등장

자연어 처리 분야에서, 특히 문장 생성 영역에서 큰 성과를 거둔 것이 Attention (5-6 절)을 활용한 Transformer라는 자연어 기술이었습니다. Attention은 지금까지 보조적으로 사용되는 방식이었지만, Transformer에서는 대부분의 처리를 Attention이 담당하고 있습니다.

지금까지 자연어 처리에 사용되었던 컨볼루션(Convolution) 및 순환 처리를 거의 사용하지 않고 구성되어 있어 매우 가볍고 효율적입니다. 기존에 비해 **필요한 머신 파워가 적어 대규모 시스템을 구축한 후 방대한 데이터를 동시에 학습시킬 수 있게 되었습니다.** 현명하게 배운다기보다는 짧은 시간에 대량으로 학습하여 성적을 올리는 타입입니다. 또한 목적에 따라 응용하는 것이 효과적이기 때문에 자연어 처리 이외에도 널리 사용되고 있습니다.

거대한 데이터베이스를 통해 성과를 올리는 GPT-3

Transformer는 등장 초기부터 Google이 개발한 BERT 등에 이용되어 주목받고 있었지만, 거대한 데이터베이스를 이용하는 GPT-3에 의해 그 진가를 발휘하고 있습니다. GPT-3는「기사 작성」,「질문 답변」,「문장 요약」,「코딩」,「소설 집필」,「기계번역」,「음악 생성」같은 태스크를 넓게 다루며, 기사 작성에 있어서는 대부분의 독자가 AI라는 것을 깨닫지 못하고 블로그 랭킹 상위에 들 정도였습니다(그림 6-5). 실제로는 **지정된 콘텐츠에 대해 관련성이 높은 자연스러운 문장이나 텍스트를 생성하는 데 특화된 AI**로 생성하고 있는 문장의 의미를 이해하고 있는 것은 아닙니다. 엄청나게 분위기를 잘 읽을 수 있는 AI와 같은 이미지입니다.

보고서를 읽게 하고 문서 제목에「보고서 요약문」이라고 쓰면, AI는 그 흐름을 헤아려 관련성이 높은 것으로 요약문을 출력합니다. 철저하게 데이터를 분석하게 하고 연관성이 높은 문장이나 말을 이어가면 자연스러운 문장이 완성되는 것입니다. 데이터 분석이라고 하는 심플한 기술(Skill)을 극한까지 구사한 AI라고 할 수 있을 것입니다(그림 6-6).

그림 6-5 압도적인 파라미터 수로 성과를 낸 GPT-3

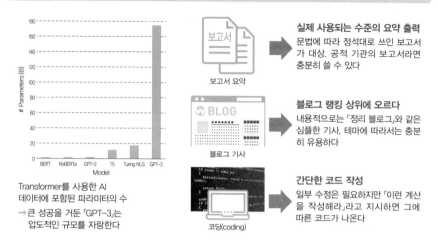

Transformer를 사용한 AI
데이터에 포함된 파라미터의 수

→ 큰 성공을 거둔 「GPT-3」는
압도적인 규모를 자랑한다

보고서 요약

실제 사용되는 수준의 요약 출력
문법에 따라 정석대로 쓰인 보고서
가 대상. 공적 기관의 보고서라면
충분히 쓸 수 있다

블로그 기사

블로그 랭킹 상위에 오르다
내용적으로는 「정리 블로그」와 같은
심플한 기사. 테마에 따라서는 충분
히 유용하다

코딩(coding)

간단한 코드 작성
일부 수정은 필요하지만 「이런 계산
을 작성해라」라고 지시하면 그에
따른 코드가 나온다

그림 6-6 자연어 처리 AI의 구조

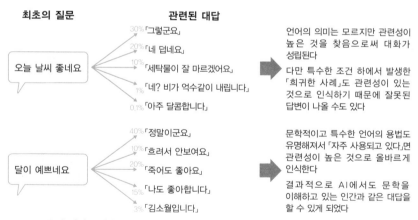

최초의 질문

관련된 대답

오늘 날씨 좋네요
30% 「그렇군요」
20% 「네 덥네요」
10% 「세탁물이 잘 마르겠어요」
1% 「네? 비가 억수같이 내립니다」
0.1% 「아주 달콤합니다」

언어의 의미는 모르지만 관련성이
높은 것을 찾음으로써 대화가
성립된다

다만 특수한 조건 하에서 발생한
「희귀한 사례」도 관련성이 있는
것으로 인식하기 때문에 잘못된
답변이 나올 수도 있다

달이 예쁘네요
40% 「정말이군요」
10% 「흐려서 안보여요」
20% 「죽어도 좋아요」
15% 「나도 좋아합니다」
3% 「김소월입니다」

문학적이고 특수한 언어의 용법도
유명해져서 「자주 사용되고 있다」면
관련성이 높은 것으로 올바르게
인식한다

결과적으로 AI에서도 문학을
이해하고 있는 인간과 같은 대답을
할 수 있게 되었다

문장 생성 AI의 본질은 「질문」에 대해 「관련성이 높은 콘텐츠」를 만드는 것에 있다

Point

✔ Attention을 능숙하게 이용한 「Transformer」의 등장

✔ 방대한 데이터를 학습시킨 「GPT-3」가 성과를 올리다

✔ 문장 생성 AI의 특징은 「관련성 있는 콘텐츠」의 출력

✔ 뛰어난 인공지능도 문장과 단어의 의미를 알지는 못한다

≫ 음성의 텍스트화에 필요한 기술

음성 인식의 효과를 높이는 자연어 처리

대화를 하는 AI에게 음성 인식 기술은 중요도가 높은 기술입니다. 하지만 **인간의 말을 인식하기 위해서는 단순히 말소리를 주워 담는 것만으로는 부족**입니다. 왜냐하면 인간이 입으로 하는 말은 글자로 기록하는 것처럼 깨끗한 것이 아니라 소리가 사라지거나 찌그러지거나 다른 단어로 들릴 수도 있기 때문입니다. 그런데도 인간이 말을 알아들을 수 있는 것은 알아들을 수 없는 소리를 뇌 속에서 보완하고 있기 때문이지, 실제로 모든 소리가 깨끗하게 들리기 때문은 아닙니다.

그래서 사용되는 것이 **자연어 처리**입니다. 자연어 처리에서는 통계적으로 인간이 사용하는 단어나 문장을 학습하고 있으며, 대화 속에서「자연스러운 인간의 언어」를 배우고 있습니다. 이 기술을 음성 인식과 조합함으로써「듣지 못한 소리」를 추측해 보충하여 음성 인식을 수행하고 있습니다(그림 6-7).

음성을 문자로 기록한다

이 음성 인식과 자연어 처리의 정수를 모은 것이 회의나 통화를 문자로 생성하는 것과 동시 번역입니다. 짧은 지시를 음성 인식하는 것은 그리 어렵지 않지만 **실제 대화를 모두 문자로 기록한다면 그 난이도는 비약적으로 높아집니다.** 들리지 않는 소리를 보충할 뿐만 아니라 무의미한「에~」,「아~」와 같은 장음이나 의역, 영어 단어나 숫자의 문맥을 올바르게 파악하지 않으면 문장으로 만들 수 없는 소리도 포함되어 있습니다. 동시 번역의 경우는 음성에서 문자로 기록된 것을 다시 자동으로 번역하기 때문에, 높은 정밀도의 동시 번역은 상당한 고도의 기술입니다(그림 6-8).

즉석에서 문자로 기술하는 속기나 동시 번역 같은 기술은 인간조차도 배우기 어려운 기술이지만 AI에게도 상당히 난이도가 높은 기술이라는 것입니다. 다만, 인간과 달리 AI에 의한 문자 기록이나 동시 번역은「음성 인식」,「자연어 처리」,「기계번역」이라고 하는 각각의 요소 기술에 대한 정확도가 올라가면, 어느 정도는 자연스럽게 성능이 올라가기 때문에 이미 영어나 중국어 등에서는 실용 수준의 AI가 등장하고 있습니다.

그림 6-7 인간의 대화를 문자로 기록하는 방법

> 긍게, 저번 서류 어찌 됐는가?

> 에? 난 못들었구먼?

회화 중에서 들리는 음성을 그대로
문자로 해 버리면…… 말로써는
의미를 알 수 없게 된다

들리는 음성	분해	추측
긍게	gungge	그러고 보니
저번 서류	jeobunseoryu	지난번 서류
어찌 됐는가	uchidoetnunga	어떻게 되었나
난	nan	나는
못들었구먼	motdulutguman	못들었는데

음성 인식 ➡ 말하는 특성을
기계학습 ➡ 자연어
처리

단어의 연결이나 소리의 특성에 따라 인간의 발성은 변화한다
이를 바탕으로 자연어 처리를 추가함으로써 올바른 「쓰기 언어」로 변환할 수 있다

그림 6-8 회의를 자동 번역하는 프로세스

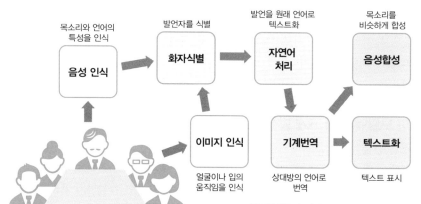

목소리와 언어의
특성을 인식

음성 인식

발언자를 식별

화자식별

발언을 원래 언어로
텍스트화

자연어
처리

목소리를
비슷하게 합성

음성합성

이미지 인식

얼굴이나 입의
움직임을 인식

기계번역

상대방의 언어로
번역

텍스트화

텍스트 표시

회의를 「동시 번역하는 AI」에는
복수의 AI 기술이 이용되고 있다

Point

✔ 인간은 대화 가운데 알아 듣기 힘든 소리를 뇌로 보완하고 있다
✔ 소리를 주워 담기만 하는 음성 인식으로는 인간의 대화를 이해할 수 없다
✔ 음성 인식과 자연어 처리를 결합하여 대화를 문장으로 바꾼다
✔ 회의를 동시 번역하는 것에는 여러 가지 기술들이 조합되어 있다

» 영상이나 음성, 복수의 정보를 조합한 데이터 분석

복수의 정보를 종합적으로 처리하는 멀티 모달 AI

영상·음성·언어·통계 등의 정보는 지금까지는 개별적으로 처리되고 있었지만, 그것만으로 판단할 수 있는 현상은 한정됩니다. 보다 복잡한 사건이나 개념을 이해하기 위해 여러 종류의 정보를 종합적으로 처리할 수 있는 AI가 **멀티 모달(Multi Modal) AI**입니다. 알기 쉬운 예는 영상과 음성을 사용한 상황 인식일 것입니다. 사람이 입을 움직이고 있는 영상을 보고 알 수 있는 것은 「뭔가를 말하고 있다」는 것뿐이지만 대화의 「음성 정보」를 더하면 「말의 내용」이나 「말하는 이유」까지 보입니다. 게다가 주위의 상황까지 감안하면, 그것이 「일반적인 것」인지 「특별한 것」인지도 보일 것입니다(그림 6-9).

또한 멀티 모달 AI를 통해 말을 영상이나 음성으로 바꾸는 것도 가능합니다. 이것은 단어에 맞는 이미지를 찾는다는 의미가 아니라, 문장에 맞는 영상이나 음성을 「찾는다」, 「만들어 낸다」는 의미로, 「노란 부리의 흰 새가 나뭇가지에 머물고 있다」라는 문장으로부터 그대로의 이미지를 합성해서 준비하는 것이 가능하다는 것입니다(그림 6-10).

멀티 모달에 의해 크게 발전하다

이처럼 종합적인 정보처리가 가능한 AI가 등장함으로써 실제 사회에 직접 영향을 주는 자율주행 및 로보틱스(Robotics) 기술이 크게 발전합니다. 인터넷과 같은 디지털 세계에서는 정보를 알기 쉬운 형태로 분리하여 다루는 것이 가능하기 때문에 반드시 멀티 모달 AI가 필요한 것은 아닙니다. 그러나 **실제 사회에서는 정보 분리가 어렵고 인간처럼 「오감」이 없으면 효과적으로 작업을 수행할 수 없는 경우도 적지 않습니다.**

자율주행으로 말한다면, 인간은 시각이나 청각으로 위험한 상황을 인식하고 있으며, 휘발유 누출과 같은 오류를 후각으로 발견하기도 합니다. 이렇게 인간에 가까운 상황 판단을 할 수 있게 된다면 드론이나 보행 로봇의 보급도 가속화됩니다. 짐 운반과 집안일, 아이 돌보기 등 멀티 모달 AI에 의해 테크놀로지를 이용할 수 있는 영역이 대폭 확대되는 것입니다.

그림 6-9 영상과 음성을 결합한 상황판단

영상만으로 알 수 있는 것
(감시 카메라/이미지 인식)

대화의 내용으로 알 수
있는 것(마이크/음성 인식)

모든 정보를 바탕으로 알 수
있는 것(카메라 마이크/멀티
모달 AI)

어이! 누구 없나?
누가 있으면 와줘~!

빨리 와줘!
혼자서는 옮길 수 없어!

사람이 쓰러져 있고, 가까이서
사람이 외치고 있다

➡도움이 필요해 보이는데,,,
어떤 도움이 필요한지
모르겠다

사람을 부르고 있음을 알 수 있다

➡사람을 부르고 있지만
긴급함의 정도를 모른다

근처에 쓰러져 있는 사람이 있어서
큰소리로 사람을 부르고 있다

➡도움이 필요. 사람 생명이
관련되었다

➡경보(Alert) 발령

「감시 카메라와 마이크+멀티 모달 AI」로
직원·경찰·소방 등을 적절하게 호출할 수 있다

그림 6-10 종합적인 정보 처리가 가능한 멀티 모달 AI

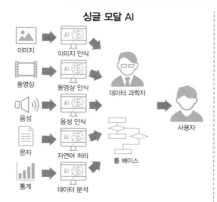

싱글 모달 AI

이미지 → 이미지 인식
동영상 → 동영상 인식
음성 → 음성 인식
문자 → 자연어 처리
통계 → 데이터 분석

데이터 과학자
룰 베이스
사용자

데이터 분석 전문가나 룰 베이스 처리에 의해
종합적인 분석 결과가 제공된다
➡ 잘못된 결과가 나온 경우 원인 찾기가 곤란함

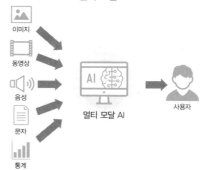

멀티 모달 AI

이미지
동영상
음성
문자
통계

멀티 모달 AI
사용자

멀티 모달 AI를 통해 종합적인 분석 결과가 제공된다
➡복잡한 작업에 대응할 수 있을 뿐만 아니라
오류 수정도 용이

Point

✔ 다양한 종류의 정보를 이용하여 종합적으로 정보를 처리할 수 있는 멀티 모달 AI

✔ 멀티 모달 AI는 사회·환경 이해도가 높고 영상과 언어가 독립된 정보가 아닌 상호 관계성 있는 정보로 이해된다

✔ 멀티 모달 AI를 통해 보다 인간에 가까운 정보 인식이 가능해진다

≫ 인간의 창조적 기법을 학습한다

예술을 이해하는 AI

멀티 모달 AI를 통해 AI는 인간에 가까운 정보 처리를 할 수 있게 됩니다. 그러나 멀티 모달 AI가 아니더라도 AI는 학습 능력을 높임으로써 기존에는 어렵다고 여겨졌던 창조적인 작업까지 수행할 수 있게 되었습니다. 그림·음악·소설 등의 **창조 영역**은 인간에게도 쉽지 않습니다. 그런데 AI는 우수한 크리에이터의 작품을 학습하고 뛰어난 작품의 특징을 발견하여 **여러 작품의 요소를 조합하면서 GAN(5-7 절) 등을 구사하여 모방함으로써, 지금까지 없었던 작품을 만들어 냅니다**(그림 6-11).

이렇게 만들어진 작품은 기존 작품의 특징을 조합했을 뿐 처음부터 새로 만든 작품이라고는 할 수 없습니다. 하지만 인간의 작품도 다양한 작품에 영감을 받으면서 만들어지고 있고, 그런 의미에서 보면 인간에 근접한 과정에서 작품을 만들고 있다고 할 수 있을지도 모릅니다.

창조적인 AI가 변화시키는 비즈니스

창조적인 AI는 예술 영역뿐만 아니라 비즈니스에도 큰 영향을 미칩니다. 상품의 기획이나 패키지 디자인, 마케팅에 있어서도 AI는 인간의 기법을 배워 기획의 평가나 제안을 해 주는 수준이 되었습니다(그림 6-12). 이쯤 되면 인간의 일자리가 없어질 것 같지만 실제로는 창조적 태스크의 모든 것을 AI에게 맡기기는 어렵습니다. 검색이나 번역 AI를 이미지화하면 알기 쉬운데, 90% 우수한 결과를 낸다고 해도 10% 정도는 터무니없는 것이 섞입니다.

일종의 치명적인 판단 실수라는 것은 모든 AI에게 일어날 수 있는 데다 명확한 정답을 설정할 수 없는 창조적 태스크에서는 그것이 뚜렷하게 나타납니다. 사실 그림을 그리는 AI는 때때로 섬뜩한 그림을 만들어 냅니다. 그것 또한 예술의 하나라고 생각할 수도 있지만, 그림에 담긴 메시지를 인간이 느끼지는 못할 것입니다. 창조적 태스크에서도 인간과 AI가 협동함으로써 AI의 가치가 처음으로 발휘될 수 있다는 것입니다.

그림 6-11 작품의 요소를 합성하고 완전히 새로운 작품을 생산

사진

오리지널 회화

╋

그림

•Deepart (https://deepart.io/)

처음부터 작품을 만드는 것이 아니라 기존 작품을
조합하여 완전히 새로운 작품을 만들어 낸다

그림 6-12 상품의 기획이나 디자인을 AI가 평가한다

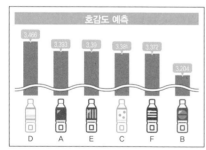

패키지 디자인 채점(scoring)
→ 뛰어난 디자인을 AI가 판단하다

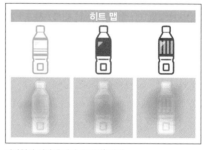

디자인의 시각 효과나 소구력* 판정
→ 디자인이 사용자에게 미치는 영향을 수치화한다

인간의 감성에 미치는 영향을 수치화함으로써 디자인이나 예술성의 우열을 AI가 판단한다

* 소구력: 광고가 시청자나 상품 수요자의 사고나 태도에 영향을 미치는 힘

Point
✔ 예술과 디자인의 영역으로도 확대되는 AI
✔ 기존 작품을 기반으로 완전히 새로운 작품을 만드는 AI
✔ 디자인이 인간 감성에 미치는 영향을 평가하는 AI
✔ 인간의 감성과 AI의 학습 능력을 결합함으로써 진가를 발휘한다

》 인간의 신체 사용 방법을 학습한다

인간의 움직임을 모방하는 로봇

신체가 없는 AI는 시각이나 청각과 같은 디지털 변환이 가능한 인지 영역에서만 능력을 발휘할 수 있습니다. 그러나 AI는 로봇 등에 탑재됨으로써 인간의 **신체적 영역**도 학습할 수 있게 됩니다. 정교하고 복잡한 손동작조차도 **AI는 인간의 손을 재현한 로봇을 통해 인간의 움직임을 학습하고 동일한 동작을 할 수 있습니다**(그림 6-13).

이미 로봇 팔을 사용해 요리나 집안일, 공장 작업을 대체할 수 있어서「인간은 팔을 어떻게 움직이고 있는가」를 알고 있으면 그 작업을 기계에 맡겨 버리는 것이 가능합니다. 특히 공장 내 작업과 같이 환경과 작업 내용이 정해져 있는 경우에는 로봇도 인간과 같은 작업을 할 수 있습니다. 다만, 공장 작업의 경우 전용 로봇 팔을 사용해 「로봇만이 할 수 있는 움직임」으로 작업을 시키는 것이 효율이 좋은 경우가 많아 인간을 모방하는 것이 최적의 해답이라고 할 수는 없습니다.

가상공간을 이용하여 최적의 움직임을 배우는 로봇

단지 인간을 흉내 낼 뿐이라면 인간이 더 효율적인 경우도 많아 작업을 기계로 대체하는 것은 쉽지 않습니다. 그러나 **동물의 움직임이나 로봇만의 구조를 이용함으로써 기계가 인간 이상의 성능을 발휘할 수 있게 됩니다**(그림 6-14). 기계의 독자적인 신체 구조를 이용할 경우 생물이 모방해야 할 정답을 가지고 있다고는 할 수 없습니다. 그래서 이용되는 것이 강화학습과 가상공간입니다. 강화학습은 시행착오를 반복하는 학습이지만 신체를 동반한 로봇은 AI처럼 수만 번의 시도를 쉽게 할 수 없습니다.

그래서 현실 세계와 비슷한 가상공간을 만들고 가상공간 안에서 로봇 신체의 적절한 사용법을 배웁니다. 처음에는 인간이나 동물의 기법을 베이스로 기본을 배우고, 그 위에서 로봇의 신체에 맞는 적절한 신체의 사용법을 배워 갑니다. 이러한 학습을 쌓아 올린 기계는 인간이나 동물과는 조금 다른 신체의 사용법으로, 인간이나 동물 이상의 성능을 발휘할 수 있게 되는 것입니다.

그림 6-13 | 인간과 동일한 태스크를 학습하는 로봇

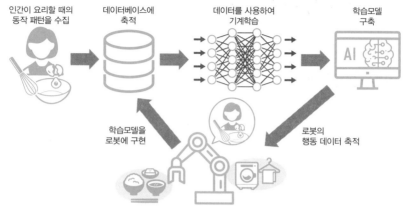

**인간의 움직임을 배움으로써 요리를 담아내거나
세탁물을 가져올 수 있게 된 로봇**

그림 6-14 | 생물을 기반으로 독자적인 움직이는 방법을 기억하는 로봇

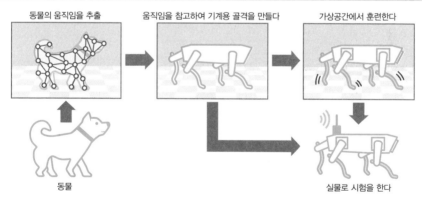

**동물의 움직임을 기반으로 기계 형태의 이동방식을 가상공간에서 배우고,
실제 만들어진 기계 신체로 수행한다**

Point

✔ AI는 단독으로는 영상·음성·텍스트 정도밖에 다룰 수 없다

✔ 로봇을 결합함으로써 실제 사회에서의 행동이 가능해진다

✔ 인간과 동물의 신체 사용법을 AI가 배우고 로봇으로 실천한다

✔ 기계라는 독특한 신체에 적응함으로써 응용 범위가 넓어진다

>> 플랫폼화하는 AI

서버에서 집중관리

AI 기술은 그 자체만으로 매우 복잡하고 고도로 발달된 기술입니다. 따라서, 뛰어난 기술자를 보유한 IT 기업이라도 AI를 처음부터 개발하는 것은 쉽지 않습니다. 특히 기계학습에 필수적인 대규모 데이터를 다룰 수 있는 기업은 한정되어 있습니다. 게 다가 AI를 개발했다고 하더라도 성능 향상에는 지속적인 학습과 조정이 필요하기 때 문에 AI를 고객에게 제공한 후에도 운영하면서 발생된 데이터의 수집은 필요합니다. 그래서 태어난 것이 클라우드 상에서 운용되는 **클라우드 AI**입니다(그림 6-15).

클라우드 AI는 필요한 데이터를 충분히 갖춘 클라우드 상에서 동작하므로 이용자에 게 대규모의 데이터 제공을 요구하지 않습니다. 고객이 AI를 클라우드 상에서 이용 하기 때문에 서비스 제공자도 그 자리에서 운영 데이터를 얻을 수 있습니다. 일반적 인 프로그램과 비교해 데이터의 중요도가 높은 AI에서, 클라우드 AI는 다양한 과제 를 동시에 해결할 수 있는 획기적인 접근법입니다.

거대한 플랫폼으로 성장하는 AI

클라우드 AI가 널리 쓰이게 되면 AI를 이용하는 서비스와 관련된 데이터베이스가 클 라우드 AI로 연결되어 하나의 거대한 플랫폼으로 변해갑니다. 클라우드 AI가 거대 한 플랫폼이 되면 이용자 수나 데이터의 규모도 방대해져 **학습을 거듭한 AI는 타의 추종을 불허할 정도로 고성능이 되어 갑니다**(그림 6-16).

AI가 고성능이 되면 더욱 이용자가 늘어나고 데이터가 모이고 AI의 성능이 올라가 는 선순환이 생깁니다. AI 시장은 이러한 거대한 플랫폼을 구축한 기업들이 큰 영향 력을 가지며 중심 역할을 하게 됩니다. 그러나, AI의 다양성이 반드시 상실되는 것은 아닙니다. 중소기업부터 개인에 이르기까지 다양한 이용자들이 대기업에서 제공하 는 AI 서비스를 활용해 자신의 목적에 부합하는 AI를 맞춤형으로 이용할 수 있게 된 다는 것입니다. 저렴하고 쉽게 AI를 이용할 수 있게 되어 결과적으로 AI의 상품화가 진행되게 되었습니다.

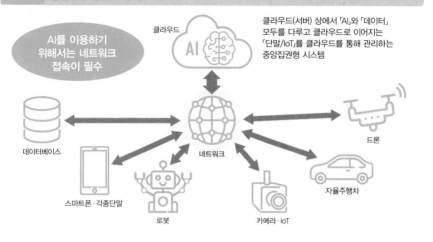

그림 6-15 중앙집권 형태인 클라우드 AI

AI를 이용하기
위해서는 네트워크
접속이 필수

클라우드

AI

클라우드(서버) 상에서 「AI」와 「데이터」
모두를 다루고 클라우드로 이어지는
「단말/IoT」를 클라우드를 통해 관리하는
중앙집권형 시스템

데이터베이스

네트워크

드론

스마트폰·각종단말

로봇

카메라·IoT

자율주행차

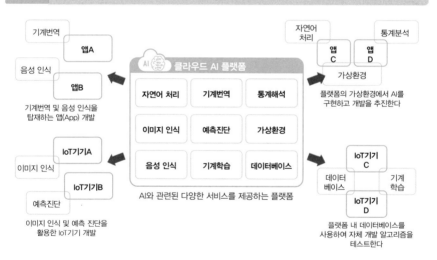

그림 6-16 클라우드 AI를 기점으로 확산하는 AI 애플리케이션

기계번역

앱A

음성 인식

앱B

기계번역 및 음성 인식을
탑재하는 앱(App) 개발

IoT기기A

이미지 인식

IoT기기B

예측진단

이미지 인식 및 예측 진단을
활용한 IoT기기 개발

클라우드 AI 플랫폼

자연어 처리	기계번역	통계해석
이미지 인식	예측진단	가상환경
음성 인식	기계학습	데이터베이스

AI와 관련된 다양한 서비스를 제공하는 플랫폼

자연어
처리

통계분석

앱
C

앱
D

가상환경

플랫폼의 가상환경에서 AI를
구현하고 개발을 추진한다

IoT기기
C

데이터
베이스

기계
학습

IoT기기
D

플랫폼 내 데이터베이스를
사용하여 자체 개발 알고리즘을
테스트한다

Point

✔ 서버 상에서 모든 데이터를 처리하는 클라우드 AI

✔ 클라우드 기반에서 사용함으로써 AI 제공자는 데이터를 수집할 수 있게 되고
이용자는 저렴한 가격에 AI를 이용할 수 있게 된다

✔ 거대한 클라우드 AI는 하나의 플랫폼으로 기능하여, AI 이용의 진입장벽을 낮
추고 AI 자신의 상품화를 촉진한다

>> 분산되고 확대되는 AI

서버에서 단말(Edge)로

클라우드 AI가 보급되고 AI가 다양하게 사용되게 되면 서버나 네트워크에 부하가 걸려 AI 동작이 불안정해지는 문제가 발생합니다. 그것을 극복하면서 AI의 새로운 사용법을 모색한 것이 **엣지(Edge) AI**입니다. 엣지 AI는 **클라우드가 아닌 단말기 쪽에 AI가 탑재되어 정보를 처리하는 접근 방식으로 데이터 처리의 부담을 분산하는 분산 컴퓨팅의 일종입니다**(그림 6-17). CCTV나 공업용 로봇, 스마트폰 등에 AI가 탑재되어 인터넷을 거치지 않고 즉석에서 정보 분석을 실시합니다.

또한 소규모 처리 장치만 가진 엣지 AI의 처리 능력에는 한계가 있기 때문에 대부분 클라우드 AI와 연계하여 분석 결과나 수집한 데이터의 일부를 클라우드 AI로 전송합니다. 그리고 클라우드 AI는 종합적인 분석과 학습을 바탕으로 한 피드백을 엣지 AI에게 돌려주어 엣지 AI의 성능 향상에 활용하고 있습니다.

네트워크 혁신과 함께 가능성이 확대되다

엣지 AI의 강점은 「고속성」, 「안전성」, 「신뢰성」입니다. 인터넷을 경유하지 않기 때문에 회선 환경에 의존하지 않고, 높은 신뢰성을 유지한 채 지연 없는 고속 처리가 가능합니다. 또한 부하가 분산되므로 안정적이고 정보를 엣지 쪽에서만 처리함으로써 보안 측면에서도 안전합니다. 이 장점은 엣지 쪽에서 데이터 처리가 가능한 **차세대 네트워크와 친화성이 높으며, 5G와 엣지 AI를 조합해 거의 실시간으로 정보 처리가 가능**해서 드론과 자율주행차, 공업용 로봇의 대폭적인 성능 향상을 기대할 수 있습니다.

게다가 엣지 AI는 단말기의 기술이기 때문에 거대 플랫폼의 영향을 받기 어렵고 하드웨어에 강점을 가진 기업이 힘을 발휘할 수 있다는 점에서 다양성과 시장 확장성이 있다는 것도 주목할 점입니다. 이미 과점 상태에 있는 클라우드 AI 플랫폼에 비해 업계마다 다른 AI가 필요한 엣지 AI 시장은 아직 경쟁의 여지가 있습니다(그림 6-18).

그림 6-17 부하를 분산하는 엣지 AI

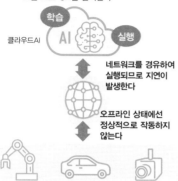

클라우드 상에서 학습부터 실행까지
모든 프로세스를 관리한다

클라우드AI

네트워크를 경유하여
실행되므로 지연이
발생한다

오프라인 상태에선
정상적으로 작동하지
않는다

엣지(단말) 쪽은 클라우드의
지시를 받기만 할 뿐
→ **성능은 낮지만 저비용**

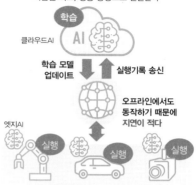

클라우드 상에서는 동작 기록을 사용해서
학습을 하고, 성능 향상으로 연결한다

클라우드AI

학습 모델
업데이트   실행기록 송신

엣지AI

오프라인에서도
동작하기 때문에
지연이 적다

엣지(단말) 측에서 추론하여 동작을 결정
클라우드에는 기록을 올리는 것 뿐
→ **고성능이지만 고비용**

그림 6-18 엣지 AI 시장의 다양성

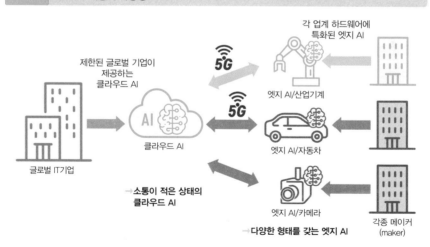

각 업계 하드웨어에
특화된 엣지 AI

제한된 글로벌 기업이
제공하는
클라우드 AI

엣지 AI/산업기계

글로벌 IT기업

클라우드 AI

엣지 AI/자동차

→ **소통이 적은 상태의**
클라우드 AI

엣지 AI/카메라

각종 메이커
(maker)

→ **다양한 형태를 갖는 엣지 AI**

Point

✔ 클라우드 AI에서 서버의 부하를 분산할 수 있는 엣지 AI

✔ 5G와 같은 고속 통신기술 등을 이용하여 엣지에서 처리함으로써 고속·저지
연성(Low Latency)에서 AI 처리 실현 가능

✔ 각각의 하드웨어에 최적화함으로써 다양성이 생긴다

≫ 주어진 태스크를 실행한다 ① – 자율주행차의 인식

AI의 상황인식에서 행동까지

AI가 태스크를 수행하는 방법은 매우 다양하고 쉽게 이해할 수 없지만, 실제 사회에서 활약하는 운전·조종 태스크를 참고하면 전체 이미지를 파악하기 쉬워집니다. 이 경우, 크게 나누면 **인식·판단·실행**이라는 3개의 프로세스로 나뉘어 있습니다. 프로그램적으로 말하면 「입력·처리·출력」이고, 인간의 경우에는 「인지·판단·조작」이라고 불립니다(그림 6-19).

이 3개의 프로세스는 깔끔하게 나누어져 있는 것이 아니라 서로 섞여 있으며, 더 큰 작업을 수행하기 위한 「인식」 프로세스 안에는 여러 가지 작은 작업이 들어 있습니다. 작은 작업은 많든 적든 「인식·판단·실행」 과정을 거쳤기 때문에 이 3개 과정의 이미지가 포착되면 AI 작업 처리 이미지를 파악하기 쉬워집니다.

모든 것의 시작인 「인식」 프로세스

이미지 인식이나 음성 인식을 시작으로 하는 「정보가 무엇인가」를 인식하는 프로세스는 매우 중요합니다. 예를 들면, **자율주행차의 경우는 시각 영상·레이더·SONAR·GPS를 사용해 주위 환경을 인식하고 있고, 데이터 분석의 예측 관련 태스크라면 통계 데이터의 분류나 수집 등이 거기에 해당할 것입니다**(그림 6-20). 「인식」은 지금 AI가 제일 잘하는 분야입니다. 딥러닝(5장)이나 통계 데이터의 분석(3장)에 의해서 주어진 정보를 적절히 인식하는 것이 쉬워져, 인간이 안고 있는 태스크인 「인식」의 대부분이 AI에 의해서 대체 가능해지고 있습니다.

다만 AI는 인간보다 훨씬 대량의 다채로운 정보를 인식할 수 있습니다. 자율주행차의 경우 차량에 탑재된 여러 종류의 센서뿐만 아니라 다른 차량 정보와 도로 위 센서 종류의 정보를 이용해서 상황 인식을 할 수 있습니다. 차량이 엣지 AI로 클라우드 AI에 정보를 전송하고 클라우드 AI가 모은 정보를 공유받음으로써 자율주행차는 주변 모든 차량의 속도와 위치 정보, 보행자와 도로 상황을 순식간에 인식할 수 있는 것입니다.

그림 6-19 자율주행에 필요한「인식·판단·실행」

인식·인지 (입력)	판단 (처리)	조작·실행 (출력)
이미지 인식	예측진단	기계제어
각종 센서에서 보행자를 인식	보행자와 충돌할 것인가 회피해야 하는가, 브레이크를 밟아야 하나	최적의 힘으로 브레이크를 밟는다

그림 6-20 자율주행차의 상황인식

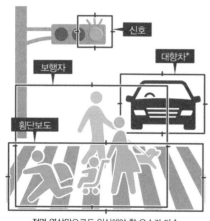

정면 영상만으로도 인식해야 할 요소가 다수
존재한다. 모든 것을 올바르게 인식하지
못하면 자율주행을 할 수 없다

카메라·레이더·레이저 스캐너 등
여러 센서를 구사하여
주변 상황을 인식한다

* 대항차: 외길에서 반대 방향에서 달려오는 차, an oncoming car

Point

✔ 자율주행차의 태스크는「인식·판단·실행」3가지

✔ 유사한 프로세스가 반복되는 형태로 작업이 진행된다

✔ 이미지 인식뿐만 아니라 무수한 센서가 상황 인식을 지탱한다

✔ 자율주행차가 엣지 AI로 기능함으로써 자율주행차의 안전성이 더욱 향상된다

» 주어진 태스크를 실행한다 ②
– 자율주행차의 판단과 조작

인식한 정보로부터 상황과 행동을 「판단」한다

AI 작업은 「인식」 그 자체인 경우도 많고, 「이것은 ○○입니다」라고 인식한 시점에서 작업이 끝나기도 합니다. 하지만 자율주행차와 같이 복잡한 태스크를 안고 있는 AI의 경우에는 그것만으로는 끝나지 않고, 인식한 정보를 사용해서 「어떤 상황인가」 「무엇을 해야 하는가」라는 판단의 프로세스가 필요하게 됩니다. 이 판단에는 룰에 근거한 각종 의사결정 알고리즘(2-7 절)이나 경험에 근거한 기계학습(4장) 등의 접근방식이 이용되어 올바른 판단을 내리기 위한 **판단 기준의 구축**이 이루어집니다.

이 **「판단」이 AI에게 있어서 가장 어려운 프로세스입니다.** 보행자나 신호의 정보를 인식할 수는 있어도, 자기 차량이 어떻게 움직여야 하는지, 주변 상황은 어떻게 변화하는지에 대한 판단은 인간에게도 어렵습니다(그림 6-21). 판단의 옳고 그름은 사용하지 않으면 알 수 없으며, 테스트와 시뮬레이션을 통해 규칙과 학습 알고리즘, 데이터를 조정하여 적절한 판단을 할 수 있도록 완성해갑니다.

내린 판단에 근거해 태스크를 「조작·실행」한다

자신이 해야 할 일과 상황을 알면 나중에는 해야 할 일을 할 뿐입니다. 자율주행차라면 차량 조작으로 핸들·액셀(accelerator)·시그널 조작을 실시합니다. 단, 적절한 핸들 조작이나 엑셀 정도는 자동차나 노면의 상태에 따라 변화합니다. 그렇기 때문에, 차를 조작하면서 그 조작이 예정된 대로 되어 있는지 판별하기 위해 「인식·판단」의 프로세스가 필요하게 되고, 계속해서 일련의 프로세스가 반복됩니다(그림 6-22).

드론이나 공업용 로봇의 경우는 상황에 맞추어 매우 섬세한 조작이 필요하며, 추력이나 압력을 조정하기 위해서 룰 베이스나 스테이트 베이스(2-7 절)로 빠르고 정확한 수치를 출력할 수 있는 프로그램을 작성하게 됩니다. 자동차 이외의 AI에서도 작업의 「실행」에 관해서는 정보의 송신, 표시, 요구 등 인식이나 판단에 비하면 다소 단순한 처리가 행해지고 있습니다.

그림 6-21 어려운 「판단」을 수행하는 자율주행차량

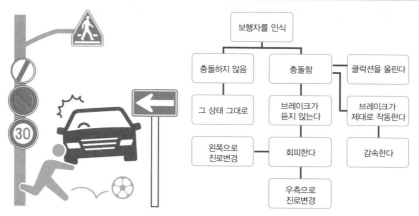

표지판이나 보행자를 인식하는 것 자체는 그리 어려운 과제가 아닌 반면,
표지판을 올바르게 인식한 후에 표지판이나 보행자에 맞춘 적절한 판단을 내리는 것은 어렵다
→ **상황에 맞는 판단기준을 룰 베이스로 구축하거나 기계학습으로 적절한 판단방법을 학습시킨다**

그림 6-22 인식 · 판단 · 실행의 개념

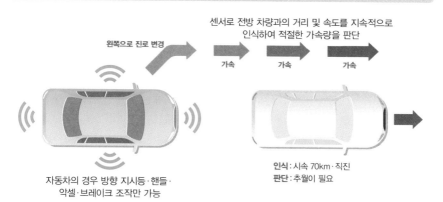

Point

✔ 자율주행차에 있어서 가장 어려운 것은 「판단」
✔ 의사결정 알고리즘이나 기계학습으로 판단 기준을 배운다
✔ 판단에 근거한 「실행」은 심플한 경우가 많다
✔ 간단한 작업은 Rule 베이스나 State 베이스로 수행된다

» AI의 발전과 성장을 촉진하는 게임 AI

AI 연구에서 게임용 AI의 역할

딥러닝 성능이 일반인에게 알려진 것은 「알파고」라고 불리는 바둑 AI가 세계 챔피언을 꺾었을 때였습니다. 그때까지도 이미지 인식에서 AI의 활약은 알려져 있었지만, 그 중요성은 대중적으로 잘 알려지지 않았습니다. 체스나 퀴즈와 같이 인간과 대전하는 게임에서는 인간과 AI를 비교하기 쉬워서 일반인이 볼 때도 「능력 있는 인간이 AI에게 지는 순간」은 센세이셔널한 사건으로 널리 보도됩니다(그림 6-23).

다만 이런 홍보 활동만이 게임 AI의 목적은 아닙니다. 기계학습 이론은 「학습을 시켜 보지 않으면 좋은 것인지 나쁜 것인지 알 수 없다」라는 결점이 있고, 많은 경우는 「무엇을 어떻게 학습시킬 것인가」라는 부분에서 실패합니다. 하지만 **게임의 세계에서는 이상적인 환경과 데이터로 학습을 진행할 수 있기 때문에 새로운 기계학습이나 AI 이론 시험에 적합합니다.** 최첨단 AI 이론은 게임이나 시뮬레이션의 세계에서 연구되고 있다고 해도 과언이 아닐 것입니다.

게임 AI를 실제 사회에서 사용하려면

게임이나 **시뮬레이션** 상에서 유용했던 AI가 사회에서도 사용할 수 있을 것인지에 대해서는 그렇게 간단한 이야기가 아닙니다. 실제 사회에는 불확실한 요소가 매우 많고, 버그나 실수로 인한 피해나 악의적인 공격에 대해서도 고려하지 않을 수 없으며, 설령 실제 사회에서 인간보다 뛰어난 결과를 냈다고 해도 책임이 불명확하거나 취약성 등 사람에게는 없는 결점이 있으므로 실용적이지 않습니다.

그럼에도 자율주행차와 드론, CCTV 영상인식도 게임과 시뮬레이션을 거쳐 실제 사회로 넘어가고 있습니다. 게임 알고리즘을 그대로 사용할 수 있는 것은 아니지만, 게임을 통해 새로운 기법이 유용하다고 증명되거나 게임상에서의 학습을 「사전 학습(4-10 절)」으로 활용하거나 실제 사회로의 투입을 용이하게 하기 위해 필요한 과정입니다. 게임이나 시뮬레이션에서 AI가 내놓은 결과는 가상공간의 이야기이지만, 게임 AI는 향후 AI로의 성장 예측에 필수적인 존재라고 할 수 있습니다(그림 6-24).

| 그림 6-23 | AI의 발전을 보여주는 바로미터인 게임 AI | | |

AI	개발사	대전상대 및 상황
DeepBlue	IBM	• 체스 세계 챔피언 • IBM이 개발한 「DeepBlue」는 체스 세계 챔피언을 이겼다
Watson	IBM	• 퀴즈 프로그램 「Jeopardy!」 • IBM의 「Watson」이 인간을 퀴즈 프로그램 「Jeopardy!」에서 이겼다
AlphaGo	Google	• 최고 수준의 바둑 기사 • 최고 수준의 바둑기사를 Google 「AlphaGo」가 이겼다

→AI의 발전이 세상에 알려지는 순간에는 항상 게임 AI가 관련되어 있다

| 그림 6-24 | 시뮬레이터에서 테스트된 AI |

여러 차량이 달리는 도로 위에서 자율주행차 프로그램이 어떻게 작동하는지 시뮬레이션한다

운전 지원 AI가 인간의 운전에 어떻게 개입하고 안전하게 운전할 수 있는지 게임과 같은 시뮬레이터로 테스트한다

자동차의 각종 센서에 인간이나 장애물을 본뜬 「유사한 신호」를 줌으로써 센서나 AI의 반응을 확인한다

→모든 AI는 먼저 게임과 같은 「가상공간 위」에서 충분히 테스트된 후 실제 사회 테스트에 투입된다

Point

✔ 게임 AI에 의해 AI의 발전이 사회에 널리 알려졌다

✔ 게임 등 가상공간은 AI 시범운영에 최적화된 장소이다

✔ 최첨단 이론과 연구는 게임과 시뮬레이터 내에서 이루어지고 있다

✔ AI의 발전을 확인하는 바로미터가 되는 게임 AI

≫ 보이는 정보에 따라 달라지는 전략

모든 정보가 공개되는 완전 정보 게임

게임 AI에서 중요한 것은 완전 정보 게임과 불완전 정보 게임이라고 하는 구분입니다. 완전 정보 게임은 나와 상대방의 패나 선택지가 모두 밝혀진 게임으로 바둑·체스 등 선택지나 패를 숨기지 않는 보드게임이 해당됩니다(그림 6-25). 모든 가능성이 분명하므로 이론상 모든 경우의 수를 탐색(2-2 절)하여 「최선의 선택」을 찾아내는 것도 가능합니다. 다만 바둑이나 장기 등은 선택지가 방대해 기계로도 탐색을 다 할 수 없습니다. 선택지가 적은 최종 국면이라면 몰라도, 초·중반에서는 불가능합니다.

그래서 사용되는 것이 「전술 예측」,「반면 분석」과 같은 데이터 분석 방법입니다. 통계적으로 이번 선택·국면은 유리한지 불리한지, 상대는 어떤 수를 사용했고, 그것은 유리한지 불리한지를 검토하는 AI입니다. 딥러닝은 이러한 통계적인 분석에 강점이 있어 일찌감치 힘을 발휘했습니다.

불확실한 요소가 존재하는 불완전 정보 게임

한편 불완전 정보 게임은 패가 숨겨져 있는 등 불확정 요소가 존재하는 게임으로 어느 정도 운이 작용하는 게임입니다. 마작·포커·디지털 게임의 대부분이 여기에 해당합니다(그림 6-26). 또한, 자동차 운전과 같은 실제 사회에서의 활동도 목적을 달성하기 위한 일종의 불완전 정보 게임이라고 할 수 있을 것입니다. 불완전 정보 게임은 게임 AI에게는 상당히 서투른 분야인데, 여기서도 기계학습을 통한 통계 베이스 접근법이 효과를 발휘하고 있습니다. 이미 마작이나 포커에서 프로를 뛰어넘는 실력을 가진 게임 AI가 등장하고 있어 어려움을 극복하고 있습니다.

이러한 게임 AI는 목적을 달성하는 데 있어서 인간의 사고방식이나 심리 등을 배워, 강화학습이나 역 강화학습(4-6 절)을 사용해 학습합니다. 마작이라면 버린 패, 포커라면 판돈의 경향이나 대전 상대의 심리, 경제학이라면 돈의 움직임 등 무수히 존재하는 요소 중 학습 시 주시하는 점을 공부함으로써 불완전 정보 게임에서도 강점을 발휘할 수 있게 되었습니다.

그림 6-25 완전 정보 게임의 특징

체스

장기

바둑

탐색을 통해 다음 수를 도출하고 통계적 분석 및 평가를 병용함으로써 우수한 수를 찾을 수 있다

→ AI가 강점이 있는 분야이며, 이미 최고 수준의 플레이어조차 AI를 이길 수 없게 되었다

그림 6-26 불완전 정보 게임의 특징

포커

마작

주식거래

상대의 수를 알 수 없고, 다음에 올 카드나 패도 모르기 때문에 탐색·평가에 의한 기법으로는 이기는 수를 찾을 수 없다

이거 좋은 카드네. 여기는 판돈을 걸고 승부수를 띄우자
행동의 의도

이 녀석은 허세 가득한 스타일이 아니야. 좋은 카드를 가지고 있을 거야. 포기하는 것이 좋다
심리를 읽고 합리적 판단

→ 불완전 정보 게임에서는 단순한 승부의 승패 이외에도 고려해야 할 점이 많고 확률이나 점수 차이 등을 감안한 인간 심리의 평가도 필요하다

Point

✔ 모든 선택지가 제시된 완전 정보 게임은 단순한 탐색 및 평가를 사용할 수 있는 AI가 자신있는 분야

✔ 모든 선택지가 제시되지 않는 불완전 정보 게임은 확률과 인간 심리의 평가를 토대로 한 복잡한 사고가 필요하고 AI는 다소 서투르다

>> 인간의 판단 기준을 설명하는 게임이론

실제 사회를 게임화하여 생각하는 「게임이론」

실제 사회에서 발생하는 불완전 정보 게임에 대응하기 위한 것이 **게임이론**입니다. 게임이론은 여러 사람이 무언가의 이익을 얻고 승리를 목표로 하는 활동에 유용한 전략에 관한 이론입니다. 특히 **게임이론에서는 인간의 「이익을 추구하는 합리적인 심리」를 이론화하여 전략에 응용**하고 있기 때문에 게임뿐만 아니라 경제학이나 사회학, 심리학, 생물학 등에도 활용되고 있습니다.

그렇기 때문에 당연히 게임 AI에도 사용할 수 있습니다. 특히 불완전 정보 게임에서는 모든 선택지가 보이지 않기 때문에 탐색을 통해서 최선의 선택지를 찾을 수 없습니다. 그러나 승리를 추구하는 인간의 심리를 이해하고 이익이나 승률을 극대화하는 선택지는 찾을 수 있습니다. 게임이론의 사고방식을 도입한 포커용 AI 등은 프로 플레이어와 대등한 수준으로 게임을 할 수 있게 되었습니다.

죄수의 딜레마에서 질문하는 Nash 균형과 파레토 최적

게임이론 중에서는 다양한 전략이 검토되고 있으며, 그중에서도 중요한 개념이 Nash 균형과 파레토 최적(Pareto optimum)입니다. Nash 균형은 **관계자 전원이 자신의 이익을 극대화하는 선택을 하고, 그 외에는 선택할 수 없는 상태**를 말하며, 파레토 최적은 **아무도 희생하지 않고, 관계자 전체의 이익을 극대화할 수 있는 상태**를 말합니다(그림 6-27). 두 개념은 동시에 달성할 수 있는 것이 이상적이지만 할 수 없는 것도 많습니다. 경우에 따라서는 **죄수의 딜레마**(그림 6-28)와 같이 개인의 이익을 우선시하면 전체 이익이 크게 떨어지는 경우도 있습니다. 개인과 전체 이익을 동시에 극대화할 수 없는 경우, 개인과 전체 중에서 어느 쪽의 이익을 우선하느냐에 따라 전략의 사고방식이 달라집니다.

인간은 자신의 이익을 우선시하기 때문에 자연스럽게 Nash 균형에 가까워지지만, 관계자의 이해관계에 따라서는 파레토 최적을 목표로 하기도 합니다. 게임 AI는 이러한 게임이론을 이용해 인간의 사고방식을 이론화함으로써, 자신이 처한 상황이나 목적을 감안하면서, 다양한 게임에서 인간과 대등한 수준 이상으로 플레이할 수 있게 되었습니다.

그림 6-27 Nash 균형과 파레토 최적

용의자A

용의자B

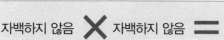

자백하지 않음 ✕ 자백하지 않음 ═ 자신이 불이익을 받을 위험은 있지만 집단의 이익화를 극대화할 수 있는 선택
파레토 최적화

자백한다 ✕ 자백한다 ═ 전체적으로는 불이익이 커지지만 자신은 큰 위험을 피할 수 있다
Nash 균형

집단의 이익을 생각한 선택(자백하지 않음)을 하면 집단과 개인의 이익을
극대화할 수 있지만, 자신이 불이익을 받을 위험을 최대한 줄이려고 생각하면
집단의 이익이 훼손되는 선택(자백한다)이 최적의 선택이 된다

그림 6-28 죄수의 딜레마

용의자B

용의자A

	자백한다	자백하지 않음
자백한다	징역 5년 Nash 균형	B만 징역 10년
자백하지 않음	A만 징역 10년	징역 2년 파레토 최적화

「파레토 최적」과 「Nash 균형」의 선택에 큰 차이가 있는 상황
개인의 이익 극대화가 집단에 이익이 되는 이상적인 사회에서는
「파레토 최적」과 「Nash 균형」의 선택에 따른 차이가 줄어든다

Point

✔ 이익을 추구하는 합리적인 심리를 이론화한 「게임이론」

✔ 각자 자신의 이익을 극대화하면 발생하는 「Nash 균형」

✔ 전체 이익을 극대화하려고 하면 발생하는 「파레토 최적」

✔ 인간의 심리를 이론화함으로써 AI에서도 최적의 선택을 할 수 있게 된다

» 사생활도 비즈니스도, AI와 인간의 협동

AI의 작업을 인간이 지원한다

60년이 넘는 연구를 거쳐 AI는 연구실이나 게임 속을 뛰쳐나와 사회에 진출하기 시작했습니다. 하지만 그것은 「AI가 무엇이든 해준다」는 꿈꿔왔던 형태가 아니라 인간과 AI의 협동이라는 형태였습니다. 이는 크게 두 가지로 나뉘는데, 하나는 「AI 작업을 인간이 지원하는」 방식입니다.

실용 수준의 AI는 이상적인 환경 하에서는 인간 이상의 능력을 발휘하지만, 실제 사회는 이상과는 거리가 멀고, 미리 정해지지 않은 예외적인 사건이 다수 발생합니다. 그때, 인간이 개입해 문제를 해결하고, 필요하면 AI의 재훈련이나 조정을 실시함으로써 AI의 신뢰성 향상에 노력합니다(그림 6-29). 또한, AI의 도입이나 운용에 있어서 인간과 중개를 실시하는 업무도 중요합니다. AI의 특성은 모든 인간이 이해할 수 있는 것이 아니라 AI의 도입·운용·개선·해명과 같은 다양한 프로세스에서 AI를 이해하고 설명할 수 있는 인간이 필요합니다.

인간의 작업을 AI가 지원한다

또 하나는 「인간의 작업을 AI가 지원하는」 방식입니다. 이것은 지금까지의 프로그램 연장선에서 「복잡한 정보를 시각화한다」 「미래의 가능성을 제시한다」 등의 인간의 판단이나 활동을 보다 정확하고 빠르게 수행할 수 있도록 하는 태스크가 포함됩니다. 기존 프로그램과의 큰 차이점은 인간의 지적 활동에 이용되는 「영상」 「음성」 「언어」를 AI도 이해할 수 있게 됐다는 점입니다. 지금까지는 기계가 알 수 있도록 지시를 해야 했던 작업이 인간이 평소 사용하는 언어로 설명할 수 있게 되면서, 인간이 보고 있는 영상이나 음성을 단순화하지 않고 그대로 기계에 전달하는 것만으로 적절한 정보 분석을 해주는 상태가 되었습니다(그림 6-30).

어시스턴트 AI가 좋은 예입니다. 음성 지시를 통해 작업을 수행하고 사진에서는 피사체의 이름을, 음악에서는 곡명과 아티스트명을 제시해 줍니다. 이와 같은 일을 「의료」 「제조」 「물류」 「경제」 등 각종 영역에서 실시할 수 있게 되면서 AI로 인해 인간의 생산성이 큰 폭으로 높아졌습니다.

그림6-29 인간과 AI의 협동영역

인간만이 할 수 있는 일	인간의 작업을 기계가 지원한다	AI의 작업을 인간이 지원한다	AI만이 할 수 있는 /맡길 수 있는 일
경영·판단	정보수집·분석	훈련·조정	예측·반복작업
관리·운영	시각화·구체화	중개·설명	대규모 정보처리

→AI와 인간의 협동은 서로 의지하는 형태로 진행된다
기계만 할 수 있는 작업은 아직까지는 적다

그림6-30 기술의 진화와 함께 변화하는 영역

창조적인 태스크 ━━━━━━━▶
인간만의 작업이었던 창조적 작업도 기계/AI와의 협동 작업이 되어가고 있다

NEW

데이터 분석 ━━━━━━━━━━━━▶
데이터 분석의 주체는 지금까지는 인간이었지만,
AI에게 맡겨지게 되었다

**AI 시스템 전체의
관리·운영**
AI나 기계의 시스템 프로세스
전체의 목적 설정이나 관리가
인간의 태스크로서 새롭게
등장하게 되었다

예측·식별 ━━━━━━━▶
예측이나 식별 작업은 인간의 도움이 필요했지만,
일부 분야에서는 완전히 맡겨지고 있다

Point

✔ AI와 인간의 협동 작업에는 「AI를 인간이 지원하는 경우」와 「인간을 AI가 지
원하는 경우」로 나뉜다

✔ 인간은 불완전한 AI의 조정이나, AI를 이해하지 못하는 인간과의 중개를 수행
한다

✔ AI는 인간의 능력을 확장하는 형태로 정보처리를 돕는다

딥러닝의 이미지 합성을 사용해 보자

이미지 처리 기술의 향상에 의해, 사진이나 그림을 사용한 이미지 생성을 할 수 있는 서비스가 등장하고 있습니다. 이미지 생성에는 다양한 스타일이 있지만 누구나 쉽게 이용할 수 있고 딥러닝 이미지를 쉽게 찾을 수 있는 것이 「Deepart (https://deepart.io/)」입니다.

딥러닝의 초창기에 등장한 서비스로, 두 장의 이미지를 준비하면 그에 맞춰 이미지를 가공해 줍니다. 기본적으로는 사진과 일러스트를 조합해, 사진을 「일러스트(회화풍)」로 만드는 것입니다.

소재를 자유롭게 조합하다

사용하는 이미지는 사진이나 일러스트가 아니어도 상관없으며 일러스트끼리 조합할 수도 있습니다. 물론 예상된 대로 풍경이나 동물 이미지에 그림을 조합하면 그것만으로 아티스트의 작품으로 착각할 만한 작품이 완성될 것입니다.

이미지 생성·합성 관련 서비스는 이 외에도 많이 있습니다. 문장에서 이미지를 생성하는 「Hypnogram (https:/hypnogram.xyz/)」이나 자동으로 애니메이션 캐릭터를 생성하는 「This Anime Does Not Exist (https:/thisanimedoesnotexist.ai/index_jp.html)」 등도 쉽게 사용할 수 있는 흥미로운 서비스 중 하나입니다.

Chapter 7

다른 분야와 어울려
진화하는 AI

각 업계에서 어떠한 활약을 하고 있는 걸까

Artificial Intelligence

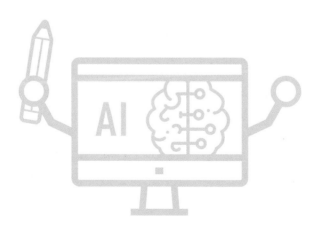

≫ 의료 AI ①
– 임상 현장을 돕다

의사의 판단을 돕는 진단지원

AI는 실용 단계로 넘어가 상용 서비스로도 등장하게 되었습니다. 특히 인력 부족이 심각한 의료 분야에서 AI의 진출이 두드러지며, 진단지원 분야는 AI 도입이 용이하며 효과도 커서 매우 주목받고 있습니다.

진단지원 AI는 환자의 증상이나 검사 결과로부터 추정되는 질환이나 적절한 치료 방법을 제안해 주는 AI입니다. 의사는 질환에 관한 폭넓은 지식을 가지고 있지만 전문 영역 밖이거나 발생 빈도가 드문 질환은 찾기 어렵고, 치료법도 항상 최적의 것을 선택할 수 있는 것은 아닙니다. 실제로 **진단지원 AI가 도입되면서 의사가 간과한 질환을 발견하는 사례나 AI의 치료 제안에 따라 난치병이 나은 사례도 나타나게 되었습니다.** 또한 고도의 스킬과 방대한 작업량이 요구되는 영상진단에서 특히 현저한 성과를 올려 전문의 수준으로 진단결과를 빠르게 제시할 수 있는 다양한 AI가 개발되고 있습니다(그림 7-1).

수술 부담을 줄이는 수술지원

로봇에 의한 수술을 조합한 **수술지원 AI**도 등장했습니다. 인간이 로봇 팔을 조작하여 정교하고 복잡한 수술을 하는 **로봇 수술**은 이미 일반적입니다. 게다가 AI가 수술을 하게 되었습니다.

집도의의 수술 보조 작업을 AI와 로봇으로 수행하거나, 눈에 보이지 않는 장기의 상태나 영역을 MRI나 초음파 등 진단기기를 통해서 실시간으로 분석함으로써 정보 측면에서 의사를 돕는 AI도 등장하고 있습니다. 이러한 AI로 인해 의사의 부담이 대폭 경감되는 것 외에도 진단 지원과 조합함으로써 수술 후의 리스크를 정확하게 예측해 적절한 처치를 제안해 줄 수 있게 되었습니다. 또한 수술 이전 단계에서 병원의 수술 자원을 정확하게 파악하여 응급환자 등을 적절한 병원으로 이송하는 시스템도 검토되고 있습니다(그림 7-2). **수술 중인 경우뿐만 아니라 수술 전과 후, 수술에 관련된 다양한 상황에서 AI가 활약**하게 되었습니다. 또한 원격 치료와 결합함으로써 지역 간 의료 격차가 줄어들 것으로 기대되고 있습니다.

그림 7-1 진단지원을 통해 의사의 판단을 돕는다

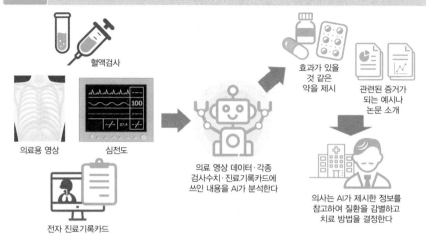

혈액검사

의료용 영상

심전도

전자 진료기록카드

의료 영상 데이터·각종 검사수치·진료기록카드에 쓰인 내용을 AI가 분석한다

효과가 있을 것 같은 약을 제시

관련된 증거가 되는 예시나 논문 소개

의사는 AI가 제시한 정보를 참고하여 질환을 감별하고 치료 방법을 결정한다

그림 7-2 수술을 직접 지원하는 것과 간접 지원

수술 로봇의 등장으로 원격 치료나 AI 의 지원을 받은 수술이 가능해진다

수술의 조수 역할이나 간단한 작업 등은 AI가 할 수 있게 되었다

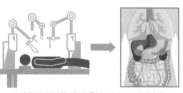

AI의 영상 처리를 통해 육안으로는 보이지 않는 장기의 상태를 수술 중에 표시할 수 있게 된다

AI가 수술 자원을 관리함으로써 구급차 이송 장소 등을 신속하게 결정할 수 있게 된다

Point

✔ 증상이나 검사 결과로부터 질환이나 치료법을 제안해 주는 진단지원 AI

✔ 수술을 직간접적으로 지원하는 수술지원 AI

✔ 수술 전 자원 배분이나 수술 후 리스크 관리에도 AI가 관여된다

✔ AI의 활약으로 생명을 구한 사례도 증가하고 있다

>> 의료 AI ②
– 난해한 영역에서 진행되는 AI 이용

큰 폭으로 효율화가 진행되는 의약품 개발

AI에 의한 의약품 개발도 진행되고 있습니다. 약품은 무수히 많은 화합물의 조합으로 구성되어 있으며, 그중 질병에 효과가 있는 조합은 극히 미미합니다. **의약품 개발**은 그러한 조합의 시행착오를 통해 진행되고 있는데, 그 과정이 AI에 의한 패턴 분석에 의해서 효율화되고 있습니다. 질환의 원인이 되는 단백질이나 유전자를 AI를 이용해 만들어 내고, 게다가 원인이 되는 부분에 정확히 작용하는 화합물까지 만들어 냄으로써, **높은 확률로 병에 효과가 있는 화합물을 제시하는 것이 가능**해졌습니다 (그림 7-3).

나아가 개발한 **의약품의 임상시험도 AI에 의한 시뮬레이션과 적절한 피험자 선정을 통해 임상시험 기간을 대폭 단축할 수 있게 됩니다.** 또한 임상시험 중 AI를 통해 환자의 컨디션 변화를 실시간으로 확인함으로써 약의 효과를 정확하게 파악할 수 있습니다. 이미 다양한 질환이나 감염병에 대한 의약품 개발에서 효과를 발휘하고 있으며, 의약품 개발 기간과 비용이 낮아짐으로써 환자들이 약을 저렴하게 사용할 수 있게 될 것으로 기대되고 있습니다.

보다 신속하고 상세한 게놈 분석

인간의 유전자 정보는 고성능 컴퓨터로도 해석에 수십 시간 정도 걸렸지만 AI로 인해 이제 수십 분 정도면 끝나게 되면서 정확도가 향상되고 용도도 넓어졌습니다. 의약품 개발을 위한 **게놈(genome) 분석** 이외에도 **유전자 변이를 일으킨 세포의 분석이나 질환에 걸리기 쉬운 유전자의 AI 분석이 가능**합니다(그림 7-4). 영상진단 AI에 의해 병변 부위를 특정하고, 세포를 채취하여 게놈 분석을 통해 양성인지 악성인지 여부를 판단하는 프로세스가 단시간에 정확하게 이뤄질 수 있게 된 것입니다.

이를 통해 암세포의 조기발견과 적절한 치료가 가능하고 특정 질환에 걸리기 쉬운 사람을 가려 예방치료를 할 수 있게 되었습니다. 또한 유전자 분석 기간이나 비용이 낮아지면 일반인이 부담 없이 유전자 분석을 할 수 있으며, AI가 맞춤형 약을 조제하는 것도 가능합니다. 고도의 의료에서부터 가까운 헬스케어까지 AI가 활약하게 되었습니다.

그림 7-3 질병의 원인에 효과가 있는 화합물을 AI로 만들어 내다

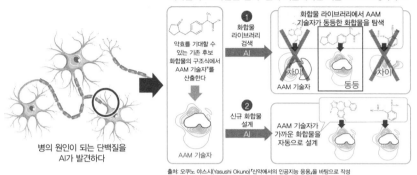

의약품 후보 화합물 검색·설계 시뮬레이션 기술 「AI-AAM」의 구조

① 화합물 라이브러리 검색 AI

화합물 라이브러리에서 AAM 기술자가 동등한 화합물을 탐색

약효를 기대할 수 있는 기존 후보 화합물의 구조식에서 AAM 기술자*를 산출한다

차이 / 동등 / 차이

AAM 기술자

② 신규 화합물 설계 AI

AAM 기술자가 가까운 화합물을 자동으로 설계

AAM 기술자

병의 원인이 되는 단백질을 AI가 발견하다

출처: 오쿠노 야스시(Yasushi Okuno) 「신약에서의 인공지능 응용」을 바탕으로 작성
https://www.mhlw.go.jp/file/05-Shingikai-10601000-Daijinkanboukouseikagakuka-Kouseikagakuka/0000154209.pdf

* 기술자(記述子): 데이터베이스의 정보를 분류하거나 문헌의 개념이나 내용을 표현하기 위해 사용되는 색인어

「이런 구조의 화합물이라면 특정 단백질에 효과가 있다」라는 예측을 AI가 세우고, 그와 비슷한 화합물을 기존 약에서 찾고, 없으면 AI가 스스로 설계한다

그림 7-4 AI에 의한 유전자 분석의 효율화

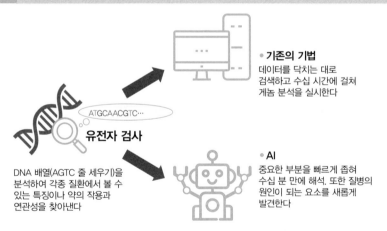

유전자 검사

• 기존의 기법
데이터를 닥치는 대로 검색하고 수십 시간에 걸쳐 게놈 분석을 실시한다

DNA 배열(AGTC 줄 세우기)을 분석하여 각종 질환에서 볼 수 있는 특징이나 약의 작용과 연관성을 찾아낸다

ATGCAACGTC…

• AI
중요한 부분을 빠르게 좁혀 수십 분 만에 해석. 또한 질병의 원인이 되는 요소를 새롭게 발견한다

Point

✔ AI를 이용하여 병의 원인 부위를 특정하고, 해당 부위에 효과가 있는 화합물을 만들어 낸다

✔ AI로 인해 개발뿐만 아니라 임상시험(clinical trial) 과정도 효율화된다

✔ AI를 통해 유전자 분석의 효율성이 높아져 악성 종양을 신속하게 찾을 수 있게 되었다

✔ 유전자 분석을 통해 질환을 예측할 수도 있게 되었다

》 의료 AI ③
– 성장에 필요한 데이터의 정비

의료 데이터베이스: 연구 이용

의료용 AI의 **연구개발**에는 다양한 의료 데이터가 필요합니다. 그러나, 의료 데이터는 개인정보 중에서도 「민감정보」라고 하는 특별한 분류로 취급하기 어려운 데이터입니다. 그 때문에 선진국에서는 의료 데이터에 비식별화 처리를 한 후에 인정된 사업자가 관리하는 데이터베이스로 취급하는 등 일반적인 학습용 데이터베이스에 비해 엄격한 관리가 되고 있습니다. 의료용 데이터는 의료용 이미지 데이터와 혈액 검사 결과, 전자 진료기록카드 등 다양한 형태로 보관되고 있습니다. 그리고 **의료 분야의 연구개발이나 환자의 치료에 사용하는 경우에만 대학·연구기관·기업에 제공되어** 이미지 분석·통계분석·자연어 처리 등을 이용한 의료용 AI의 개발에 활용됩니다(그림 7-5). 기계학습을 이용한 새로운 의료기기나 의약품의 개발에는 이러한 데이터베이스를 이용한 학습이 필수적이며, 프라이버시를 배려하면서 데이터베이스의 질이나 규모를 향상하기 위한 대책이 전 세계적으로 검토되고 있습니다.

의료 데이터베이스: 임상 이용

의료 데이터베이스에는 환자를 치료하는 **요양기관**을 위한 데이터베이스도 존재합니다. 이 데이터베이스에서는 진료기록 외에도 질환의 증례*나 치료기록, 논문 등이 보관되어 있어 판단이 어려운 질환을 특정하거나 의사가 유사한 질환을 찾아 효과적인 치료방법을 찾는 등 진단·치료에 직접적으로 활용됩니다(그림 7-6). 그리고 이렇게 **의사를 위해 데이터베이스 이용을 지원하는 것도 AI의 역할**입니다. 자연어 처리나 통계 분석을 구사하여 환자의 진료기록카드에서 유추되는 질환을 열거하고, 이미지 인식을 통해 이미지 데이터에서 유사한 증거가 되는 예시나 치료법을 찾아주는 것입니다. 이것은 그대로 앞서 언급한 진단지원 AI의 일종으로도 이용됩니다.

임상과 연구의 양쪽 영역에서 의료용 데이터베이스는 중요한 역할을 합니다. 의료의 질과 정확도를 향상할 뿐만 아니라 정보를 널리 공유하고 다룰 수 있도록 함으로써 임상 현장의 부담을 줄일 것으로 기대되고 있습니다.

---

* 증례(症例): 질병이나 상처가 나타내는 증상의 보기

그림 7-5 의료 데이터가 생성되는 프로세스

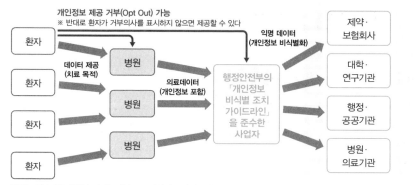

환자는 평소대로 병원에 갈 뿐. 이때 기본적으로 「개인정보 수집 동의」 등은 이루어지지 않는다

개인정보 관리 기술이나 비식별화 기술이 일정 이상의 수준에 있어야 인가되는 사업자에 의한 비식별화 처리와 정보의 제공
※비식별화되어 있으면 허락이 없어도 제공 가능. 단, 거부할 수는 있다

질 높은 의료 데이터를 입수할 수 있어 연구 및 분석에 이용할 수 있다. 비식별화되어 있어 개인을 특정할 수 없고 질환이나 치료 프로세스 등의 정보만 제공되고 있다

그림 7-6 의료 데이터는 임상 현장에서도 활용되고 있다

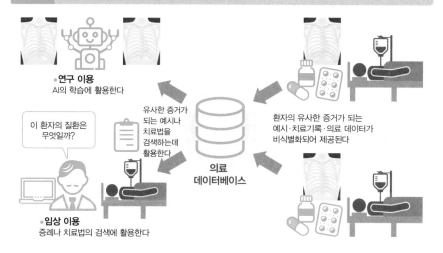

Point

✓ 의료 데이터는 특히나 다루기 어려운 「민감정보」로 분류된다

✓ 「개인정보 비식별 조치 가이드라인」을 준수한 사업자가 익명 처리를 하여 데이터베이스가 만들어진다

✓ 연구·임상 양쪽의 목적으로 데이터베이스가 이용되고 있다

핀테크 ①
– 데이터 분석의 자동화

AI에 의한 분석 및 거래 자동화

금융 및 보험 업계에도 핀테크(Fintech) 물결에 맞춰 AI 기술이 사용되고 있습니다. 돈이라고 하는 수치 파라미터가 붙은 **자산**만을 다루는 금융업계의 데이터 분석은 AI가 가장 잘하는 분야입니다. AI는 수십 년 단위로 축적되어 온 거래 데이터를 활용하여 시장 변화를 예측합니다(그림 7-7).

또한 자산운용은 어느 정도 매뉴얼에 기반한 운용이 가능합니다. 데이터 분석에 의한 예측과 조합, 룰 베이스로 프로그램을 하기 때문에 **분석뿐만 아니라 거래 자체의 자동화도 가능해졌습니다.** 그리고 기계학습을 조합하는 것으로, 새로운 이론(운용 알고리즘)도 구축할 수 있게 됩니다. 인간은 판단할 수 없는 미시적인 변화나 방대한 데이터를 토대로 한 거시적인 변화를 찾아내 운용에 활용합니다.

AI에 의한 리스크 평가

금융·보험 업계에서 특히 중요한 요소가 리스크 평가입니다. 단순히 「숫자를 보고 시장의 변화를 예측한다」는 부분에 그치지 않고 뉴스를 보고 「사건이 세계 경제에 미치는 영향을 예측한다」는 거시적 리스크 평가부터 거래 시 「고객을 신뢰할 수 있는가」라는 미시적 리스크 평가까지 폭넓게 포함되어 있습니다. 그렇기 때문에, 리스크 평가에 이용되는 AI 기술도 다방면에 걸쳐 있는데, 자연어 처리에서 뉴스에 등장하는 키워드를 모으는(3-5 절) 일도 있는가 하면, 카메라를 사용해 수상한 움직임을 간파하거나(6-1 절) 병력으로부터 미래의 질환을 예측하는(7-1 절) 것도 리스크 평가에 포함됩니다(그림 7-8).

그 외에도 **트러블이나 문제가 일어날지 여부와 같은 미래의 리스크 평가뿐만 아니라, 트러블이 일어났을 때의 원인 규명이나 피해액 산출** 등에도 이용되어, 사고 후에 스마트폰으로 사진을 찍는 것만으로 적절한 보험금액이 산출되어 지불되는 서비스도 등장하고 있습니다. 이러한 트러블이나 피해에 관한 데이터는 그대로 미래의 리스크 평가에 활용되어 리스크 평가의 정확도를 향상하는 초석이 됩니다.

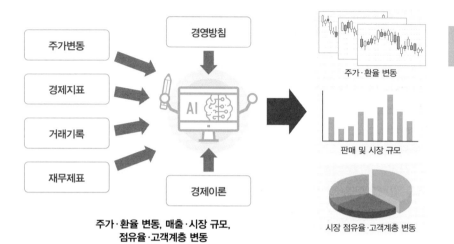

그림 7-7 다양한 데이터를 이용하여 자산의 변화를 예측한다

주가변동

경제지표

거래기록

재무제표

경영방침

AI

경제이론

주가·환율 변동, 매출·시장 규모,
점유율·고객계층 변동

주가·환율 변동

판매 및 시장 규모

시장 점유율·고객계층 변동

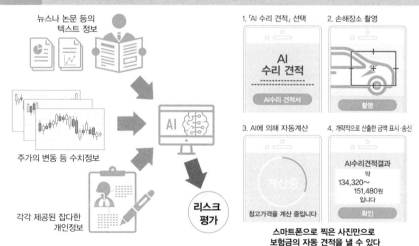

그림 7-8 불확실한 위험이나 손해를 AI로 수치화하여 평가한다

뉴스나 논문 등의
텍스트 정보

주가의 변동 등 수치정보

각각 제공된 잡다한
개인정보

AI

리스크
평가

1. 「AI 수리 견적」 선택

AI
수리 견적

AI수리 견적서

2. 손해장소 촬영

촬영

3. AI에 의해 자동계산

계산중

참고가격을 계산 중입니다

4. 개략적으로 산출한 금액 표시·송신

AI수리견적결과
약
134,320~
151,480원
입니다

확인

스마트폰으로 찍은 사진만으로
보험금의 자동 견적을 낼 수 있다

Point

✔ 금융·보험 분야의 정보 분석은 AI가 가장 잘하는 분야
✔ 인공지능은 거래 제안부터 자동화까지 포괄적으로 담당한다
✔ 리스크의 「사전 예측」 「사후 분석」 양쪽에 AI가 활용된다

>> 핀테크 ②
– 고객 응대와 데이터 관리

AI에 의한 조언과 대화

데이터 분석이나 투자 알고리즘을 이용하면 초보자도 쉽게 거래할 수 있는데, 이것이 Robo Advisor입니다. 자산운용을 자동으로 할 뿐만 아니라 운용방침이나 거래내용을 AI가 조언합니다. 또한, 계약이나 문의 등 창구 업무에 AI가 대응하거나, 보험 심사나 신청을 AI가 대행하는 경향도 확산되고 있고, **금융이나 보험 업계에서 고객이 최초로 만나게 되는 상대가 AI인 경우도 드물지 않습니다**(그림 7-9).

이를 통해 기업은 인건비를 절감할 수 있고 고객도 부담 없이 AI를 사용하여 거래를 할 수 있게 되어, 진입장벽이 낮아지기 때문에 AI가 투자인구 확대에 기여하고 있습니다. 그리고 AI로 대응할 수 없는 작업에만 인간 Advisor가 참여하여 주력함으로써 서비스의 질적 향상도 도모할 수 있습니다.

계약, 거래, 정보 관리의 효율성

금융·보험업계 기업 지출의 대부분이 인건비입니다. Robo Advisor를 이용함으로 이를 다소 절약할 수 있다고 해도, 아직 자동화의 대상이 되는 부분은 존재합니다. 그것이 **고객과 관련된 정보관리**입니다. 얼굴·문자 인식 기술을 사용해 본인 확인을 함으로써 몇 분 만에 대출을 받을 수 있는 서비스도 등장하고 있고, 스마트폰이나 무인 창구에 있는 카메라나 스캐너를 사용해 본인 확인부터 서류 확인까지 모든 것이 자동으로 가능합니다. 또한, AI를 사용하면 거래나 계약의 부정 탐지도 가능합니다. 부자연스러운 거래 이력이나 서류 미비, 계약 내용의 위법성 등을 탐지해 확인을 촉진할 수 있습니다. 카메라가 달린 창구라면, 사람의 얼굴이나 몸짓으로부터 본인이 아닌 이용자나 허위 신고를 간파할 수도 있을 것입니다(그림 7-10).

또한 계약이나 거래정보 관리에 변조가 불가능한 블록체인 등을 이용하면 신용정보나 거래정보의 공개를 신속하게 실시할 수 있게 되어 심사나 계약도 원활하게 진행됩니다. 핀테크를 이용한 차세대 금융·보험업계에서는 빠르게 자동화가 진행될 것입니다.

그림 7-9 여러 요소를 종합적으로 판단하는 Robo Advisor

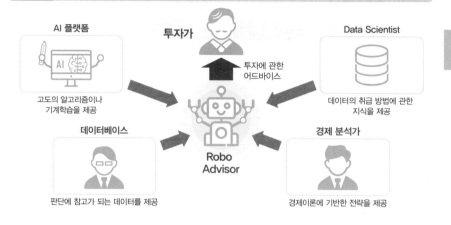

그림 7-10 복잡한 데이터베이스 관리에 AI를 활용

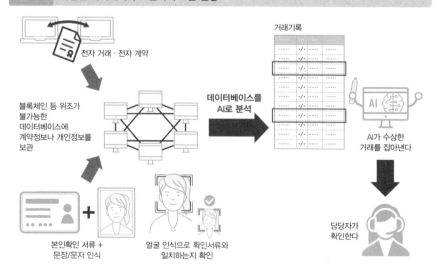

Point

✔ AI로 인해 투자에 대한 진입 장벽이 낮아졌다

✔ Robo Advisor를 통해 쉽게 자산을 운용할 수 있다

✔ 고객정보 관리에 AI를 사용함으로써 효율화가 진행되었다

✔ 방대한 거래 속에서 AI가 부정한 거래를 발견한다

>> 로보틱스 ①
– 활동 범위를 넓히는 로봇

로봇과 AI의 관계성

AI가 지능이라면, 그것의 능력을 충분히 발휘하기 위해 몸에 해당하는 로봇이 필요합니다. AI의 신체가 되는 로봇이 지적인 작업을 수행하려면 손발을 적절하게 움직이는 것뿐만 아니라 상황을 적절히 인식해야 합니다. 그렇기 때문에, 카메라나 레이더라는 센서를 사용한 인식 기술이나 IoT 등 정보통신기술도 로보틱스(Robotics)에 포함시켜 생각합니다(그림 7-11).

로보틱스와 AI를 결합한 기술은 여러 분야에 걸친 형태로 종합적으로 연구가 이루어지고 있습니다. 자율주행차나 무인기 연구는 독립적인 분야이면서도 로보틱스와 깊은 관련이 있으며, 의수, 의족, 인공근육과 같은 의료 관련 분야로도 로보틱스가 확산되고 있습니다.

널리 활동할 수 있는 인간형·보행 로봇

로보틱스 분야 중에서 가장 개념을 잡기 쉬운 것이 인간형 로봇이나 보행 로봇이 아닐까요? 생물에 가까운 로봇에게는 기계학습을 응용(6-5 절)하고, 인간이나 생물의 기법을 학습하는 형태로 최적의 움직임을 배우게 할 수 있습니다. 이를 통해 인간이 활동하는 영역에서 인간과 동일하게 활동하는 로봇을 개발할 수 있습니다. 이미 주위 환경을 인식하는 기술에 대해서는 작업 범위를 좁히면 인간의 능력이나 그 이상의 수준에 도달했기 때문에 인간처럼 손발을 사용할 수 있게 된다면 인간과 동일한 작업을 맡길 수 있습니다.

기술적으로는 자유자재로 움직이는 4족 보행 로봇이나 2족 보행에서 양팔을 사용해 백덤블링이나 옆돌기를 해내는 로봇이 등장하고 있어, 미리 정해진 상황 내에서라면 인간과 다를 바 없는 신체능력을 발휘할 수 있습니다(그림 7-12). 다만, 상업적인 측면에서 인간 이상의 일을 할 수 있거나 인간을 고용하는 것보다 저렴하게 사용할 수 있지 않다면 보급되지 않을 것입니다. 그러나 기계학습이나 시뮬레이션 기술(6-11 절)을 구사함으로써 성장을 계속하는 AI는 기술적인 장벽을 차례로 넘어서고 있어, 인간형 로봇은 「가능한가」가 아니라 「돈이 될까」라고 하는 실용성이나 경제성의 검토 단계에 접어들고 있습니다.

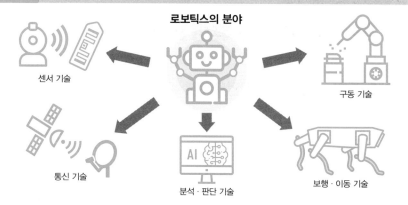

그림 7-11 로보틱스가 관련된 다양한 기술 영역

로보틱스의 분야

센서 기술

구동 기술

통신 기술

분석 · 판단 기술

보행 · 이동 기술

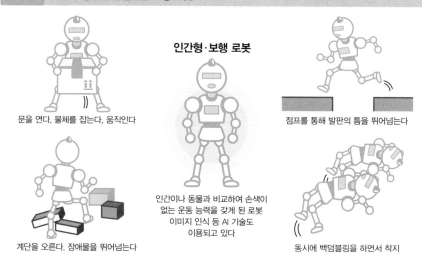

그림 7-12 사람과 동물에 근접하는 보행 로봇

인간형 · 보행 로봇

문을 연다, 물체를 잡는다, 움직인다

점프를 통해 발판의 틈을 뛰어넘는다

계단을 오른다, 장애물을 뛰어넘는다

인간이나 동물과 비교하여 손색이
없는 운동 능력을 갖게 된 로봇
이미지 인식 등 AI 기술도
이용되고 있다

동시에 백덤블링을 하면서 착지

Point

✔ 로봇은 AI의 신체와 관련된 역할을 하며 사회와 관계를 맺기 위한 필수적인
도구

✔ 인간형 · 생물체형 보행 로봇은 기계학습을 통해 적절한 움직임을 배운다

✔ 기술적으로는 사람이나 생물체와 동등한 수준에 도달하고 있어 비즈니스로
연결하기 위한 상업적인 기술 개발로 진행되고 있다

» 로보틱스 ②
- 인간 사회에서 일하는 로봇

사람과 협력하는 IoT 기술과 산업용 로봇

인간형 로봇의 활약은 아직은 조금 멀었지만, 공장에서는 **산업용 로봇**이 이미 널리 활용되고 있습니다. 산업용 로봇의 다리(토대)나 팔은 목적에 맞는 형상과 기능을 가지며, 인간 이상의 효율과 정밀도로 작업을 수행합니다(그림 7-13). 이전에는 이러한 산업용 로봇의 동작은 엔지니어에 의한 정밀한 프로그래밍이나 파라미터 조정에 의해 행해져 왔습니다. 거기에 AI가 도입되면서 **각종 파라미터 조정이 간소화되고 간단한 프로그래밍으로 복잡한 작업을 수행하게 되어 작업의 정확도와 효율성이 높아졌습니다.**

또한, IoT와 결합하면 가능성이 더 넓어집니다. 모든 로봇에 고성능 AI를 탑재하는 것은 비용적으로 현실적이지 않더라도, 통신기기를 부착해 관제용 AI로 연결되는 네트워크에 접속하는 것은 비교적 용이하며, 산업용 로봇 효율화에 IoT 연계는 필수적입니다. 이러한 기술은 물류에서 영향도 크고, 오더 피킹(order picking) 로봇이나 수송 로봇이 공장 안에서 활약하게 되었습니다. 미래에는 자율주행차 및 드론과 협력하여 창고에서 가정까지 물류 전체가 자동화될 것입니다.

서비스로서의 로봇

AI가 탑재된 친숙한 로봇의 예시로 가장 알기 쉬운 것이, 일반 가정에도 보급되어 있는 청소 로봇일 것입니다. 최근에는 **경비·감시·대화 기능을 추가해 청소뿐만 아니라 보안·안내 로봇으로 사용하는 경우**도 늘었습니다. 이러한 로봇의 대부분이 바퀴나 롤러 등을 사용하여 이동하기 때문에 계단 등 단차가 있는 장소에서 걸려 넘어지기 쉽지만 보행 로봇이 발전함으로써 미래에는 그 행동 범위가 인간과 손색이 없을 것입니다.

이외에도 인간에게 장착하는 슈트(Suit)형 로봇에는 인간의 움직임을 예측·탐지하는 AI가 탑재되어 있어 인간이 힘을 가하는 방법과 움직임을 학습하고 인간의 움직임을 지원하는 형태로 동작합니다. 이러한 로봇이 육체노동의 부담을 대폭 경감시켜 줄 것으로 기대되고 있습니다(그림 7-14).

그림 7-13 AI에 의해 산업용 로봇의 관리·최적화가 진행된다

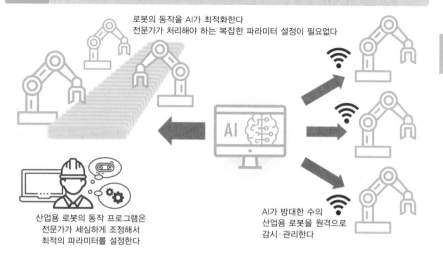

로봇의 동작을 AI가 최적화한다
전문가가 처리해야 하는 복잡한 파라미터 설정이 필요없다

산업용 로봇의 동작 프로그램은
전문가가 세심하게 조정해서
최적의 파라미터를 설정한다

AI가 방대한 수의
산업용 로봇을 원격으로
감시·관리한다

그림 7-14 인간과 직접적으로 관련된 로봇

커뮤니케이션 로봇
창구 안내나 보안 업무를
수행한다

청소 로봇
AI가 장애물을 피하면서
바닥 전체를 청소한다

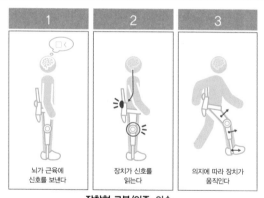

1	2	3
뇌가 근육에 신호를 보낸다	장치가 신호를 읽는다	의지에 따라 장치가 움직인다

장착형 로봇/의족·의수
인간의 신경신호·근육의 움직임에 따른 움직임을
학습하고, 로봇이 동작한다

Point

✔ AI로 인해 산업용 로봇 운용의 효율이 높아졌다

✔ AI·IoT 이용은 산업용 로봇에게는 필수 불가결한 것이 되었다

✔ 청소, 경비, 대화를 맡길 수 있는 커뮤니티 로봇의 등장

✔ 인간의 움직임을 보조하는 슈트(Suit)형 로봇에 AI가 사용된다

≫ 자율주행차 ①
- 인간이 관련된 레벨 0~3

널리 보급되어 있는 레벨 0~2

자율주행차를 시장에 출시할 수 있게 되자 법에 대한 정비도 이뤄지게 되었습니다. **한국 내에서 자율주행차는 6가지 레벨로 나뉘며, 그 단계마다 자율주행차에게 요구되는 요구사항이 다릅니다**(그림 7-15).

먼저 레벨 0은 자동화 기구가 일체 갖춰져 있지 않은 일반 자동차로 자동 브레이크 등도 탑재돼 있지 않습니다. 반면 레벨 1은 자동 브레이크와 속도·핸들 조절 기능 등을 갖춘 **운전 지원** 기능을 가진 자동차입니다. 이 단계에서는 아직 자율주행차라고 부를 수 없는 레벨입니다.

레벨 2는 고속도로에서 **손 놓고** 운전할 수 있는 레벨입니다. 액셀·브레이크·핸들 조작을 맡길 수 있어 AI가 알아서 운전해 줍니다. 다만, **이 단계에서는 법적으로 기계에게 맡길 수는 없으며 운전에 있어서의 모든 책임은 인간이 집니다.** 손발을 핸들이나 브레이크에서 떼어놓아도 사람의 시선은 뗄 수 없는 **핸즈 오프**(hands-off) 레벨이라고도 합니다.

인간에게 의지하지 않는 레벨 3

레벨 3에서는 모든 운전 조작을 AI가 해준다는 점에서는 레벨 2와 다르지 않지만 **자율주행 중 발생한 사건에 대한 책임을 시스템(제조사) 측이 진다**는 점에서 큰 차이가 있습니다. 시스템 측이 요구하면 바로 운전을 바꿔야 하기 때문에 AI와 인간이 협력해서 운전하는 자율주행차라고 할 수 있겠습니다. 이 단계에서는 자율주행 중 사람의 시선이 도로에서 벗어나 책을 읽는 것이 법적으로 허용됩니다. 시선을 뗄 수 있어 **아이즈 오프**(eyes-off) 레벨이라고도 합니다(그림 7-16). 다만 운전교대 요구를 받으면 바로 운전을 대신해야 하기 때문에 졸거나 음주는 할 수 없습니다.

기본적인 요소 기술은 레벨 2와 레벨 3에서 큰 차이가 없습니다. 고도의 센서 등을 탑재해, AI가 상황 판단을 실시하는(6-4 절) 것으로 자율주행을 실현합니다. 다만 운전교대를 위한 감시·경고 시스템이나 자율주행 신뢰성에서 큰 차이가 있기 때문에 기술적 장벽은 매우 높습니다.

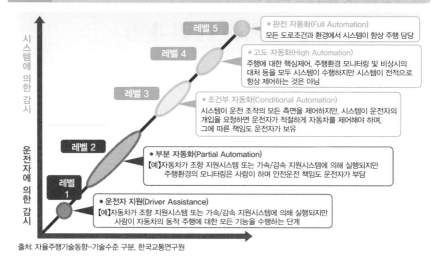

그림 7-15 | 미국 자동차기술 학회(SAE)의 자율주행기술 발전 6단계

시스템에 의한 감시

운전자에 의한 감시

레벨 5 ● 완전 자동화(Full Automation)
모든 도로조건과 환경에서 시스템이 항상 주행 담당

레벨 4 ● 고도 자동화(High Automation)
주행에 대한 핵심제어, 주행환경 모니터링 및 비상시의
대처 등을 모두 시스템이 수행하지만 시스템이 전적으로
항상 제어하는 것은 아님

레벨 3 ● 조건부 자동화(Conditional Automation)
시스템이 운전 조작의 모든 측면을 제어하지만, 시스템이 운전자의
개입을 요청하면 운전자가 적절하게 자동차를 제어해야 하며,
그에 따른 책임도 운전자가 보유

레벨 2 ● 부분 자동화(Partial Automation)
【예】자동차가 조향 지원시스템 또는 가속/감속 지원시스템에 의해 실행되지만
주행환경의 모니터링은 사람이 하며 안전운전 책임도 운전자가 부담

레벨 1 ● 운전자 지원(Driver Assistance)
【예】자동차가 조향 지원시스템 또는 가속/감속 지원시스템에 의해 실행되지만
사람이 자동차의 동적 주행에 대한 모든 기능을 수행하는 단계

출처: 자율주행기술동향-기술수준 구분, 한국교통연구원

그림 7-16 | 핸즈 오프와 아이즈 오프 자율주행차

레벨 2 **핸즈 오프(Hand's Off)**
핸들 조작과 엑셀·브레이크 조작을
AI에게 맡기지만 운전 책임은 운전자가 진다
시선은 도로에서 벗어날 수 없다

레벨 3 **아이즈 오프(Eye's Off)**
손뿐만 아니라 시선도 뗄 수 있게 된다
단, 시스템으로부터 요구를 받으면
즉시 운전을 대신할 수 있어야 한다

Point

✔ 자율주행차는 법적으로 다섯 단계로 나뉜다

✔ 레벨 1: 가속/감속, 핸들 조작 중 어느 한쪽을 자동화

✔ 레벨 2: 책임은 인간이 지되, 모든 운전을 자동화

✔ 레벨 3: 자율주행 중에는 시스템이 책임지지만 인간도 협력

✔ 손을 뗄 수 있는 핸즈 오프(레벨 2)와 눈을 뗄 수 있는 아이즈 오프(레벨 3)

» 자율주행차 ②
– 모든 것을 맡기는 레벨 4-5

운전자가 필요 없는 레벨 4 //

레벨 4는 조건부 **완전 자율주행**이 가능한 자동차입니다. 레벨 3과 달리 운전자와 교체할 필요가 없어 운전석이 존재하지 않는 경우도 있습니다. 면허도 필요 없고 졸거나 음식을 먹는 것도 자유롭습니다. 다만 **안전성이 확인된 범위나 특정 조건에서만 자율주행이 가능합니다**. 공항 부지 안이나 특정 노선에서만 사용할 수 있는 개념입니다(그림 7–17). 레벨 3까지는 일반 차량, 레벨 4부터는 업무용 버스나 택시 등 미리 정해져 있으며, 특정 노선 내에서 호출할 수 있는 버스와 같이 택시도 실용 단계에 도달하고 있습니다. 특정 범위 내에서만 운행하기 때문에 정기적으로 충전이 필요한 전기차와 궁합이 좋고, 휘발유나 운전자 관련 비용이 들지 않아 저비용으로 운용할 수 있어 고령화나 과소화*로 수지 타산이 맞지 않게 된 버스 노선 등이 부활할 것으로 기대되고 있습니다. 높은 신뢰성이 요구되는 한편, 달리는 장소·조건이 정해져 있기 때문에 표지판이나 신호를 지나치지 않고, 위험이 높은 장소가 완전히 파악되어 있는 상태에서 도로 위의 카메라나 센서들로부터 정보를 5G 등 초고속 통신으로 입수할 수 있습니다. 신뢰성을 높이기 위한 접근법이 풍부하고 여건이 된다면 어설픈 레벨 3 보다 더 안전하게 운행할 수 있을 것입니다.

완전한 자율주행차 레벨 5 //

레벨 5는 조건 없는 **완전 자율주행차**, 즉, **내비게이션이나 구두로 지시를 한 장소에 자유롭게 데려다주는 차량**입니다. 구역 지정이 없어 산길이나 주택가와 같은 좁고 복잡한 길도 문제없습니다(그림 7–18). 사용할 수 있는 범위나 조건이 정해져 있지 않은 것 이외에는 레벨 4 자율주행차와 사용법은 다르지 않지만 기술과 신뢰성의 격차는 매우 큽니다. 전방 시야가 나쁜 길, 횡단보도가 없어 보행자가 돌아다니는 길에서도 안전하게 운행할 수 있어야 합니다. 아마 인간과 마찬가지로 사고를 완벽하게 회피할 수는 없습니다. 레벨 4가 보급되고 시험 주행을 거듭하며 신뢰성을 높여 인간의 운전보다 안전하다는 것이 확인된 단계에서 실용화될 것으로 예상됩니다.

---

* 과소화: 인구나 건물, 산업 따위가 어떤 곳에 지나치게 적은 상태. (↔과밀화) 도시 과밀화의 원인은 농촌의 과소화에 있는 만큼 농촌을 살리는 일은 도시 문제를 해결하는 방법이기도 하다

그림 7-17 특정 조건에서만 인간이 불필요한 레벨 4

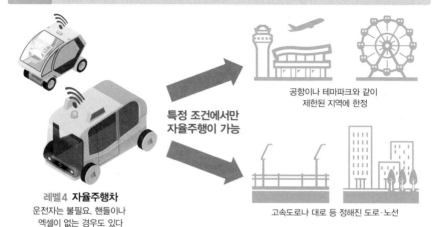

특정 조건에서만
자율주행이 가능

공항이나 테마파크와 같이
제한된 지역에 한정

레벨4 **자율주행차**
운전자는 불필요. 핸들이나
엑셀이 없는 경우도 있다

고속도로나 대로 등 정해진 도로·노선

그림 7-18 모든 장소에서 인간이 필요 없는 이상적인 레벨 5

화물과 승객

자택으로 무인
차량을 호출한다

뒤엉킨 좁은 주택가 골목

화물과 승객

비포장 시골길

무인

화물과
승객

레벨 5 **자율주행차**
자율주행에 조건이 없음

무인

사용하지 않을 때에는
주차장으로 자율 이동

슈퍼마켓 등 목적지

Point

✔ 레벨 4는 조건부의 완전 자율주행차. 운전자는 불필요

✔ 노선이나 구역이 정해진 버스나 택시 형태로 제공된다

✔ 레벨 4는 간접적으로 정보를 얻기 때문에 신뢰성을 높일 수 있다

✔ 레벨 5는 조건 없는 자율주행. 기술적 장벽이 매우 높다

》드론 및 무인기, 군사 기술에 응용

무인기를 지원하는 AI

자동차뿐만 아니라 비행기·드론·선박·잠수정의 자율 조종은 오래전부터 응용되었습니다. 비행기에서는 모든 프로세스를 자동으로 수행할 수 있으며, 정기적으로 정해진 경로를 드론이 비행하여 인프라 및 시설 안전 확인을 수행하게 되었습니다. 선박이나 잠수정도 자동 조종이 사용되며 무인 선박을 이용한 저비용의 유연한 해상 수송도 구상되고 있습니다(그림 7-19).

또한, 인간이 조종하는 경우에도 AI는 활약합니다. 무인기를 인간이 조작하는 한편, **촬영된 이미지·음성·센서 종류의 분석을 AI가 수행하여 즉석에서 분석한 정보를 제시**할 수 있게 된 것입니다. 위험한 지역의 조사나 사고 및 재해의 피해 조사, 공사 전후의 상황 확인 등에 사용되고 있습니다.

군사적으로 이용되는 AI

이러한 기술은 군사적으로도 적극적으로 활용되고 있습니다. 주요 선진국들은 자율형 무기에 의한 살상 기술의 개발을 자제하고 있지만, 이미지 인식 등의 기술을 이용하여 **특정 인물이나 무기를 인식하고 공격하는 자율형 무기의 개발은 기술적으로 충분히 가능한 단계로 들어가 있습니다**(그림 7-20). 이미 일부 국가에서는 드론에 의한 자폭 공격이 실행되고 있으며, 어떻게 보면 드론을 이용하여 누구나 쉽게 미사일을 만들 수 있게 되었다고 할 수 있습니다.

또한 AI 자동조종 기술도 향상되었고, 인간이 AI와 모의전을 벌여 인간이 진 경우도 나타났습니다. 유인 전투기로는 급선회 등에 한계가 있지만 AI로는 인간에게 물리적으로 가해지는 부담이 없기 때문에 인간 조종사에게는 불가능한 기동을 할 수 있습니다. 무인 전투기가 공중전에서 매우 유리한 것입니다.

AI의 이용은 육상 무기에도 미치고 있습니다. 무인 차량에 의한 전장 정찰은 물론이고, 이제는 사격을 할 수 있는 무기도 등장했습니다. 사격은 인간이 하되, 이미지 인식을 조합해 AI에게 총의 방아쇠를 당기게 하는 것도 가능합니다. 이미 자율 전차나 자율 폭격기 같은 고도의 자율 살상무기와 유사한 무기가 곳곳에서 개발되고 있으며, 실전에 투입될 날도 얼마 남지 않았습니다.

그림 7-19 다양한 환경에서 활약하는 무인기

무인선박에 의한 해상 수송

자율 잠수정에 의한 해저 조사

가옥의 파손상황 등을 분석

농작물의 생육 상황을 분석

그림 7-20 군사적으로 이용되는 무인기와 AI

무인 전투기에게
위험한 폭격 지시

자율비행 드론에 의한
장시간 공중감시

드론과 AI 얼굴인식이
결합하면……

Target

Target

이미지 및 얼굴 인증을 통해
드론이 적과 아군을 자동
식별하고, 표적만 자율적으로
공격할 수 있다

소형 드론을 날려서 안전 확인

기관총을 탑재한 무인 차량

Point

✔ AI를 이용한 무인기는 하늘·육지·바다·바닷속 등 장소를 가리지 않는다

✔ 완전히 인공지능이 조종하는 것도 있으며 인간과 협력하는 것도 있다

✔ 군사적 이용은 널리 진행되고 있으며 자율 무기는 실용화되고 있다

✔ 무기에 의한 전투는 인간보다도 AI에게 맡기는 편이 더 강한 경우도 있다

>> 하드웨어 ①
- AI를 바꾸는 새로운 컴퓨터

노이만 방식 컴퓨터의 한계 ////////////////////////////////////

AI를 효과적으로 이용하기 위한 기술 개발은 AI를 움직이는 컴퓨터 자체에도 파급되었습니다. 현재 일반적으로 유통되고 있는 컴퓨터의 대부분이 **노이만(Neumann) 방식**이라고 불리는 방식으로 움직이고 있는데, 지극히 높은 범용성을 가지는 반면에 성능적인 한계가 다가오고 있습니다. 특히 노이만 방식은 신경망과 궁합이 좋지 않아 대규모 AI를 운용하는 경우, GPU나 AI에 특화된 특수한 구성의 컴퓨터를 이용해 처리 능력을 향상하고 있습니다.

이러한 AI의 정보처리 능력을 향상하는 컴퓨터를 **AI 가속기(Accelerator)**라고 부르며, 가속기로서 노이만 방식뿐만 아니라 비노이만 방식의 완전히 새로운 컴퓨터가 개발되고 있습니다(그림 7-21).

뉴런이 있는 뇌 방식의 컴퓨터 ////////////////////////////////////

비노이만 방식의 컴퓨터는 범용성이 낮은 것들이 많기 때문에 단독으로는 사용하기 어려운 단점이 있습니다. 그러나, 용도를 한정하거나 전통적 컴퓨터와 병용함으로써 충분한 능력을 발휘합니다. 그중에서도 계산회로 자체를 뇌신경망과 비슷하게 만든 **뇌(Brain) 방식 컴퓨터**는 전통적인 방식과는 전혀 다른 발상의 컴퓨터입니다. 딥러닝으로 대표되는 신경망은 소프트웨어 알고리즘으로 보통 노이만 방식 컴퓨터에서 움직일 수 있는 신호로 대체되어 계산됩니다.

반면 뇌 방식 컴퓨터인 **뉴로모픽 칩(Neuromorphic Chip)**으로 신경망을 움직일 경우, 신호 교체로 인한 낭비가 적어 효율적인 처리가 가능합니다. 또한 **신경과 마찬가지로「필요한 신경회로」만 전기가 통하기 때문에 에너지 절약면에서도 큰 장점**이 있습니다. 게다가 특수 양자현상을 이용하는 양자 컴퓨터와 달리 이론적 장벽이 낮아 양산하는데도 강점이 있으며, 소형화도 용이해 전통적 컴퓨터에 구현하기 쉬운 것도 특징입니다. 다만, 단순 계산이 서투르기 때문에 전통적 컴퓨터와 조합하거나 태스크를 좁힐 필요가 있습니다(그림 7-22).

그림 7-21 새로운 하드웨어 종류와 분류

하드웨어의 종류

전통방식		양자형	뇌형
게이트 방식		이징(Ising) 방식	뉴로모픽 방식
튜링머신(만능형)		어닐링(Annealing) 방식	
노이만 방식			

노이만 방식 등
→ 만능형으로 단순 프로그램에서는 압도적이지만 한계가 있다. 현재 대부분의 컴퓨터가 이 방식으로 움직이고 있다

게이트 방식의 양자 컴퓨터
→ 만능형으로 사용할 수 있는 가능성을 열어두고 있지만 기술적으로 어렵다. 점차 실용적인 수준이 되고 있다

이징 방식의 양자 컴퓨터 등
→ 용도는 한정되지만, 전통 방식의 약한 분야를 특기로 한다. 이미 상용화가 시작되었다

뇌형 컴퓨터
→ 에너지 절약의 만능 방식으로 사용할 수 있지만, 강점과 약점이 뚜렷하다. 뉴런을 가지고 있어 AI로도 가능하며 신경망과 친화성이 높다

그림 7-22 뇌 방식 컴퓨터와 전통 방식 컴퓨터와의 차이점

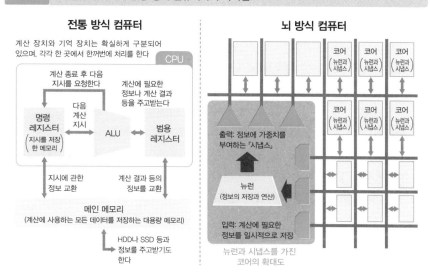

전통 방식 컴퓨터

계산 장치와 기억 장치는 확실하게 구분되어 있으며, 각각 한 곳에서 한꺼번에 처리를 한다

CPU

계산 종료 후 다음 지시를 요청한다

계산에 필요한 정보나 계산 결과 등을 주고받는다

다음 계산 지시

명령 레지스터 (지시를 저장한 메모리) ◄► ALU ◄► **범용 레지스터**

지시에 관한 정보 교환

계산 결과 등의 정보를 교환

메인 메모리
(계산에 사용하는 모든 데이터를 저장하는 대용량 메모리)

HDD나 SSD 등과 정보를 주고받기도 한다

뇌 방식 컴퓨터

코어 (뉴런과 시냅스)

출력: 정보에 가중치를 부여하는 「시냅스」

뉴런 (정보의 저장과 연산)

입력: 계산에 필요한 정보를 일시적으로 저장

뉴런과 시냅스를 가진 코어의 확대도

Point

✔ 기존의 컴퓨터는 대부분 「노이만 방식」으로 작동한다

✔ 새로운 방식으로 움직이는 컴퓨터가 개발되고 있다

✔ 뇌 방식 뉴로모픽 칩은 신경과 비슷한 구조를 가진다

✔ 뇌 방식은 신경망과 궁합이 잘 맞아 에너지를 절약할 수 있다

≫ 하드웨어 ②
– 2가지 종류의 양자 컴퓨터

이징 머신 방식의 양자 컴퓨터

양자 컴퓨터는 하드웨어 영역 중에서 특히 주목받고 있습니다. 그중에서도 **이징 머신(ising machine)**이라고 불리는 양자 컴퓨터 안에 **가상 실험 환경**(이징 모델)을 만드는 방식은 이미 상용화되어 있습니다. 양자 어닐링(Annealing) 방식의 양자 컴퓨터에서는 풀어야 할 문제와 비슷한 환경을 이징 모델을 사용하여 양자적으로 구축하고, 양자가 안정적인 상태로 이행하는 성질을 이용하여 최적의 해법을 도출합니다. **양자의 자연현상을 이용하고 있어 복잡하고 거대한 문제라도 순식간에 최적해에 가까운 답을 낼 수 있습니다**(그림 7-23).

이 방식이 잘하는 것은 배송 트럭의 효율적인 경로 탐색 등을 포함하는 **조합 최적화의 문제**입니다. 이 문제는 수학적인 계산으로는 최적해를 빠르게 찾을 수 없기 때문에 AI에서도 고전하고 있었습니다. 그래서 양자 어닐링을 이용하여 내놓은 최적해를 기계학습 정답 데이터로 이용함으로써 정답 데이터조차 만들지 못했던 조합 최적화 문제가 AI로도 풀리게 되는 것입니다.

게이트 방식의 양자 컴퓨터

전통적인 컴퓨터에 가까운 이론으로 계산할 수 있는 것이 **게이트 방식의 양자 컴퓨터**입니다. 게이트 방식이라고 하는 것은 **논리적인 계산을 실시하는 게이트를 사용하여 계산 회로를 만들고 복잡한 문제를 푸는 방식**을 말하며, 노이만 방식이나 뇌 방식 컴퓨터의 중추 회로에도 계산을 실시하는 논리 게이트가 사용되고 있습니다.

논리 게이트를 교묘하게 조합함으로써 높은 범용성을 얻을 수 있는 반면, 그 때문에 필요한 양자 게이트의 개발과 계산 이론 구축에 난항을 겪고 있었습니다. 그래도 노이만 방식만큼은 아니지만 일정한 범용성을 가지고 몇 가지 복잡한 계산 문제를 풀 수 있는 게이트 방식의 양자 컴퓨터가 등장하고 있습니다. 이징 방식과는 달리 **게이트 방식의 경우 기계학습 등 AI 알고리즘을 구현하는 것이 가능합니다**(그림 7-24). 게다가 계산 처리가 기존과 다르다는 것을 이용한 양자 기계학습 등도 고안되어 있어, 새로운 알고리즘을 이용하여 지금까지 없었던 AI가 등장할 가능성도 있습니다.

그림7-23 양자 이징 머신의 작동 방식

양자 이징 모델

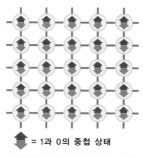

🔼 = 1과 0의 중첩 상태

격자 형태의 모델을 사용하여 풀고 싶은
문제와 유사한 실험 모델을 구축한다

양자 어닐링이라고
불리는 자연 현상을
이용하여 최적의 상태를
도출한다

🔼 = 0　🔽 =1

양자 모델은 가장 안정적(최소 에너지)인 상태로
변화하므로 그것이 일종의 최적해가 된다

그림7-24 전통 방식 게이트와 양자 게이트

전통 방식의 논리 게이트

0과 1뿐인 보통 비트의 경우

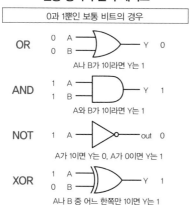

OR
0 A
0 B
A나 B가 1이라면 Y는 1
Y 0

AND
1 A
1 B
A와 B가 1이라면 Y는 1
Y 1

NOT
1 A
A가 1이면 Y는 0, A가 0이면 Y는 1
out 0

XOR
1 A
0 B
A나 B 중 어느 한쪽만 1이면 Y는 1
(양쪽 1, 양쪽 0이면 Y는 0)
Y 1

→**심플한 이론과 장치로 실현 가능**

양자 컴퓨터의 논리 게이트

0과 1의 중첩인 양자 비트의 경우

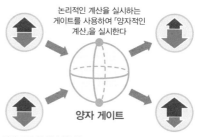

논리적인 계산을 실시하는
게이트를 사용하여 「양자적인
계산」을 실시한다

양자 게이트

양자 스핀 등 양자 현상을
이용하여 0과 1의 중첩
상태를 만들어 낸다

미묘하게 변화된 「양자적
중첩 상태」로부터 계산
결과를 도출한다

→**계산이론도 장치도 매우 복잡**

Point
✔ 양자 현상을 이용하여 가상 실험 환경을 조성하는 양자 이징 머신 방식
✔ AI가 어려워하던 「조합의 최적화 문제」에 대한 학습 데이터 제공
✔ 범용성은 높지만 기술적 장벽이 높은 양자 게이트 방식
✔ 양자 게이트 방식은 AI 기술을 크게 발전시킬 가능성을 내포하고 있다

» RPA ①
– 주목받고 있는 업무 효율화

AI와의 높은 친화력과 RPA의 클래스 분류

AI에 의한 업무 효율화와 더불어 주목받게 된 기술로 RPA(Robotics Process Automation)가 있습니다. 로봇이라는 명칭이 붙어 있지만 소프트웨어적인 단순 작업의 자동화를 가리킵니다. **RPA의 핵심 기술은 인간의 작업을 모방하는 기술**로 단순히 프로그램을 작성해서 가르치기도 하고 기계학습을 이용해서 외우도록 시키는 것도 있습니다. 이 때문에 RPA에는 이전부터 진행되던 EXCEL의 매크로를 사용하는 것과 같은 심플한 자동화부터 AI를 이용한 고급 자동화 접근법까지 폭넓게 포함돼 있어 구별이 어려워지고 있습니다.

그래서 RPA 기술은 크게 세 가지 클래스로 나뉘게 되었습니다. 먼저 클래스 1이 단순한 RPA, 클래스 2가 강화형 RPA를 의미하는 「EPA(Enhanced Process Automation)」, 클래스 3이 지성을 모방하는 「CA(Cognitive Automation)」라고 불립니다(그림 7-25).

클래스 1: 매뉴얼화가 용이한 단순 작업의 자동화

일반적으로 알려진 RPA는 **데이터 입력이나 경리·회계 처리와 같은 단순·정형적인 작업의 자동화**입니다. 특히 매뉴얼을 만들면 누구나 할 수 있는 작업은 RPA에 의한 자동화가 용이합니다(그림 7-26). 클래스 1 RPA에는 고도의 기술이 사용되지 않으며, 극단적으로 말하면 「엑셀 매크로를 쉽게 짜주는」 것입니다. 실제로는 보다 복잡한 작업에 대응해, 여러 데이터베이스나 애플리케이션을 동시에 참조하고 필요한 데이터를 정리하거나 서류나 데이터의 정오 관계를 자세하게 체크하는 등 폭넓은 작업을 자동화합니다.

이 클래스의 RPA로 할 수 있는 것은 기존 프로그램에서도 할 수 있지만, 지금까지 엔지니어가 처음부터 만들던 것을 패키지 소프트웨어나 서비스를 이용함으로써 업무 내용에 따라 쉽게 자동화 시스템을 만들 수 있게 되었다는 점이 주목됩니다. 그리고 이 기술에 AI를 결합함으로써 클래스 2와 클래스 3의 고급 RPA 기술로 발전해 나가는 것입니다.

그림 7-25 **RPA의 3가지 클래스 분류**

클래스	주요 업무 범위	구체적인 작업 범위 및 이용 기술
클래스 1: RPA(Robotic Process Automation)	정형화된 업무의 자동화	• 정보 취득 및 입력 작업, 검증 작업 등 정형적인 작업
클래스 2: EPA(Enhanced Process Automation)	일부 비정형 업무의 자동화	• RPA와 AI 기술을 사용함으로써 비정형 작업의 자동화 • 자연어 해석, 이미지 분석, 음성 분석, 기계학습 기술 탑재 • 비구조화 데이터의 읽기 및 지식 베이스 활용도 가능
클래스 3: CA(Cognitive Automation)	고도의 자율화	• 프로세스 분석이나 개선, 의사결정까지 스스로 자동화하는 동시에 의사결정 • 딥러닝이나 자연어 처리

그림 7-26 **RPA는 일반 자동화와 무엇이 다른가?**

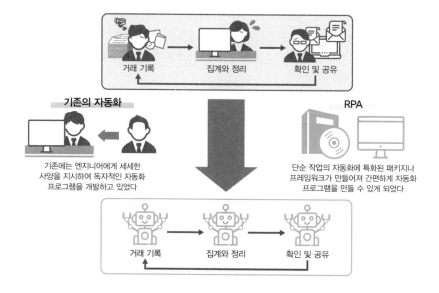

기존의 자동화

기존에는 엔지니어에게 세세한 사양을 지시하여 독자적인 자동화 프로그램을 개발하고 있었다

RPA

단순 작업의 자동화에 특화된 패키지나 프레임워크가 만들어져 간편하게 자동화 프로그램을 만들 수 있게 되었다

거래 기록 → 집계와 정리 → 확인 및 공유

Point

✔ RPA는 「인간의 작업을 모방」함으로써 자동화한다

✔ 업무 자동화는 3가지 클래스로 분류된다

✔ RPA 클래스 1은 간단한 단순 작업의 자동화

✔ 최근 RPA는 「자동화 프로세스를 효율화했다」는 점에서 획기적

≫ RPA ②
– AI로 확장되는 자동화 영역

클래스 2: 문자·음성·이미지 인식 기술에 의한 RPA의 발전 \\\\\\\\\\\\\\

클래스 1 RPA에 기본적인 AI 기술을 더한 것이 EPA입니다. 클래스 1과 2의 차이는 **자동화의 각 단계에 기계학습이나 이미지 인식 등 AI 기술이 이용되고 있는지 여부**입니다. 자동화 시스템 전체 흐름은 클래스 1과 다르지 않지만 각각의 단계에 따라 고급 작업이 추가됩니다. 이미지에 찍혀 있는 대상물의 텍스트화나 손으로 쓴 문서를 인식해 데이터화하는 것도 클래스 2의 자동화에 해당합니다(그림 7-27).

단순 작업이라도 고도의 인식 능력이 필요한 회의록 작성이나 문의 대응이 클래스 2 EPA에서는 가능해집니다. 다만, 이미지 인식이나 음성 인식의 정확도에 대해서는 완벽한 수준은 아니기 때문에 인간에 의한 감시의 손길이 필요할 것입니다. 이외에도 기계학습을 통해 진위판정이나 패턴분류에서 복잡한 판단을 할 수 있게 되어 **명확한 기준을 만들기 어려워 인간의 감각에 맡겼던 어려운 확인 작업에 대해서도 자동화가 가능**해졌습니다.

클래스 3: 자율적인 학습·인식·판단·제안 \\\\\\\\\\\\\\

클래스 3인 CA에서는 인간에 의한 의사결정 프로세스도 자동화를 함으로써 **프로젝트 단위로 자동화를 가능하게 합니다.** 문의를 받고 나서 견적·수주·생산·발송·정산까지의 프로세스가 한 번에 전개되는 BTO(Build To Order) 제품을 생각해 보면 알기 쉬울 것입니다(그림 7-28). 이것은 인터넷에서 사양을 결정하면 적절한 상품이 생산되어 발송되는 것인데, 이를 좀 더 세밀한 설계 수준까지 넓힌 것이 클래스 3의 자동화 기술입니다.

비즈니스의 모든 것이 CA에서 자동화되는 것은 아니고, 평소의 클라이언트·사양·예산이라고 하는 수준의 정형적인 발주나, 조금만 사양을 바꾼 「자주 있는 주문」만 완전 자동화가 된다고 생각하면 좋을 것입니다. 평소 업무에서도 이러한 정형적인 비즈니스는 그 프로세스 전체가 「평소의 방식」으로 가능한데, 그러한 「평소의 방식」으로 할 수 있는 것이라면 AI에 의한 자동화가 가능하다는 것입니다.

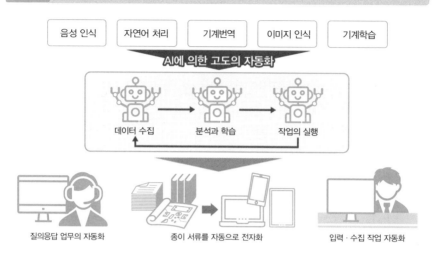

그림 7-27 AI를 이용함으로써 자동화의 폭이 넓어진다

| 음성 인식 | 자연어 처리 | 기계번역 | 이미지 인식 | 기계학습 |

AI에 의한 고도의 자동화

데이터 수집 → 분석과 학습 → 작업의 실행

질의응답 업무의 자동화

종이 서류를 자동으로 전자화

입력 · 수집 작업 자동화

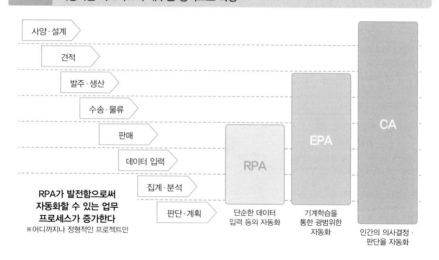

그림 7-28 자동화는 비즈니스의 대부분 영역으로 확장

사양 · 설계
견적
발주 · 생산
수송 · 물류
판매
데이터 입력
집계 · 분석
판단 · 계획

**RPA가 발전함으로써
자동화할 수 있는 업무
프로세스가 증가한다**
※어디까지나 정형적인 프로젝트만

RPA
단순한 데이터
입력 등의 자동화

EPA
기계학습을
통한 광범위한
자동화

CA
인간의 의사결정 ·
판단을 자동화

Point

✔ 이미지 인식과 자연어 처리 등 AI 기술을 더한 「EPA」

✔ 명확한 매뉴얼화가 어려운 작업도 자동화할 수 있게 되었다

✔ 의사결정이 필요한 프로젝트 단위로 자동화할 수 있는 「CA」

✔ 「자주 있는 일」이라면 결국 AI에 의해 자동화될 수 있다

새로운 기술로 변화하는 사회를 상상해 보자

AI에 의한 진단 지원이나 핀테크, 자율주행과 드론을 통한 서비스가 보급되면 사회에 적지 않은 변화가 생깁니다. 하나하나의 기술이 만들어내는 변화는 제한적이지만 이를 조합함으로써 상상도 못했던 변화가 생깁니다.

인터넷과 물류 시스템의 발전으로 아마존과 같은 인터넷 쇼핑이 당연해졌고, 어시스턴트 AI가 나타나면서 AI에게 부탁하기만 하면 상품이 도착하게 되었습니다. 비즈니스나 일상생활을 영위하는 데 있어서 중요한 것은, 그것에 의해서 어떤 수요가 생겨나는가 하는 것입니다. 기술에 의해 변해가는 사회를 창조하고, 거기에서 생겨나는 새로운 수요나 비즈니스에 대해 생각해 봅시다.

세상의 변화 모습 예시

Politics : **정치적 요인**
- 뛰어난 기술을 가진 미국·중국 기업이 부상한다
- 한국과 중국의 경제·기술적 균형이 깨진다
- 미·중 경제전쟁에 의한 영향력이 커진다

Economy : **경제적 요인**
- AI·IT 관련 기업이 성장한다
- IT 분야의 발전으로 쇠퇴하는 업종이 생겨난다
- 실업자가 늘어나는 업종도 있고 줄어드는 업종도 있다
- 기업 전체의 생산성이 향상된다

Society : **사회적 요인**
- AI에게 간단한 작업을 통째로 던지는 일이 늘어난다
- 물류 인프라의 자동화가 진행되어 수송비용이 더 낮아진다
- 영상인식을 통한 사회 감시가 강화된다
- 자율주행 대중교통이 보급되어 자가용 이용이 줄어들고, 차량 함께 타기가 늘어난다

기술측면의 커다란 변화에 의해 무엇이 달라지는가?

Technology : **기술적 요인**
- AI 기술의 발전
- 자율주행 보급
- 드론 이용 확대
- 진단지원을 통한 의료 개혁
- 핀테크에 AI 응용
- RPA를 통한 사내 시스템 효율화

여기서는 PEST 분석에 가까운 형태로 세상의 변화를 그려보았지만 기술에 의한 사회변화 분석 방법에는 여러 가지가 있습니다. 전혀 예상치 못한 부분이나 예상하기 쉬운 부분도 있을 것입니다. 그러한 예상을 목록으로 만들어 둠으로써 앞으로 생겨날 수요나 비즈니스의 형태가 보이지 않을까요?

Chapter 8

AI에 관한 다양한 논의

AI는 과연 만능의 기계인가

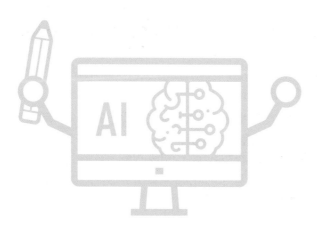

8-1

강한 AI, 약한 AI, 범용 AI, 특화 AI

» 전제 조건으로 알아야 하는 인공지능의 분류

의식의 유무를 묻는 강한 AI와 약한 AI

AI에 대해 다양한 논의가 진행되는 것은 AI의 정의가 모호하기 때문인데, 논의의 전제조건이 어긋난 채 평행선을 달리는 경우도 종종 있습니다. 그래서 AI가 안고 있는 과제에 대해 논의하는 데 있어서 조심해야 하는 생각들을 소개합니다.

우선 오래전부터 논의되고 있는 것이 **강한 AI**와 **약한 AI**입니다. 이것은 「의식」이나 「지능」이라고 하는 지적 생물이 가지는 근원적인 능력을 AI가 가지고 있는가 하는 관점에서 생각할 수 있는 AI의 유형 구분입니다. **강한 AI는 「인간과 동등한 의식이나 지능을 가지는 AI」, 약한 AI는 「의식이나 지능이 있는 것처럼 보일 뿐인 AI」**를 의미합니다(그림 8-1). 현대 사회에 존재하는 AI 대부분이 약한 AI인데 반해, 창작물에 등장하는 AI는 의식을 가진 강한 AI처럼 그려지는 경우가 많아 이미지 측면에서 갭(Gap)이 생기는 요인이 되고 있습니다.

태스크에서 생각하는 범용 AI와 특화 AI

인간에 관해서도 모르는 것이 많은 분야인 의식이나 지능에 대해서는 논의를 포기하고 「무엇을 할 수 있는가」에 초점을 맞춘 사고방식도 존재합니다. **범용 AI**와 **특화 AI**입니다. 의식이나 지능 유무에 대해서는 묻지 않고, 순수하게 인간과 비교해서 얼마나 복잡한 작업을 할 수 있는가 하는 점에서 AI 분류를 합니다. **인간처럼 「무엇이든 할 수 있는 AI」를 범용 AI라고 부르고, 「작업의 일부만 하는 AI」를 특화 AI라고 부릅니다.** 또한 강한 AI는 틀림없이 범용 AI인 반면에, 그 반대로 인간과 같은 일을 할 수 있는 범용 AI라고 해서 의식이나 지능이 있는 강한 AI라고는 할 수 없다는 점에 주의해야 합니다(그림 8-2).

AI 연구는 예전에는 인간이 가지는 지능의 재현(강한 AI)을 목표로 연구가 행해지고 있었지만, 비즈니스나 실용성의 관점에서 실질적으로 인간의 태스크를 기계에 맡기는(범용 AI) 것으로 바뀌고 있습니다. 그런데 일반 사회에서는 AI의 본질이 혼동된 채 「AI는 인간과 다르다」 「AI에게 무엇이든 맡길 수 있다」 「AI에 따라 잡힌다」는 등의 논의가 이뤄지고 있습니다.

	의식 및 지능	가능한 태스크	사례
그림 8-1	**인공지능의 분류와 정의**		
인간	있다	매우 폭넓다	N/A
강한 AI	있다	인간과 동등 이상 ※엄밀하게는 상관없음	창작물에서만(도라에몽 등) ※인간적인 감정을 갖는 AI에게 많다
약한 AI	없다	지적 태스크 전반 ※엄밀하게는 상관없음	기존의 모든 AI
범용 AI (AGI)	N/A ※상관없음	인간과 동등 이상	창작물에서만(SW 드로이드 병사 등) ※ 인간과 같은 능력이 있지만 인간적인 감정이 없는 경우 가 많다
특화 AI	N/A ※상관없음	지극히 한정적	기존의 모든 AI

그림 8-2 **분류 개념도**

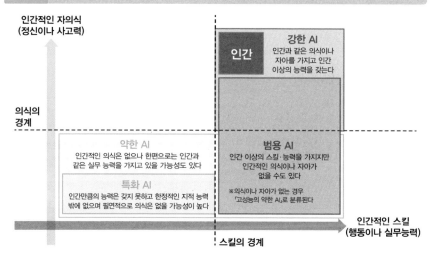

Point
- ✔ 강한 AI와 약한 AI는 「인간의 내면이나 의식」에 초점을 맞춘 사고방식
- ✔ 범용 AI와 특화 AI는 「인간의 스킬이나 능력」에 초점을 맞춘 사고방식
- ✔ 인간의 의식이나 지능 메커니즘이 해명되지 않았기 때문에 강한 AI 여부는 판별하기 어렵다
- ✔ 의식을 불문한 인간적인 능력을 가진 「범용 AI」의 논의가 활발해지고 있다

≫ AI의 언어 이해 ①
– 말로 지능을 측정할 수 있을까

높은 자연어 처리 능력을 가진 AI의 과제 〰〰〰〰〰〰〰〰〰〰

Attention(5-6 절)을 능숙하게 사용한 **Transformer**의 등장으로 AI의 자연어 처리 능력은 비약적으로 향상되어, 인간과 거의 차이가 없이 글을 쓰고 대화를 할 수 있게 되었습니다. 그러나 이러한 자연어 처리 기술의 기반은 언어를 수치화하는 Word to Vector(5-9 절)와 신경망의 특징 추출에 의한 관련성이 높은 문장 생성이라는 점은 변화가 없습니다. **통계적인 분석을 통해 말을 조종하고 있으며 문장의 의미나 정의는 파악하지 못하고** 순수하게 「이 문장에 맞는 말은 이것」이라는 형태로 판단하고 있는 것입니다(그림 8-3).

그런 AI로도 기사를 쓸 수 있고, 글을 잘 요약하고, 소설도 쓸 수 있습니다. 언어의 의미를 이해하지 못하는 AI라고 하더라도 인간의 작업을 맡길 수 있다면 우수한 특화 AI인 것은 확실합니다.

튜링 테스트와 그 문제 〰〰〰〰〰〰〰〰〰〰〰〰〰〰〰〰〰〰

문제는 이러한 AI가 강한 AI인지 여부입니다. 기계나 AI가 지능을 가질 수 있다고 판단하는 방법 중 하나가 앨런 튜링(Alan Turing)에 의해 고안된 **튜링(Turing) 테스트**입니다. 방법은 간단하며 **AI와 인간이 대화를 통해 인간이 대화의 상대방이 AI라는 것을 간파하는지** 테스트합니다(그림 8-4). 현대적인 감각으로 말했을 때 SNS나 채팅 상대가 AI라고 간파되지 않는다면 「그 AI에게는 지능이 있다」고 판단하는 개념입니다. 직관적으로 이해할 수 있고 사람끼리도 면접에서 지능을 측정할 수 있도록 하는 사용하기 쉬운 방법입니다.

이 테스트가 고안되었을 때는 AI가 등장하기 전에 진행되던 사고 실험일 뿐이었지만, 현대에는 튜링 테스트를 통과하는 AI가 등장하고 있어 더 이상 SF의 이야기가 아니게 되었습니다. 고객 지원부서에 채팅으로 연락하면 AI가 응답하는 것은 이미 자연스러운 상황이 되었으며, 뛰어난 챗봇이라면 인간과 거의 동일한 수준에서 응답해주고 있습니다. 튜링 테스트로 지능을 측정할 수 있다면 AI는 이미 지능을 가지고 있는 것이 되어 버린 상태입니다.

그림 8-3   현대인들과 AI의 커뮤니케이션

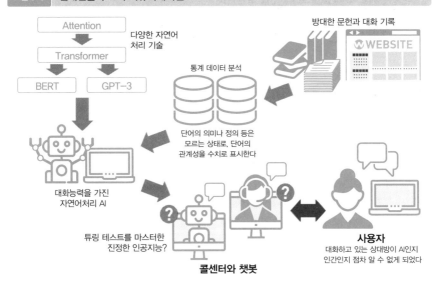

그림 8-4   튜링 테스트란?

튜링 테스트를 하는 방법

① 인공지능(AI), 비교되는 역할의 인간, 시험관 역할의 인간을 준비한다
② AI와 비교되는 인간에게 질문을 던진다

시험관이 AI와 비교되는 인간을
대상으로 채팅으로 몇 개의 질문을
던지고 그 대답을 듣는다

③ 어느 쪽이 인간인지 시험관이 판정한다

30% 이상의 시험관이 인간이라고 판단한 AI는 「지능이 있다」고 판정된다

Point

✔ 고도의 통계적 분석으로 언어를 능숙하게 구사하는 자연어 처리 AI

✔ 인간과 동일하게 말하는 AI라고 하더라도 특화 AI에 지나지 않는다

✔ 인간과 구별이 안되면 「지능을 갖고 있는 것」으로 간주하는 튜링 테스트

✔ 현대의 AI는 튜링 테스트를 통과할 수 있는 능력이 있다

» AI의 언어 이해 ②
– 의미의 이해와 현실의 벽

중국어 방과 「이해」의 벽

튜링 테스트에 합격했다고 해서 인간과 같은 지능이 있다고는 말할 수 없습니다. 그 것만으로 말을 이해한다고 판단할 수 없기 때문입니다.

튜링 테스트를 비판하는 유명한 사고 실험 중에 **중국어 방(Chinese room)**이 있습니다. 한 방 안에 「중국어를 이해하지 못하는 사람」이 있고, 중국어를 이해할 수 있는 사람이 문틈으로 편지를 건넵니다. 안에 있는 사람은 무엇이 쓰여 있는지 모르지만, 매뉴얼을 읽으면서 편지를 돌려주는 것으로 편지의 교환은 성립합니다. 밖에 있는 사람들은 안에 있는 사람들이 중국어를 이해하는 것으로 생각하지만 실제로는 중국어를 이해하지 못합니다. **매뉴얼대로 행동하는 지능은 있어도 언어를 이해하는 지능은 없다**라는 것입니다(그림 8-5).

현재의 자연어 처리 AI도 이와 동일합니다. 매우 고도화되고 복잡하지만 통계적 매뉴얼에 따라 언어를 다루고 있을 뿐, 언어 이해와는 거리가 먼 상태입니다.

심볼 그라운딩 문제

이러한 문제를 해결하기 위해 필요한 것이 단어의 정의를 이해하는 것 외에 현실 세계와 언어를 연결시키는 **심볼 그라운딩(symbol grounding)**이라는 과정입니다. AI는 사과나 고양이가 구체적으로 무엇을 가리키는지 이해하지 못하더라도 대화를 성사시킬 수 있습니다. 「사과의 색깔은?」이라고 물으면 「빨간색입니다」라고 대답하고 「고양이의 울음소리는?」이라고 물으면 「야옹」이라고 대답하겠죠.

하지만 이것은 통계적인 대화나 데이터베이스에서 끌어내고 있을 뿐, 「빨강」이 어떤 색이고 「야옹」이 무슨 소리인지 이해하지 못하고 있습니다. 「사과의 울음소리는?」이라는 질문에 「야옹」이라고 대답할 가능성도 충분히 있습니다. 어떤 **개념을 올바르게 이해하기 위해 필요한 정보를 실제 세계에서 얻지 못하면 진정한 의미로 단어를 이해할 수 없다**는 문제가 심볼 그라운딩 문제입니다(그림 8-6). 이 문제를 AI가 해결하기 위해서는 AI가 실제 사회와 관련된 방법을 찾아야 합니다.

그림 8-5　사고 실험 「중국어 방」

단어를 이해하고 있지 않아도 대화는 성립한다 「중국어 방」

（건강하신가요?）
你好吗?

회신(답장)

송신(편지)

很好, 你呢?
（건강합니다. 당신은요? ）

편지의 상대방은
중국어를 이해하고
있다고 생각하고 있다

편지의 내용에 대해서는
전혀 이해하고 있지 않다

〈매뉴얼〉
편지에 「你好吗?」하고
쓰여있다면 「很好, 你呢?」
라고 써서 답장을 보내주세요

지도를 갖고 있는데도
장소를 물어보는 건가?
대충「저쪽」이라고
말해버리자

Excuse me?
Do you know …

Ah, Yes Yes.
Over there!

역시.
역은 저쪽인가. 영어가
통하는 사람이어서
다행이다

MAP

→ 대화는 성립해도, 언어를 이해하고 있다고는 할 수 없다

그림 8-6　심볼 그라운딩 문제

언어가 현실에 기반하지 않는 「심볼 그라운딩 문제」

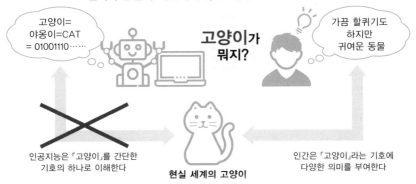

고양이=
야옹이=CAT
= 01001110……

고양이가
뭐지?

가끔 할퀴기도
하지만
귀여운 동물

인공지능은 「고양이」를 간단한
기호의 하나로 이해한다

현실 세계의 고양이

인간은 「고양이」라는 기호에
다양한 의미를 부여한다

Point

✔ 사고 실험 「중국어 방」에서는 대화가 성립하는 것과 언어를 이해하는 것은
　별개임을 보여준다

✔ 튜링 테스트 합격 여부와 지능 여부는 별개의 문제이다

✔ 심볼 그라운딩 문제는 AI가 다루는 말들이 실제 사물이나 개념과 연결되어
　있지 않다는 점을 지적했다

≫ 판단 불가능 상태에 빠지는 문제

현실 세계에서 일어나는 조합 폭발

이외에도 현실 세계에서 AI가 안고 있는 문제 중 하나는 **조합 폭발**입니다. 현대의 AI 는 매뉴얼이나 기계학습에서 미리 정해진 패턴에서 인간을 능가하는 성능을 발휘합니다. 복잡한 상황도 미리 정해진 패턴을 조합하는 것으로 어느 정도 유연하게 대응할 수 있고, 테스트 시 시뮬레이션(2-9 절)을 함으로써 오류를 하나씩 줄여 나가는 것도 가능합니다.

그러나 미리 정할 수 있는 상황이란 것에는 한계가 있습니다. **대응할 수 있는 상황이 늘어날수록 그 조합의 개수는 폭발적으로 늘어납니다.** 이것이 조합 폭발입니다(그림 8-7). 미리 지정할 수 있는 모든 상황의 테스트는 현실적이지 않습니다. AI가 많은 상황에 대응할 수 있게 되고 실제로 그 상황에서 사용되게 되면 현장에서는 여러 문제들이 복합적으로 발생하여 지금까지 본 적도 없는 상황들이 나타날 것입니다. 그때 AI가 문제없이 대응할 수 있을지는 개발자도 모릅니다.

생각의 틀을 정할 수 없는 프레임 문제

조합 패턴을 줄이기 위해서는, 미리 정해 놓는 상황을 좁혀 사고의 틀(프레임)을 만드는 방법을 생각할 수 있습니다. 틀을 올바르게 설정하면 조합 패턴이 줄어 다양한 상황에 대응할 수 있게 됩니다.

자율주행차 레벨 4(7-9 절)는 상황을 좁힘으로써 그 상황 하에서라면 모든 상황에 대응할 수 있도록 학습을 실시할 수 있으므로, AI에게 맡겨도 지극히 높은 신뢰성을 유지할 수 있습니다. 그런데 레벨 5와 같이 틀이 없는 상태에서는 스스로 프레임을 좁히는 작업이 필요합니다. 적절하게 프레임을 설정하지 못하면 예상치 못한 상황이 늘어나 치명적인 실수를 저지르게 되지만, 적절히 설정할 수 있다면 대부분의 상황에 대응 가능해집니다(그림 8-8).

이 문제는 인간조차도 엄밀하게 해결되지 못하며, 기존에는 해결 불가능하다고 여겨졌습니다. 그러나, 「인간과 비슷한 수준」 정도로도 좋다면 인간의 프레임 설정을 배우는 것으로 타협점을 찾을 수 있습니다. 자율주행차로 말하자면 숙련된 운전자 정도의 운전 기술에는 도달할 것이라는 이야기입니다.

그림 8-7 조합 폭발

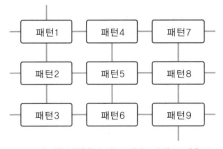

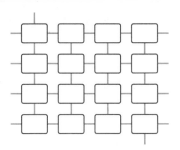

다양한 상황에 대응할 수 있는 스테이트 머신(2-7 절)을 만들었다고 하면, 1에서 9로 이동하는 동작 패턴의 조합은 위의 경우에는 「12가지」가 된다(과정의 순서에 대한 조합 계산과 동일)

패턴이 16(4X4)개로 늘어나면 「184가지」 조합 패턴이 생긴다. 또한 5×5면 8,512가지. 6×6이면 100만 가지가 넘는다. 현실 세계에서 일어날 수 있는 패턴은 그 이상

→ **패턴이 하나 늘어날 때마다 조합이 폭발적으로 늘어난다**

그림 8-8 프레임 문제

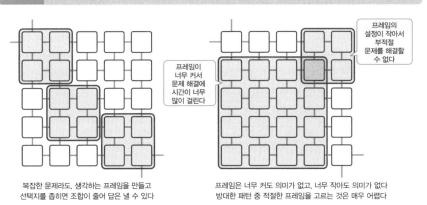

프레임이 너무 커서 문제 해결에 시간이 너무 많이 걸린다

프레임의 설정이 작아서 부적절 문제를 해결할 수 없다

복잡한 문제라도, 생각하는 프레임을 만들고 선택지를 좁히면 조합이 줄어 답은 낼 수 있다

프레임은 너무 커도 의미가 없고, 너무 작아도 의미가 없다 방대한 패턴 중 적절한 프레임을 고르는 것은 매우 어렵다

→ **무수한 조합에서 프레임을 좁히는 것이 AI에게는 어렵다**

※ 실제 AI에 있어서는 인간이 최초로 용도를 한정하는(특화 AI) 것으로 프레임을 설정하고 있다

Point

✔ 조합 폭발이란, 일어날 수 있는 패턴이 늘어날 때마다 패턴끼리의 조합이 폭발적으로 늘어나는 현상을 말한다

✔ 방대한 가능성 속에서 작업을 수행하기 위해서 프레임(틀) 설정은 필수

✔ AI는 방대한 가능성을 좁히는 프레임 설정조차도 어렵다

AI의 신체성 ①
- 인간에 가까워지기 위한 신체

AI가 인간에 가까워지는데 필요한 마음과 신체

인간에 관한 통계 데이터를 모으는 것만으로도 간단한 대화나 작업의 태스크 수준에서는 인간답게 행동할 수 있게 됩니다. 그러나, 모든 상황에서 인간과 같거나 그 이상이 된다면, 프레임 문제나 조합 폭발 같은 과제로 인하여 해결이 어려워집니다. 운전이라는 특정 태스크에서 프레임 문제 해결조차 어려웠던 AI가, 범용 AI에서는 복수의 태스크를 동시에 안고 있는 인간과 같은 수준에서 방대한 가능성을 마주해야 합니다.

그 해결에 필요하다고 생각되는 것이 AI의 의식과 신체입니다. 사회와 관련된 물리적인 신체를 가지고, 여러 가지의 태스크를 통합해 사고하는 의식을 가지면, 인간과 같은 종합적인 지성을 얻을 수 있지 않을까 하는 생각입니다(그림 8-9). 거기서의 문제는 바로 AI의 신체입니다.

AI의 신체성과 오감

AI에 있어서 시각과 청각은 카메라와 마이크로 대체 가능합니다. 또한 미각이나 후각은 본질적으로는 화합물 센서일 뿐이므로 화합물 감지 기술이 향상되면 인간과 비슷해질 수 있습니다. 문제는 촉각이나 손발과 같은 사회와 소통하는 수단입니다. 이것은 기계로 말하면 압력 센서 같은 것이지만, 인간의 시각·청각·후각·미각은 머리에 집중되어 특정 기관에서만 다루고 있는 감각인 반면에 촉각 센서는 전신, 급기야 체내에도 있습니다.

AI가 신체를 갖고 인간과 동일한 지각 관련 정보를 얻는 것은 자연어 처리 분야의 큰 벽인 심볼 그라운딩 문제 해결에는 필요하지만, 실제로 인간과 동일한 신체를 갖기는 어렵습니다. 반면, 영상·음성·언어 정보만으로 「고양이는 부드럽다」라고 하는 감각 정보를 이해하거나 「(슬픔으로) 가슴이 답답하다」와 같은 감정과 감각이 섞인 표현을 이해하기는 어려울 것입니다. 다만 인간과 같지 않더라도 비슷한 신체를 얻을 수는 있고 인간의 감각 정보만을 정보화할 수도 있습니다(그림 8-10). 인간을 이해하는 방법은 한 가지만이 아닙니다.

그림 8-9 　AI가 안고 있는 문제를 넘어서기 위한 신체성

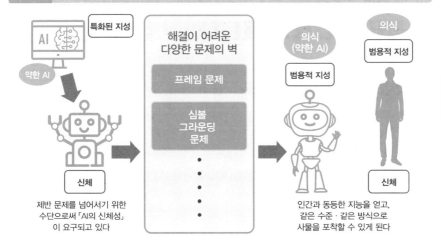

제반 문제를 넘어서기 위한
수단으로써 「AI의 신체성」
이 요구되고 있다

인간과 동등한 지능을 얻고,
같은 수준 · 같은 방식으로
사물을 포착할 수 있게 된다

그림 8-10 　신체성에 의해 인간의 감각에 대한 이해가 깊어진다

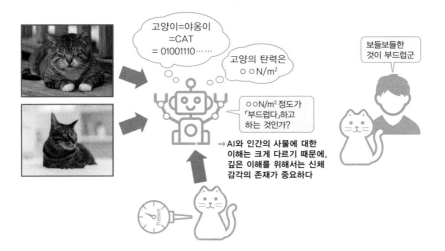

Point
　✔ AI가 인간처럼 사물을 포착하기 위해서는 신체가 필요하다
　✔ 신체를 통해 의식이나 그에 가까운 통합적 사고 능력을 획득한다
　✔ 심볼 그라운딩 문제의 해결에는 신체성이 중요

» AI의 신체성 ② - 신체를 가지지 않은 상태로 감각을 배운다

시뮬레이션과 인간의 지각 정보

인간과 같은 신체가 없어도 인간에 가까워질 수 있는 방법은 있습니다. 인간의 사회 환경을 이해하기 위해 필요한 정보를 인간이 모은 후에 시뮬레이션하여 부족한 부분을 보완함으로써 유사한 현실세계를 **가상공간**으로 만들어내는 것입니다. **인간이 부족한 지식을 상상력으로 보충하는 것과 비슷합니다.** 만약 인간이 온몸에 슈트를 두르고 VR 공간에서 현실 세계와 혼동하는 체험을 할 수 있다면 신체가 없는 AI도 현실 세계와 흡사한 체험을 할 수 있을 것입니다. 가상세계에서 그럴싸한(Supurious) 신체를 가지고 인간의 신체성을 배우는 것입니다(그림 8-11).

또한 인간의 지각 정보를 **디지털 데이터**로 대체할 수 있다면, AI는 스스로 신체를 얻을 필요가 없습니다. 인간의 신경 신호를 AI가 분석함으로써 어떤 상황에서 인간이 무엇을 느끼는지 알 수 있습니다. 이 기술은 신경질환 치료 및 의지 개발에도 응용이 가능해, 자신의 손가락처럼 자유롭게 손가락을 움직여 만진 감촉을 뇌로 전달하는 의지 연구가 진행되고 있습니다. 미래에는 뇌의 디지털 접속에도 응용할 수 있을 것으로 생각됩니다.

자신의 사고(思考)에 대해 생각하는 메타 학습

신체를 얻고 AI가 인식할 수 있는 세계가 펼쳐지면, 다음으로 의식의 획득으로 나아갑니다. 필수적인 것은 **스스로의 사고나 인지에 대해서 생각하는 메타적인 사고능력**입니다. 데카르트의 「나는 생각한다 고로 존재한다」와 같은 사고방식으로, 나 자신에 대해 생각하고 있는 「나」가 존재한다면 그것이 일종의 의식에 가까운 존재가 될 수도 있다는 것입니다.

AI 연구 중에서도 기계학습을 효율화하기 위한 **메타 학습**이라고 하는 스스로의 학습 프로세스를 분석하는 접근법이 진행되고 있습니다. 이는 인간이 자기 자신의 학습과 사고에 대해 객관적인 시각에서 분석을 하는 것과 비슷합니다(그림 8-12). 메타적인 사고가 의식의 출발점이라고는 할 수 없지만, 의식을 얻기 위해 필수적인 단계 중의 하나입니다. AI가 사회와의 관계에 대해 사고할 수 있게 된다면, 보다 인간의 의식에 가까워질 것입니다.

그림 8-11 가상공간에서 신체성을 배우는 AI

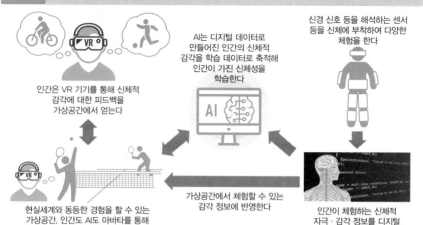

인간은 VR 기기를 통해 신체적 감각에 대한 피드백을 가상공간에서 얻는다

AI는 디지털 데이터로 만들어진 인간의 신체적 감각을 학습 데이터로 축적해 인간이 가진 신체성을 학습한다

신경 신호 등을 해석하는 센서 등을 신체에 부착하여 다양한 체험을 한다

현실세계와 동등한 경험을 할 수 있는 가상공간, 인간도 AI도 아바타를 통해 현실세계에 가까운 체험을 할 수 있다

가상공간에서 체험할 수 있는 감각 정보에 반영한다

인간이 체험하는 신체적 자극·감각 정보를 디지털 데이터로 만든다

그림 8-12 메타적인 관점을 배우고 있는 AI

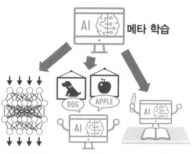

메타 학습

인간은 자신의 인지를 객관적으로 이해하고 여러 가지로 생각하고 있는 자신의 존재(사물을 인지하고 있는 사실)를 인지할 수 있다

→ **스스로의 인지를 분석함으로써 자신의 인지 프로세스 자체를 바꾸어 성장할 수 있다**

AI의 메타학습은 스스로의 학습 프로세스나 인지 프로세스를 분석함으로써 학습 방법 자체를 효율화시킬 수 있다

→ **학습하고 있는 자신의 학습 모델을 분석하여 학습 모델을 스스로 개선한다**

Point

✔ 물리적인 신체 없이도 인간의 신체적 정보나 활동이 반영된 가상공간에서 그럴싸하게 신체성을 배우는 것이 가능하다

✔ 인간의 신체 정보를 디지털화하는 기술은 의료에도 응용할 수 있다

✔ 메타 학습 등을 통해 AI에 메타적인 시점을 갖게 하여 학습을 효율화하는 접근법이 연구되고 있다

≫ 인간의 영향을 받은 AI가 가진 편견

AI가 학습하는 인간의 바이어스 ///

기계학습은 많은 점에서 **인간의 가치관**을 반영하고 있습니다. 지도 학습(4-3 절)은 인간이 정답을 결정하고 있다는 점에서 인간의 의도에 따른 학습이 이루어집니다. 강화학습(4-5 절)도 학습의 방향성을 인간이 정하고 있다는 점에서 인간의 영향을 받고 있습니다. 알고리즘에 따라서는 비지도 학습도 인간의 영향을 받을 것입니다. 이러한 것들에 의해서 태어나는 것이 **AI의 바이어스**(Bias, 편견)입니다.

여기서 이야기하는 바이어스는 인간 사회에서의 편견이란 의미이며, 인종이나 성별의 차별 등도 포함됩니다. 예를 들어 **AI가 갈색 고양이만으로 학습한 결과, 흰 고양이를 고양이가 아니라고 판정하는 것이 AI의 바이어스**입니다(그림 8-13). 그 정도의 바이어스는 쉽게 수정할 수 있지만 남녀를 평균 급여로 비교해 「남성이 우수하다고 판정」하는 경우라면 사회적 성별 격차가 데이터에 반영되어 있기 때문에 수정이 쉽지 않습니다.

AI로는 해결할 수 없는 바이어스 문제 /////////////////////////////////

사회적 편견이나 차별이 통계 데이터 상에 뚜렷하게 나타나는 상황에서 기계학습을 하면 편견이나 차별을 그대로 반영한 AI가 생겨납니다. 복제 가능한 AI가 바이어스를 가지고 사회에 퍼지면 사회적 편견이 더욱 확산될 것입니다. 이를 막으려면 개발자의 손으로 바이어스를 수정해야 하는데, 이러한 경우 통계 데이터를 무시하고 개발자의 입장에서 이상적인 상황을 AI에게 알려주게 됩니다. 통계 데이터는 현실 세계를 반영하고 있기 때문에 개인이나 단체의 의지가 개입할 여지가 없습니다. 그러나 개발자가 이상적인 세계를 만들어 AI에게 가르치면 개인이나 단체의 의도에 따라 AI나 AI가 보급되는 사회의 가치관이 왜곡될 수 있습니다(그림 8-14).

사회문제로 인한 편견은 근본적인 사회문제가 해결되지 않는 한 해결되지 않습니다. AI의 가치관을 사회·이상 어느 쪽에 맞춰도 그것이 늘 옳다고는 할 수 없기 때문입니다. 이러한 측면에서도 AI의 판단은 어디까지나 인간의 판단을 참고하는 것이지, 모든 것을 맡기는 것은 아님을 알 수 있습니다.

현실사회를 반영하여 나타나는 AI의 바이어스

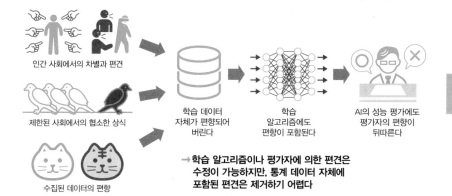

인간 사회에서의 차별과 편견

제한된 사회에서의 협소한 상식

수집된 데이터의 편향

학습 데이터 자체가 편향되어 버린다

학습 알고리즘에도 편향이 포함된다

AI의 성능 평가에도 평가자의 편향이 뒤따른다

→ 학습 알고리즘이나 평가자에 의한 편견은 수정이 가능하지만, 통계 데이터 자체에 포함된 편견은 제거하기 어렵다

바이어스가 없는 세계를 AI에게 가르치는 위험

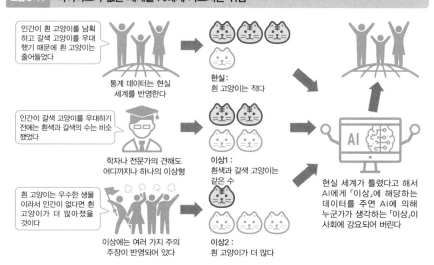

인간이 흰 고양이를 남획하고 갈색 고양이를 우대했기 때문에 흰 고양이는 줄어들었다

통계 데이터는 현실 세계를 반영한다

현실 : 흰 고양이는 적다

인간이 갈색 고양이를 우대하기 전에는 흰색과 갈색의 수는 비슷했었다

학자나 전문가의 견해도 어디까지나 하나의 이상형

이상1 : 흰색과 갈색 고양이는 같은 수

흰 고양이는 우수한 생물이라서 인간이 없다면 흰 고양이가 더 많아졌을 것이다

이상에는 여러 가지 주의 주장이 반영되어 있다

이상2 : 흰 고양이가 더 많다

현실 세계가 틀렸다고 해서 AI에게 「이상」에 해당하는 데이터를 주면 AI에 의해 누군가가 생각하는 「이상」이 사회에 강요되어 버린다

Point

✔ 현실 사회에서 취득한 통계 데이터에는 편견이 있고, 통계를 배운 AI에게는 현실의 편견이 반영되어 버린다

✔ 이상 사회에 대해서는 「정답」이 없기 때문에 AI에게 이상을 가르치는 것은 사상을 강요하는 위험을 수반한다

✔ AI가 보급됨으로써 AI를 통해서 특정 가치관이 강화시킬 수 있는 가능성이 있다

≫ AI로 인해 인간이 얻는 정보 컨트롤

바이어스를 선호하는 인간이 바이어스를 조장한다

AI 자체에는 바이어스가 포함되지 않았더라도 **인간이 AI를 사용해 바이어스를 조장할 위험**도 있습니다. 웹 쇼핑이나 SNS에서는 추천 기능을 통해 기호에 맞는 콘텐츠를 손쉽게 얻을 수 있습니다. 그러나 이것이 사용자의 바이어스를 조장합니다.

특정 장르나 키워드를 모아 편향된 콘텐츠를 표시함으로써 사용자의 취향이나 사고 방식은 더욱 편중됩니다. 이것은 **필터 버블(Filter Bubble)**이라고 하는 필터링 기능의 폐해입니다. 게다가 취미 기호가 비슷한 사람끼리 추천 사용자로 연결함으로써 같은 생각을 가진 집단 내에서 특정 사상이 강화되는 **에코 챔버(Echo Chamber)** 현상이 일어납니다. AI는 사용자가 선호하는 콘텐츠를 모으고 있는 것뿐이지만 결과적으로 편견을 낳습니다(그림 8-15). 폭넓게 추천해도 많은 사용자들은 그것을 좋아하지 않아 편향이 생깁니다. AI를 사용하는 사용자가 바이어스를 갖고 있는 이상, 사용자를 지원하는 AI가 바이어스를 조장하는 것은 불가피합니다.

AI에 의한 정보 컨트롤

이러한 **바이어스는 사용자가 아닌 플랫폼이나 제삼자에 의해 만들어질 수도 있습니다.** 딥 페이크(Deep Fake)라는 이미지 처리 기술에 의해 만들어진 합성 영상이 확산되어 잘못된 정보가 퍼지기도 하고, 국가 규모로 정보 통제가 이루어져 올바른 정보가 퍼지지 않을 수도 있습니다. AI에 의해 특정 사상이나 생각을 의도적으로 확산시키는 것이 실제로 이루어지고 있는 것입니다.

AI 자체에 바이어스가 포함되어 있지 않더라도 사용자 측은 쉽게 바이어스를 확산시킬 수 있습니다. 반대로 올바른 정보를 퍼뜨릴 목적으로 AI를 이용하는 것도 가능하며, 많은 SNS 플랫폼은 정확한 정보를 전달하기 위한 기술 개발을 진행하고 있습니다. 정보를 올바르게 이용할 수 있는지 여부는 AI보다 인간에게 많은 부분이 맡겨져 있으며(그림 8-16), 인간이 의식적으로 편견을 만들지 않도록 노력하지 않는 한 AI의 바이어스 문제는 해결되지 않을 것입니다.

그림 8-15 필터 버블과 에코 챔버

필터 버블

보고 싶은
정보

보고 싶지
않은 정보

사람은 「보고 싶은 정보」만을 모으려
하기 때문에 AI 필터링에 의해 사용자가
선호하는 정보만 선별되게 된다

에코 챔버 현상

인터넷은 유통되는 정보를 압도적으로 늘렸지만, 정보의
자기 증식에 의해 불안감을 부추기기 쉬운 면도 존재함

전통적인 미디어(신문, 텔레비전)

일방적이고 일률적인 전송

인터넷
뉴스

유명인
SNS

자신의
커뮤니티
이외에는
교환하지
않는다

유명인
SNS

페이크
뉴스

유명인
SNS

인터넷
뉴스

페이크
뉴스

A당 지지층   B당 지지층

출처: 경제산업성 「불안한 개인, 움츠러드는 국가~모델 없는 시대를 어떻게 긍정적으로 살아갈
것인가~」를 바탕으로 작성
URL: https://www.meti.go.jp/committee/summary/eic0009/pdf/020_02_00.pdf

사람들은 「의견이 맞는 사람」만으로 집단을 만들려고 한다. AI가 이를
지원함으로써 같은 의견의 집단이 쉽게 모이게 된다. 결과적으로 다른
의견을 가진 사람들과 소통하지 않게 된다

그림 8-16 AI에 의해 날조된 정보로 인해 사회가 바뀐다

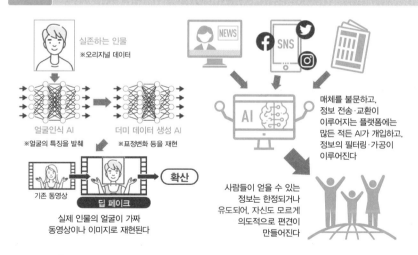

실존하는 인물
※오리지널 데이터

얼굴인식 AI
※얼굴의 특징을 발췌

더미 데이터 생성 AI
※표정변화 등을 재현

기존 동영상

딥 페이크

확산

실제 인물의 얼굴이 가짜
동영상이나 이미지로 재현된다

NEWS   SNS

매체를 불문하고,
정보 전송·교환이
이루어지는 플랫폼에는
많은 적든 AI가 개입하고,
정보의 필터링·가공이
이루어진다

사람들이 얻을 수 있는
정보는 한정되거나
유도되어, 자신도 모르게
의도적으로 편견이
만들어진다

Point

✔ 좋아하는 정보밖에 보이지 않는 「필터 버블」

✔ 같은 의견을 가진 사람들로 구성된 「에코 챔버」

✔ 딥페이크에 의해 정보가 조작된다

✔ 인간이 자신이 좋아하는 정보만을 보기 위해 AI를 이용함으로써 인간의 의견
은 더욱 편향되어 간다

Chapter 8

AI와 관한 다양한 논의

≫ 블랙박스화되어 이해할 수 없는 AI의 사고방식

신경망의 생각을 이해할 수 없다 ////////////////////////////////////

신경망 내부에는 복잡한 문제를 해결하기 위한 무수한 파라미터가 존재합니다. 그리고 그 파라미터는 기계학습을 통해 미세하게 변화하며 최적의 수치에 가까워집니다. 그러나 그 파라미터는 규모가 방대하여, 의미가 있는 수치도 있고 의미가 없는 수치도 있습니다. 그러다 보니 **신경망의 판단 근거를 인간이 알 길이 없어 「잘 모르지만 올바른 답이 나오는 기계」**로 AI를 사용하게 됩니다.

AI가 실수를 해도 신경망의 이 부분이 잘못됐다고 특정하기는 어렵습니다. 오류 수정에 필요한 것은 **새로운 학습**인데, 틀리기 전의 파라미터로 되돌리거나 올바른 답을 낼 수 있도록 다시 학습하거나, 기존 프로그램의 수정과는 다른 과정을 거칩니다. 결과적으로 근본적인 오류가 바로잡혔는지 여부를 모르는 채, 단순히 「같은 실수를 저지르지 않게 되었다」는 결과만 보고 「수정 완료」라고 선언하고 개발자는 AI를 출시하게 되는 것입니다(그림 8-17).

AI를 이해하기 위한 AI의 등장 ////////////////////////////////////

다만 이 문제는 결코 해결이 불가능하지는 않습니다. 신경망을 분석하는 AI를 통해 거대한 신경망 안에서 특징 추출과 관련된 특정 네트워크 식별이 가능해집니다. 신경망과 인간 사이에서 통역을 하는 역할을 수행하는 AI가 등장하는 셈입니다.

이를 통해 AI가 판단할 때 어떤 네트워크가 반응했는지 분석함으로써 의료 영상 진단에서 「여기에 이상이 있다」 「이 병과 비슷하다」는 근거를 제시할 수 있게 됩니다. 게다가, 답이 옳아도 「이곳 만으로는 판단할 수 없을 것이다」와 같이 근거가 애매한 부분을 찾아내 수정하거나 「이 특징만으로 판별할 수 있다면 정밀도가 올라간다」라는 부분을 찾아내 정밀도를 향상하기도 합니다(그림 8-18). 이러한 **설명 가능한 AI**는 AI 보급에 필수적인 기술로서 다양한 접근법이 검토되고 있습니다.

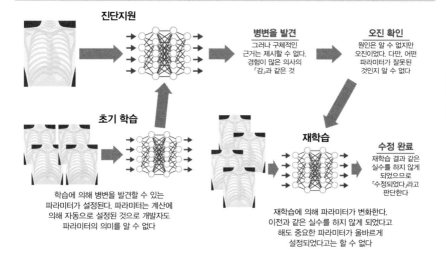

그림 8-17 설명할 수 없는 AI가 안고 있는 위험

진단지원

병변을 발견
그러나 구체적인
근거는 제시할 수 없다.
경험이 많은 의사의
「감」과 같은 것

오진 확인
원인은 알 수 없지만
오진이었다. 다만, 어떤
파라미터가 잘못된
것인지 알 수 없다

초기 학습

학습에 의해 병변을 발견할 수 있는
파라미터가 설정된다. 파라미터는 계산에
의해 자동으로 설정된 것으로 개발자도
파라미터의 의미를 알 수 없다

재학습

수정 완료
재학습 결과 같은
실수를 하지 않게
되었으므로
「수정되었다」라고
판단한다

재학습에 의해 파라미터가 변화한다.
이전과 같은 실수를 하지 않게 되었다고
해도 중요한 파라미터가 올바르게
설정되었다고는 할 수 없다

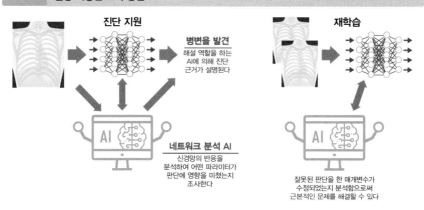

그림 8-18 설명 가능한 AI의 장점

진단 지원

병변을 발견
해설 역할을 하는
AI에 의해 진단
근거가 설명된다

재학습

네트워크 분석 AI
신경망의 반응을
분석하여 어떤 파라미터가
판단에 영향을 미쳤는지
조사한다

잘못된 판단을 한 매개변수가
수정되었는지 분석함으로써
근본적인 문제를 해결할 수 있다

Point

✔ 신경망을 시작으로 복잡한 AI의 판단 근거는 개발자도 모른다

✔ 문제의 원인을 모르기 때문에, 같은 실수를 하지 않게 되었다는 결과만 보고
수정 완료라고 판단하고 있다

✔ 신경망을 분석하는 AI를 사용해서 설명하는 것이 가능하다

» AI의 윤리 ①
– AI의 난해한 구조와 운용

AI의 윤리가 왜 중요한가?

AI가 사회에 널리 침투함으로써 떠오르는 것이 윤리 문제입니다. 윤리는 법률·관습·도덕을 포함한 인간의 가치관에 큰 영향을 미치는 선과 악에 관한 영역으로 원래는 인간의 도구에 불과한 기계가 관련된 영역이 아닙니다. 그러나, AI에게는 지금까지의 기계에게는 없었던 **고도의 판단**을 하는 능력이 있어서 인간이 관련된 **방대한 정보**를 한 손에 처리할 수 있는 몇 안 되는 존재가 되었습니다. 경우에 따라서는 인간보다 신뢰할 수 있는 판단도 할 수 있게 될 것입니다.

그 결과 AI는 인간만이 다룰 수 있었던 선악을 포함한 **가치관**에 영향을 줄 수 있을 정도의 존재가 되었습니다. 게다가 문제를 어렵게 하는 것은 그 **가치관에 정답이 없고 통계적인 다수가 맞는 것도 아니라는 점**입니다(그림 8-19). AI는 정답이 없어도 학습을 할 수 있는 존재로 어린아이처럼 인간의 가치관을 배웁니다. 답이 없는 문제에 대해 AI에게 무엇을 어떻게 가르쳐야 할 것인가에 대한 논의를 게을리하면 AI는 사회에 악영향을 끼치는 존재가 될 수 있습니다.

책임을 지지 않는 AI

또한 AI는 스스로가 일으킨 문제에 대해 책임을 질 수 없다는 점도 큰 문제가 되고 있습니다. 만일 책임을 질 수 있다고 해도 영향 범위에 따라서는 책임을 물을 수 없을 것입니다. 사용자인 인간이 책임을 지더라도 AI는 기존 프로그램처럼 실행 버튼을 누른 후 수행되는 동작을 누구나 알 수 있도록 되어 있지 않습니다. 상황에 따라 자율적이고 유연하게 판단하는 AI로 인하여 발생한 문제의 책임이 사용자나 개발자, 사법기관이나 행정기관 등 어디에 있는지 여부를 정확히 특정하기 쉽지 않습니다(그림 8-20).

최종적으로 누가 책임져야 하는지에 대해서는 미리 깔끔하게 규칙을 정해 놓아야 합니다. 그것이 「법률」 「계약」 「규약」 「절차서」 등 어떠한 형태가 될지는 모르겠지만, 그것이 「사전에 논의되어 정해진 룰」이라는 점은 동일합니다. 이러한 룰을 만드는 기반이 되는 것이 「AI의 윤리」에 관한 기본적인 논의입니다.

그림 8-19   AI에 대한 윤리 문제

법률
선악
도덕

관습
모럴(morale)
상식

윤리

윤리란 인간사회의 법률이나 도덕
등 보편적 가치관을 말한다

선

AI

악

AI의 판단

통계 데이터가 기반이 된다. AI는 통계적으로
많은 것이 옳은 것이라고 판단한다

윤리 문제와 관련된 다양한 판단은
많은 경우 논의되어 결정된다

하나하나의 윤리적 판단이
사회에 영향을 준다

윤리 문제를 포함한 판단에서도,
개발자의 알고리즘에 의해
결정된다

그림 8-20   애매한 책임 소재

청소기를 사용해서 물건을 고장 냈을 때,
대부분은 사용자에게 책임이 있다

로봇 청소기가 물건을 망가뜨렸을 경우, 로봇은
책임질 수 없기 때문에 사용자나 제조사가 책임을
져야 되지만……

제조사: 텔레비전을 바닥에 두었던 사용자 잘못이다
사용자: 로봇 청소기가 텔레비전 앞에서 멈추지 않기
            때문에 제조사 잘못이다

→**책임 소재 모호, 결과는 계약 내용에 따라 다름**

책임 소재를 구별하기 위해, 타당한 법률·계약
·매뉴얼에 대한 기재 방법은 어떤 것인가

매뉴얼   계약서

자율적으로 동작하는 로봇이 일으키는 문제를
해결하기 위해서는 공통의 룰은 필수 불가결

Point
    ✔ AI가 선과 악을 포함한 인간의 가치관에 영향을 미치는 존재가 되었다
    ✔ 통계적으로 판단하는 AI의 판단과 인간의 판단이 어긋날 가능성
    ✔ AI에 관한 문제를 해결하기 위해서는 공통의 룰 제정이 필수 불가결

» AI의 윤리 ②
- 윤리는 누가 지키는 것인가

AI에게 맡기는 판단과 트롤리 딜레마

AI의 사고 과정을 이해하지 못한다는 것이 책임 소재에 관한 큰 과제였지만, 만일 사고 과정을 이해할 수 있었다 하더라도 사고 과정에 오류가 있을 경우 「어떤 방향으로 수정해야 하는가」라는 문제가 생깁니다.

트롤리 딜레마(Trolley Dilemma)로 생각해 보겠습니다. 트롤리 딜레마*는 5명이 죽을 때 아무것도 하지 않을 것인지, 5명을 살리기 위해 1명을 죽일 것인지에 대한 상황 판단에 관한 문제입니다(그림 8-21). 윤리적 사상·입장에 따라 해답이 달라지는 문제로, 인간의 경우에는 자신의 신념과 가치관에 따라 움직이며 스스로 책임집니다.

한편 **AI의 경우에는 설정된 우선순위에 따라 움직이고, 그 설정은 복제되어 사회 전체로 파급됩니다.** 즉, 개발자의 사상과 신념이 사회 전체의 문제로 바뀌어 버린다는 것입니다. 특히 AI가 상품으로 제공되는 것을 감안하면 문제는 심각합니다. 상품인 이상, 돈을 지불한 사용자나 스폰서의 입장을 우선으로 하는 설계가 되어 주위에 미치는 영향이나 피해가 경시될 수도 있습니다. 자율주행차는 운전자 보호를 우선시함으로써 보행자나 주변에 미치는 영향이 경시될 수 있다는 우려가 제기되고 있습니다.

AI의 윤리에 관한 가이드라인

과거 **로봇의 3원칙**처럼 SF 영화 안에서 생각했던 개념은 현실 사회에서는 불충분합니다. 최근, 전 세계에서 논의되고 있는 AI 이용과 관련한 윤리 지침의 논점을 정리하면 「사회의 이익이 될 것」「공평·공정할 것」「사회에 대한 각종 책임을 다할 것」「개인정보나 데이터를 적절히 취급할 것」「신뢰성과 안전성이 확보되어 있을 것」「인간을 존중할 것」이 AI 보급 시 약속되어야 할 사항으로서 거론되고 있습니다(그림 8-22). 인간과 달리 AI의 윤리지침은 AI 설계·사용 시 개발자나 사용자가 유의해야 하는 것이지 AI가 알아서 지켜주는 규칙이 아닙니다. AI와 관련된 모든 인간이 윤리 지침을 염두에 두고 AI의 개발이나 운용에 윤리적인 문제가 없는지 계속 고민해야 한다는 것입니다.

* 트롤리 딜레마: 사람들에게 브레이크가 고장 난 트롤리 상황을 제시하고 다수를 구하기 위해 소수를 희생할 수 있는지를 판단하게 하는 문제 상황을 가리키는 말이다.

그림 8-21　트롤리 딜레마와 AI의 우선순위

트롤리 딜레마

트롤리(전철)는 5명 쪽으로 향하고 있다. 5명을
지키기 위해서는 자신의 손으로 선로를 전환해
1명을 희생시킬 수밖에 없다

→ 결과적으로 살릴 수 있는 사람의 수가 중요?
→ 내 손으로 남을 희생시킬 것이지 여부가 중요?

AI의 우선순위

브레이크로는 멈출 수 없는 상황. 운전대를 꺾어
전신주에 부딪히면 사람을 치지 않아도 되지만
자율주행차는 차주인 운전자의 안전을
최우선으로 생각해 운전대를 꺾지 않았다

상품인 AI에 돈을 지불한 사람이 우선시
되는 설계가 되면, 가난한 사람이 손해를
보는 사회에 대한 설계가 진행된다

그림 8-22　AI의 윤리 지침

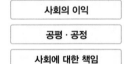

| 사회의 이익 |
| 공평 · 공정 |
| 사회에 대한 책임 |

| 데이터의 적절한 관리 |
| 신뢰성 · 안전성 |
| 인간을 존중한다 |

AI의 윤리지침

→ 윤리지침을 지키는 것은 AI가 아니라 AI에 관련된(개발하는) 인간들

Point

✔ 명확한 답이 없는 「트롤리 딜레마」에 대해 인간은 각자의 판단에 책임을 진다

✔ 스스로 책임질 수 없는 AI는 인간이 정한 우선순위를 따른다

✔ AI 윤리 지침은 다양한 단체가 제안하고 있지만, 실시하는 것은 개발자와 정
부를 포함한 AI와 관련된 모든 사람들

≫ AI의 독점과 개방화

불가피한 AI 기술의 독점 //

AI의 윤리적 지침이 정해졌다고 해도 피할 수 없는 문제 중 하나가 **AI 기술의 독점**입니다. 기업이 AI 윤리를 준수하고 올바르게 운용한다 하더라도 **AI 기술이 서비스나 상품으로 제공되는 이상, 중요한 기술이나 데이터는 일부 기업에 의해 독점될 수 있습니다.** AI 시장에서 독자적인 기술과 데이터는 기업의 생명선이며, 아무리 정보 공유를 진행해도 이익의 핵심이 되는 부분은 양보하지 않을 것입니다. 기술 자체가 핵심이 아니더라도 대규모 데이터 센터나 우수한 인재로 인해 독점적인 지위를 얻을 수 있습니다.

이 문제는 AI에만 국한되는 것은 아니지만 AI의 영향 범위를 감안할 때 기존 시장 독점보다 중요도는 커집니다. 이미 일부 대기업에 의한 정보나 플랫폼 독점이 문제가 되고 있으며, 이 문제는 고스란히 AI 시장에도 이어질 것입니다. 이러한 AI의 독점과 그로 인한 악영향을 막기 위해서는 정부나 제3의 조직에 의한 감시와 법 정비가 필수적이며, 그 방법에 대해 활발히 논의되고 있습니다(그림 8-23).

개방화로 인해 확산되는 악용의 우려 ////////////////////////////////////

기술이 독점되지 않는 경우에도 문제가 생깁니다. 거대 기업은 다양한 감시를 받기 때문에 AI가 윤리적으로 운용될 가능성이 높은 반면, 개인에게는 그러한 보장이 없습니다. **AI 기술이 개방되면 기술 악용이나 잘못 이용하는 개인이나 소규모 조직이 나타나게 됩니다.** AI가 바이러스로 악용되면 막기도 어려워집니다. 이미 AI를 악용한 사건이나 트러블이 많이 발생하면서 사회문제가 되고 있습니다(그림 8-24).

이에 대해서 개인의 활동을 AI가 감시함으로써 AI의 악용을 막는 것도 가능합니다. 일부 국가에서는 AI에 의한 감시로 개인의 신용도에 점수를 매기게 되었습니다. AI를 누구나 이용할 수 있는 대신 개인의 활동을 감시할지, 공적 조직에 의한 감시 대상을 기업으로 좁히는 대신 AI의 독점을 허용할지, AI를 윤리적으로 운용하기 위한 접근법에는 아직 논의가 필요합니다.

그림 8-23 독점된 AI 리소스

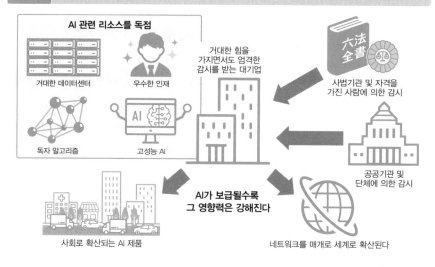

그림 8-24 오픈 소스에 의해 확산되는 AI의 위험

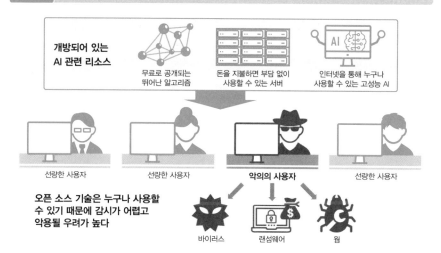

Point

✔ AI 기술은 일부 기업에게 독점될 우려가 있다

✔ 독점되지 않고 공개된 경우, 개인에 의한 악용 위험이 높아진다

✔ AI의 윤리적 이용을 촉진하기 위해, 기업과 개인의 감시를 어디까지 진행해 나갈 것인가에 대해 논의가 이루어지고 있다

Chapter **8**

AI에 관한 다양한 논의

AI에 관한 윤리 문제를 진지하게 생각해 보자

「트롤리 딜레마」는 현실에서는 좀처럼 접할 수 없는 상황이기 때문에, 그렇게까지 진지하게 생각할 수는 없었을 것입니다. 하지만 자율주행차나 AI의 등장으로 상황은 달라집니다. 인간으로는 불가능한 속도로 상황 판단을 할 수 있는 AI는 인간에게는 어려운 순간의 판단을 「잘 생각해서」 내릴 수 있습니다. 그리고 그러한 생각의 과정에서 우선순위에 관한 설정을 인간이 하기 때문에, 사람의 생명이 관련된 상황에서 무엇을 우선해야 하는지 미리 설정할 필요가 생기게 되었습니다.

미국 대학에서 그런 상황에 처하면 어떤 판단을 해야 하는지 실제로 테스트하는 「모럴 머신 (https://www.moralmachine.net/)」이라는 웹사이트를 만들었습니다. 여러분이라면 어떤 판단을 할 것인가요?

연령과 지역에 따라 상이한 윤리

이 설문 중에는 사실상의 생명 선택이 강요되고 있습니다. 「아이의 목숨」과 「노인의 목숨」, 「규칙을 어긴 사람의 생명」과 「지킨 사람의 생명」, 「노숙인의 목숨」과 「경영자의 생명」 등 윤리적인 답을 찾을 수 없을 것 같은 질문입니다. 응답 결과는 통계 데이터로 모아져 연령이나 지역에 따라 도덕적 경향이 다르다는 것을 알 수 있습니다. 여러분이라면 어떤 대답을 할 건가요?

Chapter 9

미래의 AI

테크놀로지의 발전으로 변하는 사회

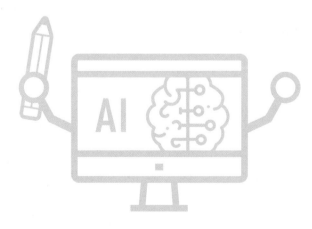

≫ 다양한 형태로 계속 성장하는 AI

계속 확산되는 AI의 적용 범위

기계학습을 기반으로 성장하는 AI는 사용할수록, 데이터가 늘어날수록 성능이 향상됩니다. 또한 AI 자체의 성장에 한정되지 않고, 인간이 AI의 성질이나 특성을 이해하여 제품이나 서비스에 이용 및 활용을 진행시킴으로써, 한정된 AI의 능력을 최대한으로 발휘하는 기법이 생겨납니다.

예를 들면, **기계번역**의 정밀도가 나날이 향상되는 것 이상으로 「활용의 폭」도 넓어지고 있습니다. 음성 인식과 결합한 자막이나 회의록 작성, 이어폰에 내장된 통역 장치, 카메라와 문자 인식을 사용한 VR 번역처럼 다양한 응용 방법이 등장하고 있습니다. **이미지 인식**에 이르러서는 모든 기술에 적용되어, 우리는 그 존재를 의식하지도 못할 정도입니다. **AI의 성장은 AI의 성능뿐만 아니라 응용의 폭을 넓히는 것으로도 이어집니다**(그림 9-1).

새로운 성장의 방향성을 찾아간다

응용 범위가 넓어짐으로써 AI는 새로운 방향으로 성장할 수 있습니다. 예를 들어, 지금까지 기계번역의 이용은 브라우저 기반이 대부분이었습니다. 그러나, 채팅 도구나 동영상 사이트에서 사용된 대화나 동영상으로부터 지금까지 없었던 음성 데이터를 모을 수 있게 되었습니다(그림 9-2). 속어나 독특한 표현, 억양 등의 정보가 모이면 음성 인식과 번역 성능은 크게 향상될 것입니다. 게다가 IoT 기기에 AI가 탑재되면 AI는 사실적인 정보를 모을 수 있습니다. 디지털 공간의 제한된 범위에서만 정보를 얻을 수 있었던 AI가 실제 사회에서 데이터를 모으는 것은 AI의 비약적 발전에 필수적입니다.

자율주행차의 천적은 날씨지만, 날씨에 있어서 시야·노면의 영향력은 지역차가 매우 커서 시뮬레이션에 한계가 있습니다. 모든 날씨·지역에서 실제로 차를 몰아 보지 않으면 알 수 없는 정보가 반드시 존재합니다. 뛰어난 영상인식 기술이 있어도 자율주행차에 카메라 이외의 센서가 탑재되는 것은 이 때문입니다. 그러나 다양한 데이터가 모임으로써 미래에는 카메라만으로도 고도의 자율주행을 실현할 수 있을지도 모릅니다.

그림 9-1 AI의 성능 향상과 응용의 폭

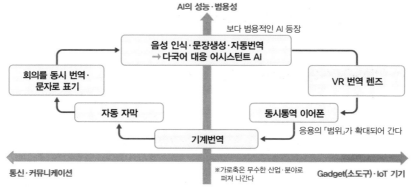

베이스가 되는 기술은 동일해도, 다양한 응용 방법이 생겨 활용의 폭이 넓어진다

그림 9-2 활용의 폭 확대와 수집 데이터

Point

✔ 기계학습 기반의 AI 기술은 계속 성장한다

✔ 성능뿐만 아니라 활용의 폭과 종류도 증가해 간다

✔ 활용의 폭이 넓어짐으로써 얻을 수 있는 데이터의 종류가 증가한다

✔ 새로운 데이터를 사용하여 학습함으로써 AI는 크게 성장한다

≫ AI의 전망 ①
– 싱귤래러티와 낙관론

AI는 인류에게 어떤 영향을 끼칠 것인가?

AI는 앞으로도 성장을 계속할 것이 틀림없지만, 그 성장의 정도나 영향에 대해서는 전문가들 사이에서도 의견이 갈리고 있습니다. AI가 인류 역사를 바꿀 것이라고 생각하는 사람도 있고, 새로운 기술 중 하나에 불과하다고 생각하는 사람도 있습니다. 또한 인류에게 막대한 악영향을 미칠 것이라고 생각하는 사람도 있습니다.

미래의 일에 대한 이러한 논의는 끝나지 않을 것입니다. 다만 **이러한 AI가 가질 수 있는 가능성에 대한 논의는 크게 낙관론과 비관론으로 나뉘어** 있으며, 각각 어떤 시점에서 AI의 성장을 포착하고 있는가에 차이가 있습니다. 사고방식의 현실성에 차이는 있지만, 어느 것도 가능성으로서는 무시할 수 없는 이야기입니다. 각자의 입장을 잘 이해할 필요가 있습니다.

싱귤래러티 가설과 AI 진화의 낙관론

낙관론 중 최고는 **싱귤래러티(Singularity) 가설**일 것입니다. 이것은 AI의 성장에 가속도가 붙어서 인간을 뛰어넘고, 인간의 성장도 가속시켜 인류와 AI는 함께 차세대 지적 생명으로 거듭난다는 생각입니다(그림 9-3). 다소 황당해 보여도, 싱귤래러티를 실현하기 위해 필요한「AI를 만드는 AI」「뇌의 디지털 접속」이라고 하는 기술이 이미 개발되고 있고, 이 이론을 지지하는 배경도 존재합니다. 다만 거기에 이르기까지는 장벽이 무수히 존재하며, 그러한 장벽을 넘는다는 확증도 없기 때문에 지나치게 낙관적이라는 비판을 받고 있습니다.

싱귤래러티에 이르지 못하더라도 범용성 높은 AI 기술이 무수히 등장해 사회를 다시 만들어갈 것이라고 생각하는 전문가는 매우 많습니다. 자율주행차가 당연해지고, 드론이 날아다니면서 짐을 전달하고, 음성으로 AI에게 지시를 하면 대부분의 작업이 완료되어 AI의 지원 아래 인간의 생활수준이 크게 향상되는 미래입니다(그림 9-4). 이 정도의 낙관적인 예측은 도달하는 시기나 정도에 차이가 있겠지만, 그러한 도시가 세계 어딘가에 등장하는 것은 상상하기 어렵지 않습니다. 낙관론에서의 진정한 과제는 그것이「우리가 살아있는 동안 발생할 것인지 여부」일지도 모릅니다.

그림 9-3　싱귤래러티 가설이란?

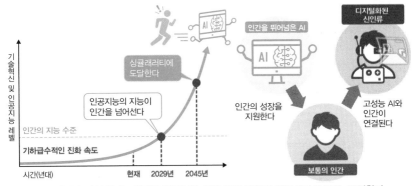

싱귤래러티 가설에서는 인간을 뛰어넘은 AI가 인간 자체를 진화시켜서 공존, 공영한다
→ 극단적인 낙관론

그림 9-4　AI에 의해 변화하는 사회 「Society 5.0」

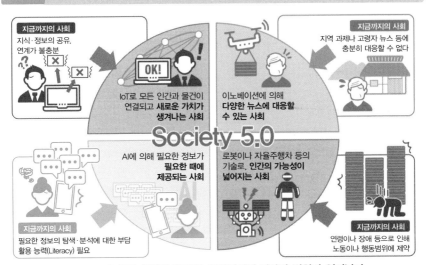

AI·IoT·5G 등을 활용함에 따라 사회전체에 커다란 변화가 일어난다

Point
✔ AI의 미래에는 「낙관론」과 「비관론」이 있다
✔ 낙관론 중에서도 극단적인 것이 「싱귤래러티」
✔ AI가 사회 전체에 보급되는 현실적인 예측 중에도 「실현 시기」에는 차이가 있다

AI의 전망 ②
– 겨울시대와 비관론

AI는 거기까지 진화하지 않는다고 생각하는 비관론

딥러닝의 등장에 의해 일어난 AI 열풍은 세 번째입니다. 1, 2차에도 AI가 사회를 바꿀 것이라고 보는 낙관적인 붐이 일었지만 기대에 부응하지 못하면서 AI의 존재는 잊혀졌습니다. 그와 같은 일이 또 일어날 것으로 예측하는 비관론도 있습니다. 특정 기술의 등장으로 AI 기술은 발전하지만 실용 수준까지 높이려면 시간이 걸리고 예기치 못한 벽도 등장합니다. 딥러닝도 다양한 발전 형태가 개발되고 있지만 단점도 적지 않습니다. 비관론에서는 **AI 만능론**을 명확히 부정합니다.

어느 정도까지는 사회에 진출해 변화를 주지만 인간 대신 무엇이든 해주는 존재는 되지 않으며, 생활방식이 크게 바뀌는 것까지는 이르지 못한다는 것입니다(그림 9–5). 또한 낙관론에서 생각하는 것과 같은 **미래 사회**가 언젠가 올 것임을 부인하지 않더라도 수십 년 단위로 시간이 걸린다고 생각하는 것도 비관론의 일종이라고 할 수 있습니다.

AI가 인간에게 해를 끼친다고 생각하는 경우

AI가 인간에 필적하는 존재가 된다는 것은 긍정하면서도 그로 인해 **인간의 삶이 나쁜 방향으로 변화한다고 보는** 비관론도 있습니다. AI가 인간을 공격하고, AI에 의한 관리로 인해 자유를 빼앗긴다는 극단적인 것부터 이미 행해지고 있는 「사회의 감시」 「정보의 통제·가공」 「바이어스 강화」 「일의 대체」 등으로 인해 사회 문제가 심각해질 것이라고 생각합니다. 이 경우 낙관론에서는 「AI에 국한되지 않고 모든 기술에는 좋은 면과 나쁜 면이 있다」고 생각하는 반면, 비관론은 「AI로 인한 영향은 좋은 면도 나쁜 면도 기존과는 비교가 안 된다」고 생각합니다. AI의 성장 속도나 영향력에 관해 낙관적인 시각을 갖는 한편, 영향의 방향성에 대해서는 비관적이라는 것입니다(그림 9–6).

낙관론과 비관론의 도식은 복잡한데 성장속도, 영향력, 방향성의 세 가지 관점에서 논의되며 각각 낙관적이고 비관적인 시각이 있습니다. 각자 다른 입장에서 주장이 이루어지기 때문에 각각의 논점을 이해할 필요가 있습니다.

그림 9-5 과거의 AI 성장 속도와 예측

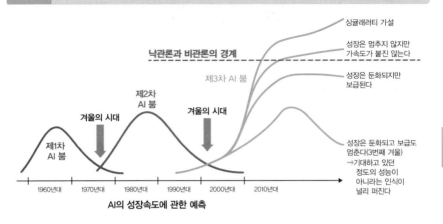

싱귤래러티 가설

성장은 멈추지 않지만 가속도가 붙진 않는다

낙관론과 비관론의 경계

제3차 AI 붐

성장은 둔화되지만 보급된다

제2차
AI 붐

겨울의 시대

겨울의 시대

제1차
AI 붐

성장은 둔화되고 보급도 멈춘다(3번째 겨울)
→기대하고 있던
    정도의 성능이
    아니라는 인식이
    널리 퍼진다

1960년대   1970년대   1980년대   1990년대   2000년대   2010년대

AI의 성장속도에 관한 예측

그림 9-6 낙관론과 비관론의 입장과 영향

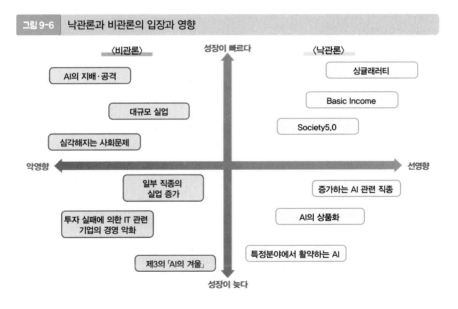

성장이 빠르다

〈비관론〉   〈낙관론〉

AI의 지배·공격   싱귤래러티

대규모 실업   Basic Income

심각해지는 사회문제   Society5.0

악영향 ←   → 선영향

            일부 직종의
            실업 증가   증가하는 AI 관련 직종

투자 실패에 의한 IT 관련
기업의 경영 악화   AI의 상품화

        제3의 「AI의 겨울」   특정분야에서 활약하는 AI

성장이 늦다

Point

✔ 비관론의 유형에는「성장 속도가 느리다」「부정적 영향을 미친다」「영향 범위가 좁다」의 세 가지가 있다

✔ 성장 속도가 느리다고 생각하는 비관론에서는 「겨울 시대」의 도래를 예측한다

✔ 성장 속도가 빠르지만 악영향이 있다는 관점에서는 「인류에 대한 적대감」이나 「대규모 실업」을 예측하고 있다

>> 변화해 가는 인간의 일하는 방식

인간의 일은 사라질 것인가?

비관론에서는 AI를 관리하는 집단으로 부가 집중되고 **빈부격차가 커지면서 인간의 일자리가 없어질 것을 우려하는 것**으로 나타났습니다. 낙관론에서는 AI의 관리나 협동(6-15 절)에 의해서 줄어드는 일도 있고 증가하는 일도 있어 일자리가 없어지지 않는다는 의견과 **업무 효율화**로 기본 소득과 같은 제도가 정비되어 일할 필요가 없어진다는 주장도 등장했습니다(그림 9-7).

두 경우 모두 AI로 인해 업무 효율화가 진행된다는 점에는 동의하고 있으며, 이후의 결말에 차이가 있을 뿐입니다. 산업혁명 이후 기술혁신으로 사회구조가 변화하면서 국가나 사회에 따라 「고용이 늘어나는 경우」도 있고, 「일자리가 줄어드는 경우」도 있었는데, 과거 사례를 고려하면 모두 충분히 일어날 수 있는 것입니다. 어느 쪽이 될지는 AI가 어디까지 진화할지, 사회제도가 어디까지 정비될지, 우리가 어디까지 준비할 수 있는지에 달려 있습니다.

AI에 의해서 변화하는 사회에 적응하려면?

AI에 의한 사회 변화가 낙관론·비관론, 어느 쪽의 예측으로 진행되든지 간에 AI에 관한 최소한의 지식이나 이해는 필수적입니다. 또한 AI의 특성 중 하나로 **높은 유연성**이 있습니다. AI는 전문적인 지식이 없는 사람도 사용할 수 있도록 개발할 수 있기 때문에 기존 애플리케이션과 달리 「AI를 사용할 수 있다」는 것 만으로는 차별화할 수 없습니다. **AI가 보급되는 사회에 필요한 것은 AI와 이용 장면을 매칭**하는 것입니다.

AI의 개발이나 운용을 실시하는 엔지니어도 중요하지만, 이용 또는 활용의 폭을 넓히기 위해서 지금의 AI의 능력으로 「어디까지 사용할 수 있는가」「어떤 비즈니스에 사용할 수 있는가」「무엇을 더하면 사용할 수 있는가」라고 하는 생활·비즈니스 장면(scene)에 AI를 연결하는 다리를 놓는 브릿지 인재도 중요합니다(그림 9-8). 엔지니어 육성에 비해, 기술과 업계 쌍방에 정통한 브리지형 인재의 육성·획득은 어렵습니다. 그렇지 않아도 인력이 부족한 AI 업계 속에서 얼마나 이러한 인재를 육성하고 획득할 수 있느냐가 업계·기업·조직의 미래를 크게 좌우할 것입니다.

그림 9-7 AI에 의한 고용 창출과 상실

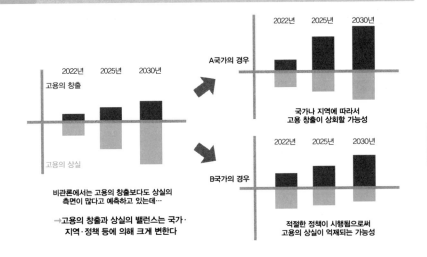

2022년 2025년 2030년

고용의 창출

A국가의 경우

고용의 상실

비관론에서는 고용의 창출보다도 상실의
측면이 많다고 예측하고 있는데…

국가나 지역에 따라서
고용 창출이 상회할 가능성

→고용의 창출과 상실의 밸런스는 국가·
지역·정책 등에 의해 크게 변한다

2022년 2025년 2030년

B국가의 경우

적절한 정책이 시행됨으로써
고용의 상실이 억제되는 가능성

Chapter
9

미래의 AI

그림 9-8 브릿지(bridge) 인재* 의 역할

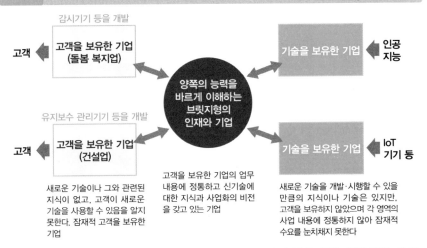

감시기기 등을 개발

고객

고객을 보유한 기업
(돌봄 복지업)

양쪽의 능력을
바르게 이해하는
브릿지형의
인재와 기업

기술을 보유한 기업

인공
지능

유지보수 관리기기 등을 개발

고객

고객을 보유한 기업
(건설업)

기술을 보유한 기업

IoT
기기 등

새로운 기술이나 그와 관련된
지식이 없고, 고객이 새로운
기술을 사용할 수 있음을 알지
못한다. 잠재적 고객을 보유한
기업

고객을 보유한 기업의 업무
내용에 정통하고 신기술에
대한 지식과 사업화의 비전
을 갖고 있는 기업

새로운 기술을 개발·시행할 수 있을
만큼의 지식이나 기술은 있지만,
고객을 보유하지 않았으며 각 영역의
사업 내용에 정통하지 않아 잠재적
수요를 눈치채지 못한다

* 브릿지 인재: 언어나 문화가 다른 해외법인·외국인 간 상거래나 교류를 할 때 원활한 커뮤니케이션을 지원하는 역할을 수행하는 인재로
통역 및 비즈니스 관습 등 국가나 지역 간 양측의 인식을 맞춰주는 일을 한다

Point

✔ AI에 의한 업무 효율화는 일자리 창출도 낳고 상실도 낳는다

✔ 창출과 상실의 균형은 사회 제도와 문화에 따라 변화한다

✔ AI가 보급됨으로써 엔지니어나 브릿지 인력의 수요가 높아진다

>> 인간을 재현하기 위한 방법과 실현성

인간을 재현할 수 있을까?

AI의 가능성을 알려면 「AI가 어디까지 인간에게 다가갈 수 있는지」 알아야 합니다. 복제 가능하고 지치지 않는 AI가 인간과 동등한 지능을 획득한다면 싱귤래러티까지는 아니더라도 사회에 큰 변혁이 일어납니다. 다만, 인간의 지능 메커니즘은 완전히 밝혀지지 않았기 때문에, 최신 AI 기술로도 인간과 동등한 지능 획득은 어렵다고 생각됩니다. 그래서 인간의 지능에 접근하기 위한 접근방식으로서 주목받고 있는 것이 **전뇌 아키텍처(Whole Brain Architecture)**라고 불리는 뇌의 구조를 재현하는 기술입니다(그림 9-9).

사고를 기호화하는 기호주의나 딥러닝으로 대표되는 커넥션(1-3 절)도 **그 기본은 지능의 핵심 부분을 AI로 재현한다는 접근법**이었습니다. 하지만 그것은 어디까지나 지능에 대해 밝혀진 부분의 이야기입니다. 밝혀지지 않은 부분에 대해서는 재현할 수 없습니다.

뇌를 통째로 재현하는 접근법

뇌는 부위에 따라 역할이 나뉘어 있습니다. 전뇌 아키텍처는 각 부위의 역할을 하는 AI를 개발하고 통합하여 뇌를 재현합니다. 뇌와 똑같은 것을 기계적으로 만드는 것은 아닙니다. 반면, 계산 회로가 뇌를 닮은 칩(7-11 절)이나 **전뇌 시뮬레이션(Whole Brain Simulation)**이라고 불리는 세세한 역할은 생각하지 않고 뇌를 통째로 가상공간으로 만드는 접근법도 존재하고 있습니다(그림 9-10).

모든 접근 방식은 인간의 뇌에 가까운 것을 만들려고 하는 기법이며, 잘만 되면 기계가 인간과 가까운 지능을 얻을 수 있을 것입니다. 다만 인간의 지능에도 장단점이 있고, 완전한 뇌 시뮬레이션을 위해서는 슈퍼컴퓨터 이상의 성능이 필요하며, 뇌를 재현한다고 해서 사회가 바뀌는 단순한 상태는 아닙니다. **막대한 비용을 들여 보통 인간들과 비슷한 AI가 생겨나도 그만한 가치가 없는 것입니다.** 현대의 AI에서도 거대한 데이터센터 백업이 필요하고, 특정 태스크에서 인간 이상의 능력이 있는 AI라도 그것만으로 바로 사회가 바뀌는 것은 아닙니다.

| 그림 9-9 | 뇌의 구조를 재현하는 전뇌 아키텍처 |

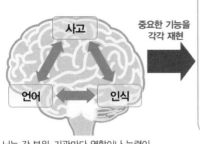

중요한 기능을
각각 재현

뇌는 각 부위·기관마다 역할이나 능력이
나뉘어 있다

→ 부위마다 신경 네트워크의 특징이
   각각 다르다

뇌의 각 기능에 맞춘 네트워크와 AI를 모듈 별로
개발한다

→ 모든 모듈을 연계하여 기능하게 함으로써
   아키텍처 전체가 「뇌의 기능」을 재현한다

| 그림 9-10 | 뇌 자체를 재현하는 전뇌 시뮬레이션 |

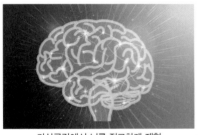

뇌의 시뮬레이션에는 대규모의
슈퍼 컴퓨터가 필수적이다

가상공간에서 뇌를 정교하게 재현

우선은 신경질환 메커니즘이나
뇌의 기능을 규명하는데 도움이 된다

인간의 뇌와 다르지 않기
때문에, AI로서 사회에
보급시키는 것은 어렵다

Point

✔ 인간의 지능에 대한 메커니즘은 밝혀지지 않았다

✔ 「전뇌 아키텍처」는 인간의 지능을 재현하기 위해 구조를 재현한다

✔ 전뇌 시뮬레이션에는 대규모의 슈퍼 컴퓨터가 필요하다

✔ 인간의 지능이 재현된다고 해서 바로 사회가 바뀌지는 않는다

>> AI의 발전에 인간이 따라간다

기계와 연결되기 시작하는 인간

인간의 뇌를 재현한 AI의 등장보다 인간의 뇌가 기계에 먼저 접근할지도 모릅니다. 브레인 머신 인터페이스(BMI, Brain Machine Interface)라고 불리는 마우스나 키보드 같은 물리적 인터페이스 대신 뇌의 시그널을 직접 포착해 컴퓨터를 조작하는 기술이 연구되고 있습니다.

몇몇 동물실험에는 성공하여 **신체에 삽입하는 타입이나 몸에 익히는 타입이 개발되었고, 일부 기술에서는 인간에게 장착하여 사용되고 있습니다**(그림 9-11). 특히 의수나 의족과 같은 뇌에서 떨어진 부위의 인터페이스 연구는 오래전부터 진행되어 왔으며, 근육이나 신경의 시그널을 학습하여 기계 팔이나 기계 다리를 움직일 수 있게 되었습니다. 뇌 연결 BMI도 막연한 기억이나 사고를 성공적으로 읽게 되면서, 생각만으로 컴퓨터를 조작하고 기억을 외부 스토리지에 저장하는 것은 더 이상 꿈같은 이야기가 아니게 되었습니다.

AI와 인간이 연결함으로써 변화하는 사회

인간의 뇌가 기계와 직접적으로 연결되면 모니터를 보고 손가락으로 조작하는 과정이 불필요해질 뿐만 아니라, 언어화라는 어려운 개념이나 추상적인 지시도 AI가 학습함으로써 이해할 수 있게 됩니다(그림 9-12). 이미 AI 어시스턴트가 사용자의 취미나 기호를 파악하고 적절한 추천(recommend)을 해주지만, 미래에는 사용자가 머리로 생각하는 것만으로 먼저 행동해 줄지도 모릅니다. 하지만 뇌와 관련된 기술 개발은 실패가 허용되지 않습니다. 현대 의료용 AI조차도 상품화까지 몇 년의 시간이 걸리고, 상품화되더라도 신중하게 도입이 진행되고 있습니다. BMI와 같은 완전히 새로운 도구가 보급되고 사회를 바꾸기까지는 수십 년의 세월이 걸릴 것입니다.

이러한 사회변혁은 싱귤래러티와 같은 초낙관적인 예측조차도 2030년경으로 예상하고 있으며, 그 외 낙관적인 예측들은 2040년 이후로 되어 있습니다. 당장 다가올 사회는 아니지만 멀지 않은 미래에 세계 어딘가에서 이러한 기술들이 시험받게 될 것은 확실합니다.

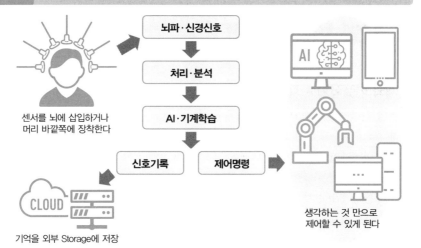

그림 9-11 브레인 머신 인터페이스

뇌파·신경신호

처리·분석

AI·기계학습

신호기록   제어명령

센서를 뇌에 삽입하거나
머리 바깥쪽에 장착한다

CLOUD

기억을 외부 Storage에 저장

생각하는 것 만으로
제어할 수 있게 된다

Chapter
9

미래의 AI

그림 9-12 BMI의 실용화 및 장애인 지원

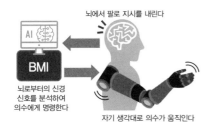

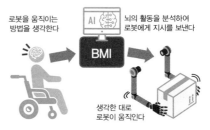

뇌에서 팔로 지시를 내린다

BMI

뇌로부터의 신경
신호를 분석하여
의수에게 명령한다

자기 생각대로 의수가 움직인다

로봇을 움직이는
방법을 생각한다

AI

BMI

뇌의 활동을 분석하여
로봇에게 지시를 보낸다

생각한 대로
로봇이 움직인다

의수·의족 등 잃어버린 신체의 대체

인간의 팔과 의수는 구조나 체계가 다르기 때문에
원래는 움직일 수 없으나 뇌와 의수 사이를 BMI가
중개함으로써 움직일 수 있게 된다

신체 마비나 장애 환자의 육체노동

BMI를 응용하여 팔이나 다리 이외의 조작도
가능하며 컴퓨터나 스마트폰을 조작하거나 로봇을
움직일 수도 있게 된다

→ BMI는 2040년 이후에 실용화될 것으로 예측되고 있지만,
우선은 신체 장애인에게 시행이 진행된다

Point

✔ 인간과 기계를 연결하는 브레인 머신 인터페이스(BMI)

✔ BMI에 의해서 생각으로 기계를 제어할 수 있게 해준다

✔ 장애인의 활동 지원을 목적으로 연구 개발이 진행되고 있다

✔ 사회 구현에는 수십 년이 걸릴 것으로 예상된다

» 인간과 AI의 구분이 어려워진다, AI와 VR과 아바타

아바타의 보급으로 사람과 AI의 경계가 모호해진다

AI가 인간에게 접근하고 인간이 기계와 연결하게 되면 「인간과 기계의 경계」가 모호해집니다. 그건 아직 먼 미래의 이야기라고 묻는다면 그렇지 않습니다. 이미 자신의 분신인 **아바타**가 엔터테인먼트나 비즈니스에서 활용되고 있고, 2D나 3D 아바타를 이용하여 방송하는 VTuber 등도 등장했습니다. 이러한 아바타는 VR 기술을 사용하여 사용자의 표정이나 몸짓을 카메라나 트래킹 도구를 통해 읽어 들여 아바타에 반영함으로써 실제로 살아있는 듯한 움직임을 보일 수 있습니다. 게다가 이러한 아바타는 **메타버스**라고 불리는 종합적인 VR 서비스로 이어지게 되어 더욱 발전하고 있습니다.

또한, 인간의 움직임을 로봇을 통해 반영시키는 **아바타 로봇**도 등장하고 있습니다. 거동이 불편하거나 멀리 있는 사람이 현장에서 일반인과 마찬가지로 작업을 할 수 있게 되었습니다(그림 9-13).

아바타 뒤에 있는 사람은 인간인가? AI인가?

아바타를 사용한 커뮤니케이션은 콜센터나 가게의 접수창구에서도 사용되며, AI와 인간이 동일한 아바타를 함께 사용하는 것도 가능합니다. 초기 응대는 AI에게 맡기고, 인간이 대응을 이어감으로써 보다 만족도 높은 접객이 가능해집니다. **고객 앞에 있는 것은 동일한 아바타 모습이지만, 내용물만 AI에서 인간으로 바뀌는** 것입니다(그림 9-14).

AI가 아바타를 사용해 라이브 전송을 실시하는 것도 가능합니다. 라이브 방송에서는 댓글로 소통하며 라이브 느낌을 연출하지만, 전달자의 대화 패턴을 배우고 모방할 수도 있습니다. 인간을 완벽히 대신하기는 어렵지만 AI스러운 개성으로 연출할 수는 있을 것입니다.

VR 기술로 인해 아바타를 이용한 커뮤니케이션은 이제 당연한 것이 되었습니다. 이미 AI의 아바타 이용은 진행되고 있으며, 아바타 앞에 있는 것이 인간인지 AI인지 금방 구별할 수 없게 될지도 모릅니다.

그림 9-13 | 디지털 분신과 현실의 분신

페이스 트래킹 기술을 이용하여 아바타에게 사용자의 표정을 읽을 수 있게 한다
→ **디지털 세계에서 활동하는 분신 아바타**

다양한 서비스가
제공되는 VR 공간

건설 현장이나 공장에서 활약

VR 기술에 의한 영상 투영과 트래킹을 통해 로봇에 동작을 반영
→ **실제 사회에서 활동하는 리얼한 분신**

그림 9-14 | AI와 인간이 공유하는 아바타

접수 등에서 문의에 대응하는 AI 아바타
→ **간단한 질의응답은 가능하지만 복잡한
질문이나 예외적인 대응은 불가능하다**

필요에 따라 인간 운영자로 교체된다
→ **원활한 교체에 고객은 불안감 없이
적절한 서비스를 받을 수 있다**

1명의 운영자가 여러 점포를 지원할
수 있다. 또한 AI 없이도 아바타를
이용함으로써 항상 매장에 운영자가
있는 것처럼 보이게 할 수 있다

→ **고객에 따라서는 인간보다
아바타가 부담 없이 문의할
수 있는 경우도 있다**

Point

✔ 디지털 공간에서 활동하기 위한 분신으로서 「아바타」를 사용한다

✔ 아바타를 인간과 AI가 공유하게 된다

✔ 인간과 AI가 섞이는 VR 공간 「메타버스」의 등장

≫ AI는 지적 생명체인가?

인간과 AI의 구별이 없어진다

사람을 쏙 빼어 닮은 로봇이 나타나기도 전에 SNS·VR·아바타를 통해 인간과 AI가 구별되지 않는 날이 다가오고 있습니다. 인간과 동등한 지능을 가지고 있지 않아도 커뮤니케이션 특화형 AI가 인간과 똑같이 행동하는 것은 가능합니다(그림 9-15). 그렇게 되었을 때에, 인간과 AI를 구별할 수 있을까요? AI와 친밀해지거나 속거나 의사소통에 일희일비하는 날이 올까요?

인간과 AI는 무엇이 다른 걸까?

커뮤니케이션에 특화된 AI는 일종의 착각을 이용해 인간처럼 보이게 하고 있습니다. 범용 AI처럼 종합적인 지능이 없는 경우 장시간 보게 되면 위화감이 생기겠지만, 다양성이 중시되는 사회에서는 그러한 위화감이 인간의 개성으로 받아들여질 가능성도 충분히 있습니다. 단지 특이하다는 이유로 로봇 취급을 하는 것도 윤리적으로 문제가 있기 때문입니다. 인간다움은 전형적인 인간의 편견이기 때문에 AI는 언젠가 「인간다움이란 바이어스」를 배워 인간다운 반응을 하게 되고 위화감을 지적하면 상처받는 듯한 내색을 할 것입니다. 그렇게 되면 속으로 의심하고 있어도 확신을 할 수 없습니다.

현시점에서 사람과 AI의 커다란 차이는 「의미 이해(8-3 절)」 외에 의식의 유무를 들 수 있습니다. 의미 이해 부족에 대한 위화감은 금방 사라지지 않을 것입니다. 한편 인공의식은 연구가 진행되고 있어 기술적으로 실현이 불가능하지 않다고 생각됩니다. 그러나 의식의 존재를 논리적으로 파악하는 방법이 아직 없고 의식의 유무는 최종적으로는 「의식을 갖는 인간다움」을 관찰하여 위화감을 찾을 수밖에 없습니다. 적어도 디지털 공간에서는 지적 능력이나 의식의 유무를 바탕으로 인간과 AI를 구별하는 것은 어렵습니다(그림 9-16). 미래에 AI를 지적 생명이라고 부를지에 대한 논의가 일어나는 것은 픽션의 세계뿐만이 아닐지도 모릅니다.

그림 9-15 디지털 서비스에서 인간을 대신하는 AI

조금씩이지만, 상대의 리얼한
얼굴이나 모습이 보이지
않는 커뮤니케이션 영역에 AI
진출이 진행되고 있다

영상을 통한 커뮤니케이션
(영화·라이브전송 등)

텍스트 커뮤니케이션
(SNS·메신저 등)

음성 커뮤니케이션
(콜센터 등)

→ 미래에는 구별할 수 없게 된다

그림 9-16 인간과 AI의 차이를 발견할 수 있을까

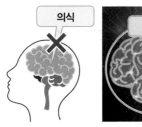

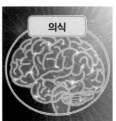

인간의 의식은 뇌의 어딘가 한 부분에 있는
것이 아니라, 다양한 뇌 기능의 관계 속에서
태어난다고 생각된다

→ 「이 기능」이 있으면 AI에도 「의식이
있다」고 확실히 말할 수 없다

기계냐 생물이냐 하는 구조적 차이 외에,
「인간다운 행동을 관측하는 것」밖에 AI와
인간을 구별할 수 있는 방법이 현재는 없다

→ 미래에 AI를 인간사회 속에서 어떻게
다루어야 하는가에 대한 논의가 생길까?

Point
- ✔ 커뮤니케이션 특화형은 디지털 공간에서는 인간과 구별할 수 없다
- ✔ 인간다움이라는 바이어스를 학습하여 AI는 더욱 인간에게 다가간다
- ✔ 인간의 의식을 AI로 재현할 수 있다고 해도 그것을 관측할 방법이 없다
- ✔ 미래에는 「AI란 무엇인가」에 대해 논의하게 된다

AI에게 일자리를 빼앗겼다고 가정하고, 할 수 있는 일을 생각해 보자

딥러닝이 화제가 되었을 때 AI에 의해「일자리를 빼앗긴다」「빼앗기지 않는다」와 같은 문제가 논의되었습니다. 사실 이 논의에서 빠진 것은「현장의 목소리」였습니다. 학자들 대부분은 각 직종의 구체적인 업무 내용을 잘 모릅니다. 그렇기 때문에 이미지적으로는 대체할 수 있을 것 같지만, 실제로는 대체하기 어려운 업무를 하고 있는 직종이나 업계가 여러 개 있었습니다. 이 책을 여기까지 읽어 온 독자 여러분이라면, AI의 잠재력에 대해 대략적으로 이해할 수 있지 않을까 생각합니다.

자신에게 친숙한 직종이나 업무 내용이 정말 AI로 대체 가능한지 진지하게 생각해 보세요. 직종 마다가 아니라 직종의 작업별로 대체 가능한지 여부를 생각해 보면 인간과 AI의 관계가 보일 것입니다.

번역가의 업무

태스크	구체적인 내용	대체 가능성
사이트 번역	웹사이트의 기재사항을 번역한다	가능
중요 문서 번역	계약서를 정확하게 번역한다	확인 필수
이야기나 노래 의역	문맥이나 문화적 배경을 근거로 번역한다	꽤 어렵다
절차서 번역	매뉴얼 등을 번역한다	가능
영상 번역	음성과 장면에 맞추어 자막을 만든다	대상에 따라 다름

AI로 대체되기 쉬운 직종 중 하나가 번역가입니다. 번역에는 실무 번역, 문예 번역, 영상 번역이 있는데, 실무 번역(사이트 문서 절차서)에 대해서는 콘텐츠 중요도가 낮으면 대체가 가능하다고 판단했습니다. 또한 영상 번역에 대해서도 콘텐츠에 따라 대체 가능합니다. 문제는 문예 번역이고, 문맥이나 문화적 배경을 바탕으로 번역해야 해서 기계 번역이 특히 서투른 분야입니다. 어느 정도는 대응할 수 있겠지만 상업적 수준의 번역이 가능하려면 시간이 걸릴 것 같습니다.

그렇게 생각하면 번역은 실무 직종에서 작가나 아티스트에 가까운 포지션이 될 수 있다는 것입니다. 실제로 어떻게 될지는 모르겠습니다만, 태스크 베이스로 개별적으로 생각해 가면「완전히 대체된다」가 아니라는 것을 알 수 있지 않을까요.

용어 설명

※「➡」의 뒤의 숫자는 관련 본문의 절

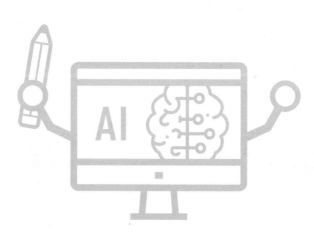

A~Z

AI 가속기 (➡ 7-11)

AI의 계산 처리에 특화된 칩이나 컴퓨터 구성. 병렬 처리를 강화한 것과 계산 정밀도를 낮춘 칩 등이 사용된다.

AI 붐 (➡ 1-2)

1950년대, 1980년대, 2010년대에 발생한 AI에 대한 투자 활동이 활발해진 시기. 각각 새로운 AI 기술이 등장해 세상을 떠들썩하게 했다.

Attention (➡ 5-6)

정보의 일부에 주목하는 신경망의 기법. 불필요한 정보를 과감하게 제외시키는 것으로 학습 효율을 대폭 향상하는 데 성공했다.

BMI (➡ 9-6)

뇌와 컴퓨터를 직접 연결하는 인터페이스. 마우스나 키보드에 의존하지 않고 디지털 기기의 조작이 가능해진다.

GAN (➡ 5-7)

더미 데이터 생성 AI와 판별 AI의 경쟁을 통해 양쪽 학습을 진행하는 방법. 우수한 더미 데이터를 생성함으로써 학습 데이터 부족을 보완한다.

LSTM (➡ 5-6)

기억의 취급에 특화된 재귀적 신경망. 뉴런 부분을 모듈화함으로써 용도에 맞춘 조정이 가능하게 되었다.

Nash 균형 (➡ 6-14)

개인이 자신의 이익을 극대화하는 선택을 한 결과, 그 이상으로 최적의 수단을 찾을 수 없게 된 상태. 자신의 선택을 양보하지 않는 것이 합리적인 판단이 된다.

Q 러닝 (➡ 4-5)

각 행동에 Q값이라고 하는 수치를 설정하는 강화학습 기법. 모든 상황에 대응할 수 있지만 복잡한 태스크에서는 계산 비용이 증가한다.

RPA (➡ 7-13)

업무 및 작업 자동화 또는 자동화 시스템. RPA 패키지 및 기계학습의 등장으로 자동화 프로세스가 효율화되었다.

Transformer (➡ 8-2)

발전형 Attention을 중심으로 구성된 기계학습 모델. 계산 처리가 상당히 효율화되어 자연 언어 처리 기술에 큰 영향을 미쳤다.

한글

가중치/가중치 부여 (➡ 5-1)

신경망에서의 연결의 강도를 나타내는 파라미터를 「가중치」라고 부르고, 가중치의 변경 작업을 「가중치 부여」라고 한다.

강화학습 (➡ 4-5)

목표를 설정하고 목표에 접근하면 보상을 제공하여 최적의 행동을 강화하는 학습 방법. 범용적이지만 목표 설정에 따라 효율이 크게 바뀐다.

게놈 분석 (➡ 7-2)

DNA를 분석함으로써, DNA에 포함된 유전 정보로부터 가치 있는 정보를 찾아내는 기법. 질병의 원인이나 질병의 가능성 등을 발견할 수 있다.

게임이론 (➡ 6-14)

인간의 이익을 요구하는 심리를 이론화해서 게임이나 경제 전략에 응용한 것. 불완전 정보 게임의 AI 등에 적용하여 성과를 올렸다.

공개키 암호화 (➡ 2-4)

암호화에 사용하는 공개키와 복호에 사용하는 비밀키로 별개의 키를 사용하는 암호화 기법. 공개된 키를 사용하여 누구나 암호화 통신을 할 수 있지만, 처리 속도가 느리다.

공통키 암호화 (➡ 2-4)

암호화와 복호화에 동일한 키를 사용하는 암호화 기법. 고속으로 암호 통신을 할 수 있지만, 키의 교환은 비밀리에 행해야 한다.

과학습 (➡ 4-11)

너무 많이 배우면 AI의 반응이 과민해져 버리는 현상. 학습 시의 성적은 양호하지만, 실제 운영 환경에서 약간의 차이나 유사성에 반응해 잘못된 답변을 낸다.

구조화 데이터 (➡ 3-2)

프로그램에도 취급하기 쉬운 형태로 정보가 기술된 데이터. 용도에 맞는 데이터 구조를 만들어야 하며, 작성에 시간이 걸린다.

그래프 구조 데이터 (➡ 2-2)

정보가 각각 연결되고 네트워크 유형의 구조를 가진 데이터. 다양한 정보의 개념을 표현할 수 있기 때문에 응용 범위가 넓고 관련 알고리즘도 많다.

기계학습(Machine Learning) (➡ 4-1)

프로그램 실행에 필요한 각종 파라미터를 학습을 통해 설정하는 방법. 학습을 하지 않으면 태스크를 실행할 수 없지만 범용성이 높다.

기호주의 (➡ 1-7)

인간의 지성을 수학적 기호를 이용하여 논리적으로 기술함으로써 인공지능을 실현하려고 하는 기법. 신뢰성이 높고 현재에도 널리 이용되고 있다.

노이만 방식 (➡ 7-11)

제어 장치, 연산 장치, 기억 장치, 입출력 장치 등으로 구성되는 일반적인 컴퓨터의 방식. 이론상으로는 모든 지적 태스크를 실행 가능.

뇌 방식 컴퓨터 (➡ 7-11)

신경 네트워크를 참고로 한 컴퓨터 아키텍처. 프로세서 부분을 뇌 형식으로 한 것은 뉴로모픽 칩이라고 부른다.

다트머스 회의 (➡ 1-3)

1956년에 다트머스 대학에서 열린 AI에 관한 기술 발표회. 「인공지능」이라는 단어가 처음 등장해 세계적인 AI 연구가 시작되는 계기가 된다.

더미 데이터 (➡ 4-9·5-7)

기계학습에 부족한 데이터를 보충하기 위한 가짜 데이터. 인위적으로 만들어진 데이터이지만, 진짜와 비슷하기 때문에 학습 데이터로 사용할 수 있다.

데이터 과학 (➡ 3-4)

정보의 사용법과 가치를 분석하는 학문. 통계학적 방법에 정보 이론이나 경제 이론을 더해 실용적인 데이터 분석 방법 등을 고안한다.

데이터 마이닝 (➡ 3-5)

데이터에서 가치 있는 정보를 검색하는 방법과 기술. 데이터 마이닝에 AI가 사용되는 경우, AI의 일부로 구현될 수도 있다.

딥러닝(Deep Learning) (➡ 5-1)

다층화된 신경망을 학습시킬 수 있는 기술. 기존에는 AI로는 불가능하다고 생각했던 감각적인 작업을 수행할 수 있는 다양성이 있다.

로봇의 3원칙 (➡ 8-11)

아이작 아시모프가 소설에서 언급한 로봇이 지켜야 할 3가지 규칙. 다양한 작품에서 인용되어 널리 인정받게 되었다.

리스트 구조 데이터 (➡ 2-2)

정보가 순차적으로 나열된 데이터. 엑셀의 테이블에 일렬로 정리되어 있는 것. 탐색 및 소트 알고리즘을 사용하기 쉽다.

마르코프 과정 (➡ 3-9)

불확실한 상황을 논리적으로 표현하고 계산하기 쉽게 만드는 생각. 과거의 사건을 무시하고 계산하기 때문에 복잡한 사건도 나름의 정확도로 처리할 수 있다.

멀티 모달 (➡ 5-12·6-5)

여러 정보 형식을 동시에 다룰 것. 영상만, 음성만 같이 각각 1종류 밖에 취급할 수 없는 경우는 싱글 모달이라고 부른다.

메타 학습 (➡ 8-6)

학습에 대해 학습한다. 스스로의 학습 방법을 객관적으로 분석함으로써, 학습 방법에 있어서의 개선점 등을 찾아 학습 프로세스를 효율화한다.

메타 데이터 (➡ 3-2)

정보에 관한 정보. 그 정보가 무엇을 의미하는지, 무엇을 위해서 사용되는지 등이 기재되어 있어 데이터의 구조화에 도움이 된다.

메타버스 (➡ 9-7)

가상으로 구축된 대규모 공간·서비스 시스템. 사용자에게 열린 가상 세계에서 다양한 디지털 활동을 운영할 수 있다.

반지도 학습 (➡ 4-9)

지도 학습과 비지도 학습을 조합한 학습법. 지도 학습으로 중요한 특징을 좁히고, 비지도 학습으로 특징의 구별 방법을 배워 간다.

버블 소트 (➡ 2-3)

데이터를 위에서 순서대로 확인하고 순서를 하나씩 바꿔가는 정렬 방법. 간단한 방식으로 같은 숫자의 경우 원래 순서 차례가 유지되지만 효율은 나쁘다.

베이즈 추정 (➡ 3-9)

불확실한 상황을 수치화하는 것으로, 더 많은 확률을 추정하는 기법. 기계학습에 사용되어 데이터가 모일수록 정확도가 오르는 특성을 가진다.

베이지안 네트워크 (➡ 4-2)

베이즈 추정을 사용하여 정보 간의 관련성을 설명하고 네트워크로 연결되는 데이터베이스. 기계학습에 의해 정밀도를 높여 데이터 분석이나 의사 결정을 실시한다.

불완전 정보 게임 (➡ 6-13)

모든 정보가 공개되지 않은 게임. 불확실한 요소가 있기 때문에 검색에서 최적 솔루션을 찾을 수 없다.

비구조화 데이터 (➡ 3-2)

구조화되지 않은 데이터. 인간에게는 이해할 수 있지만 프로그램에는 이해할 수 없는 경우가 많다. 비구조화 데이터를 처리하기 위한 AI 등도 존재한다.

비지도 학습 (➡ 4-4)

학습 데이터에 정답을 부여하지 않고 기계학습을 수행하는 방법. 학습 데이터를 준비하기 쉽고, 정보

의 관련성이나 공통점을 찾아낼 수 있다.

사전학습 (➡ 4-10)

원하는 작업에 대해 학습하기 전에 기본 작업을 배우는 방법. 원하는 작업에 대한 학습 효율이 향상되고 필요한 데이터를 줄일 수 있다.

선택 소트 (➡ 2-3)

모든 데이터를 확인하고 가장 작은(큰) 정보를 찾아 바꿔가는 정렬 방법. 다소 빠르지만 같은 숫자의 순서가 바뀔 수 있다.

선형 탐색 (➡ 2-2)

리스트 구조의 데이터를 위에서 차례로 찾는 탐색 기법. 간단한 알고리즘이므로 실행이 빠르지만 목록의 아래쪽에 목표가 있는 경우 시간이 걸린다.

신경망(NN: Newral Network) (➡ 4-2)

인간의 신경 네트워크를 참고로 한 알고리즘. 기계학습을 통해 네트워크의 파라미터가 설정됨으로써 다양한 태스크를 실행할 수 있다.

심볼 그라운딩 문제 (➡ 8-3)

AI가 취급하는 단어가 현실의 의미와 연결되어 있지 않은 문제. AI는 단순한 기호로 말을 다루고 있기 때문에 인간과 같은 의미로 말을 다루지 않는다.

심층 강화학습 (➡ 4-6)

강화학습에 딥러닝을 조합한 학습법. 논리적인 계산으로 행동의 좋고 나쁜 것을 판단하는 것이 어려운 태스크에서 효과를 발휘한다.

아키텍처 (➡ 2-5)

AI 또는 전체 소프트웨어 설계도. 복수의 프로그램, 네트워크나 데이터베이스와의 연결을 포함한 넓은 전체 구조를 설계·표현한다.

알고리즘 (➡ 2-1)

목표 달성을 위한 절차와 해법. AI에 있어서는 다양한 알고리즘이 사용되어 엄밀한 해법 이외에도 모호함이 남는 해법이 사용되는 경우도 있다.

앙상블 학습 (➡ 4-11)

과학습을 피하기 위해 여러 가지 AI 알고리즘을 이용

해 답변을 내는 기법. 다양한 관점에서 답변을 내기 때문에 학습 데이터의 편향에 영향을 받지 않는다.

에이전트 (➡ 2-6)
실행되면 단독으로 지속적으로 작업을 수행한다. 다양한 소프트웨어와 데이터베이스를 중개하여 사용자의 부담을 줄인다.

엣지 AI (➡ 6-9)
단말기 측에서 지적 작업을 수행하는 AI. 고성능의 단말이 필요하지만, 네트워크의 의존도가 낮기 때문에 고속으로 태스크를 실행할 수 있다.

역 강화학습 (➡ 4-6)
강화학습에 필요한 보수의 설정을 적절한 행동으로부터 학습하는 기법. 인간의 전문가나 장인의 행동을 최적이라고 생각해, 같은 행동을 인도하기 위한 보상 설정을 찾는다.

연관성 분석 (➡ 3-6)
정보 내에 숨겨진 관계성의 유무를 찾아내는 분석 기법. 관계를 설명할 수는 없지만, 알려지지 않은 관계를 발견할 수 있다.

오차 역전파법 (➡ 5-2)
신경망의 가중 기법 중 하나. 지도 학습에서 정답 데이터와의 차이가 정상과 반대 방향으로 전파되는 방식으로 가중치를 수정한다.

오토 인코더 (➡ 5-3)
신경망의 각 계층에 대해 입력과 출력이 동일한 것이 되도록 사전 학습시키는 방법. 초기 오차를 줄이고 오차 역전파법의 효율을 높였다.

오픈 소스 (➡ 8-12)
소스 코드가 개시되어 누구나 자유롭게 사용할 수 있는 상태로 프로그램이 제공되는 상태. 모든 것이 공개되면서 개선점이 곧바로 발견되어 안전하게 사용할 수 있다.

온톨로지 (➡ 3-3)
인간이 다루는 지식과 개념을 논리적으로 기술하는 학문. 온톨로지에 의해 지식체계를 구축해, 지식표현 등을 사용해 기계에서도 취급할 수 있는 형태로 한다.

완전 정보 게임 (➡ 6-13)
모든 정보가 공개된 게임. 불확실한 요소가 없기 때문에 모든 옵션을 탐색하여 최적의 솔루션을 찾을 수 있다.

유전 알고리즘 (➡ 4-8)
유전자의 진화를 참고로 한 기계학습 알고리즘. 도태·교배·돌연변이에 의해 파라미터가 변동하여 다양한 과제에 대응할 수 있는 특성을 가진다.

이미지·동영상 인식 (➡ 1-8·6-1)
이미지나 동영상에 시각적으로 포착되고 있는 사물이나 현상을 판단하는 기술. 어려운 기술이었지만, 딥러닝에 의해 비약적으로 정밀도가 올라 보급되었다.

이진 탐색 (➡ 2-2)
리스트 구조의 데이터가 정렬되어 있는 경우, 목표가 리스트 중앙의 어느 쪽에 있는지를 판단해 목표까지 거리를 반씩 좁혀 가는 탐색법.

이징 머신 (➡ 7-12)
이징(Ising) 모델이라고 불리는 가상 격자 모델을 이용하여 연산을 수행하는 장치. 시뮬레이터로서 기능하고 논리적으로 해결하기 어려운 문제에 사용된다.

인공지능(AI) (➡ 1-1)
인간의 지능과 지적 활동을 프로그램으로 재현한 것. 또는 그 연구 활동이나 연구 과정에서 태어난 기술·제품 전반에 대해서 널리 이용되는 개념.

자연어 처리 (➡ 6-2)
인간의 말인 자연어를 다루는 기술. AI에 의한 문장 이해나 문장 집필 외에도 언어적인 커뮤니케이션 태스크 전반에 큰 영향을 준다.

전문가 시스템 (➡ 1-4)
지식 표현과 같은 기술을 사용하여 전문가의 지식을 AI에 가르쳐, 필요에 따라서 유용한 지식을 꺼낼 수 있는 시스템.

전이학습 (➡ 4-10)

원하는 작업과 유사한 작업을 배운 학습 모델을 전용하는 방법. 태스크에 필요한 스킬의 일부가 공통되어 있기 때문에 학습 효율이 높아진다.

조합 최적화 (➡ 7-12)

여러 가지 옵션 중에서 최적의 조합을 찾는 문제와 처리. 논리적으로 최적 솔루션을 만드는 방법이 없기 때문에 계산 비용이 많이 든다.

조합 폭발 (➡ 8-4)

선택사항이 하나 늘어나는 것만으로 선택 조합이 폭발적으로 늘어나는 문제. 현실 세계에서는 탐색에 의한 문제 해결이 불가능하다는 것을 보여주었다.

죄수의 딜레마 (➡ 6-14)

개인의 이익과 집단의 이익이 상반되는 상태에 놓인 결과로서 가장 이익이 될 선택이 이루어지지 않는 상태. 죄수의 심문에 비유되고 있다.

지도 학습 (➡ 4-3)

학습 데이터에 정답을 부여한 상태에서 기계학습을 수행하는 방법. 학습 효율이 높고 응용 범위도 넓지만 학습 데이터를 준비하는 데 비용이 많이 든다.

지식 표현 (➡ 3-3)

지식이나 정보를 기계에도 알기 쉬운 형태로 논리적으로 기술하는 기법. 다양한 표현 방법이 있으며, 용도나 지식의 성질에 따라 구분된다.

커널 기법 (➡ 3-8)

커널 함수라는 함수를 사용하여 복잡한 데이터를 단순화하고 계산하기 쉬운 형태로 변환하는 방법. 지원 벡터 기계와 함께 사용된다.

커넥셔니즘 (➡ 1-6)

인간의 지성을 정보 네트워크에 의해 표현하고 학습을 통해 인공지능을 실현하려고 하는 기법. 딥러닝의 개발로 이어졌다.

클라우드 AI (➡ 6-8)

클라우드에서 지적 작업의 대부분을 수행하는 AI. 네트워크에 연결되어 있으면 모든 단말에서 실행할 수 있지만 네트워크에 대한 부담이 높다.

클러스터링 분석 (➡ 3-7)

정보를 그룹으로 나누는 분석 방법. 성질이 가까운 데이터를 정리함으로써 데이터 전체의 특성을 이해하기 쉽게 한다.

텍스트 마이닝 (➡ 3-5)

취급하는 정보를 텍스트로 좁힌 데이터 마이닝. 텍스트는 수치 정보와 달리 다루기 어렵고, 목적에 따른 특수한 접근이 필요하다.

텐서/벡터/행렬 (➡ 5-8)

하나의 정보를 여러 숫자로 표현하는 정보 개념. 1차원 텐서를 벡터라고 하고, 2차원 텐서를 행렬이라고 한다. 기계학습에 널리 사용된다.

튜링 테스트 (➡ 8-2)

앨런 튜링에 의해 고안된 실험. 지능을 측정하는 방법으로 인지되었지만, 튜링 자신은 지능을 측정할 수 없음을 나타내려고 했다.

트리(Tree) 구조 데이터 (➡ 2-2)

그래프 구조와 유사한 네트워크 유형 데이터. 정보에 뿌리와 잎과 같은 상하의 관계가 존재하고, 위치 관계에 따라 정보의 성질이나 취급 방법이 바뀐다.

파레토 최적 (➡ 6-14)

집단의 이익이 극대화된 상태. 개인의 이익과 상반되는 경우, 어떠한 조치를 하지 않는 한, 파레토 최적의 상태에 가까워지는 일은 없다.

퍼지 이론 (➡ 3-8)

모호함을 기계적으로 표현하는 기술. 현상이나 사물을 명확하게 나누는 것이 아니라, 중간값을 마련하는 것으로 애매함을 허용하고 있다.

회귀 분석 (➡ 3-6)

데이터 간의 관계성을 수치로 표현하는 분석 방법. 정보의 관계성을 단적으로 설명할 수 있는 것 외에, 관계에 따라 단회귀 분석이나 중회귀 분석과 구별된다.

YoungJin.com Y.
영진닷컴

그림으로 배우는
AI

1판 1쇄 발행 2023년 2023년 10월 20일

저 자 미츠우라 나오키
역 자 양성건
발 행 인 김길수
발 행 처 (주)영진닷컴
주 소 서울시 금천구 가산디지털1로 128 STX-V타워 4층
영진닷컴 기획1팀
등 록 2007. 4. 27. 제16-4189호

© 2023. (주)영진닷컴

ISBN 978-89-314-6970-7
http://www.youngjin.com

'그림으로 배우는' 시리즈

"그림으로 배우는" 시리즈는 다양한 그림과 자세한 설명으로
쉽게 배울 수 있는 IT 입문서 시리즈 입니다.

그림으로 배우는
C++ 프로그래밍
2nd Edition

Mana Takahashi 저
592쪽 | 18,000원

그림으로 배우는
프로그래밍 구조

마스이 토시카츠 저
240쪽 | 16,000원

그림으로 배우는
서버 구조

니시무라 야스히로 저
240쪽 | 16,000원

그림으로 배우는
C#

다카하시 마나 저
496쪽 | 18,000원

그림으로 배우는
데이터베이스

사카가미 코오다이 저
236쪽 | 16,000원

그림으로 배우는
웹 구조

니시무라 야스히로 저
240쪽 | 16,000원

그림으로 배우는
클라우드 2nd Edition

하야시 마사유키 저
192쪽 | 16,000원

그림으로 배우는
네트워크 원리

Gene 저
224쪽 | 16,000원

그림으로 배우는
보안 구조

마스이 토시카츠 저
208쪽 | 16,000원

그림으로 배우는
SQL 입문

사카시타 유리 저
352쪽 | 18,000원

그림으로 배우는
파이썬

다카하시 마나 저
480쪽 | 18,000원

그림으로 배우는
C 프로그래밍
2nd Edition

다카하시 마나 저
504쪽 | 18,000원